am

Kristina Kobilke

Erfolgreich mit Instagram

Mehr Aufmerksamkeit mit Fotos & Videos

mitp

Bibliografische Information der Deutschen Nationalbibliothek
Die Deutsche Nationalbibliothek verzeichnet diese Publikation in der Deutschen Nationalbibliografie; detaillierte bibliografische Daten sind im Internet über <http://dnb.d-nb.de> abrufbar.

Bei der Herstellung des Werkes haben wir uns zukunftsbewusst für umweltverträgliche und wiederverwertbare Materialien entschieden. Der Inhalt ist auf elementar chlorfreiem Papier gedruckt.

ISBN 978-3-8266-9616-9
1. Auflage 2014

www.mitp.de
E-Mail: mitp-verlag@sigloch.de
Telefon: +49 7953 / 7189 - 079
Telefax: +49 7953 / 7189 - 082

Lektorat: Miriam Robels
Korrektur: Sabine Welter
Covergestaltung: Christian Kalkert, www.kalkert.de
Satz: III-satz, Husby, www.drei-satz.de
Druck: Medienhaus Plump GmbH, Rheinbreitbach

Inhaltsverzeichnis

4: Fotografieren mit Instagram 83

5: Videos auf Instagram 135

6: Backup Ihrer Fotos und Videos 157

7: Die Instagram-Community 169

8: Die Verwendung von #Hashtags 191

9: Verwertung der eigenen Instagram-Bilder 201

10: Instagram für Unternehmen 211

11: Kommunikative und rechtliche Regeln für Unternehmen auf Instagram 267

12: Erfolgsmessung 275

Liebe Leserinnen und Leser,

damit Sie die Beispiel-Links aus dem Buch nicht alle abtippen müssen, stellen wir Ihnen unter *www.mitp.de/9616* im Downloadbereich eine anklickbare Linkliste zur Verfügung.

Viele Spaß beim Lesen!

Vorwort

Herzlich Willkommen!

Wem nützt dieses Buch?

Dieses Buch dient allen Lesern, die sich eine erfolgreiche Präsenz innerhalb der Instagram-Community aufbauen wollen. Sei es, um die eigenen Fotos und Videos einer breiteren Öffentlichkeit vorzustellen, das eigene Unternehmen, eine Marke oder ein Produkt erfolgreich zu promoten, Inhalte für die eigene Website oder andere Social-Media-Kanäle zu generieren oder gar das eigene Hobby zum Beruf zu machen und mit Instagram perspektivisch Geld zu verdienen.

Das Buch beleuchtet dabei nicht nur die Besonderheiten der Instagram App, sondern vor allem die Faszination und die erfolgskritischen Mechanismen des sozialen Netzwerkes von Instagram, die es Ihnen ermöglichen, eine Vielzahl von Menschen nachhaltig mit visuellen Inhalten zu begeistern. Welche Strategien hierfür hilfreich sind, erfahren Sie dabei anhand von zahlreichen Erfolgsbeispielen.

Auch Leser, die sich generell für mobile Fotografie interessieren, kommen auf ihre Kosten. Neben einer Schritt-für-Schritt-Anleitung zur Erstellung Ihrer Instagram-Präsenz sowie zum Aufbau von Followern, erhalten Sie in diesem Buch konkrete Anregungen zur inhaltlichen und optischen Gestaltung Ihrer (Smartphone-)Fotos und Videos sowie Tipps zu hilfreichen begleitenden Tools und Apps.

Unternehmen finden darüber hinaus einen großen Unternehmensteil, der sich ausführlich mit inhaltlichen und rechtlichen Fragestellungen zum professionellen Marketingeinsatz von Instagram beschäftigt.

Aktualität dieses Buches

Das Produkt bzw. die Anwendung Instagram spiegelt die Schnelligkeit des digitalen und technologischen Wandels unserer Zeit wider. Die kontinuierliche Anpassung der App an neue mobile Technologien oder neue Nutzerbedürfnisse bringen immer wieder neue Funktionen hervor, die sich gegebenenfalls nicht vollständig in den Ausführungen dieses Buches wiederfinden.

Das Augenmerk dieses Buches richtet sich jedoch nicht nur auf die Erläuterung der Funktionalität der Instagram App, sondern vor allem auch auf für Sie langfristig nutzbare Anregungen und Inspirationen, mit denen Sie auf Instagram erfolgreich sind.

Hinweis zu Ladezeiten von Webprofilen

Sofern Sie dieses Buch in der eBook-Version lesen, werden Sie an vielen Stellen Links zu weiterführenden Informationen im Web, insbesondere jedoch zu bespielhaften Webprofilen von Instagram-Mitgliedern finden. Jedes Instagram-Mitglied, das seine Fotos und Videos öffentlich in der Instagram-Community teilt, stellt diese auch frei zugänglich im Internet über die sogenannten Webprofile bereit. So können auch Internetnutzer, die keine Instagram-Mitglieder sind, die Profil-Informationen sowie Fotos und Videos der Instagram-Mitglieder betrachten. (Webprofile sowie Privatsphäre-Einstellungen von Instagram werden ausführlich in den Kapiteln 2 und 3 vorgestellt.) Sobald Sie im eBook auf einen Link zu einem Webprofil tippen, werden im Hintergrund die Fotos und Videos des Profils geladen, was gegebenenfalls einige Sekunden Ladezeit beanspruchen kann.

Hinweis für Nutzer des Betriebssystems Windows Phone

Sofern Sie Instagram über das Betriebssystem Windows Phone nutzen möchten, ist dies derzeit über eine Beta-Version möglich. Allerdings umfasst diese Version leider noch nicht alle Funktionen, die Instagram für die Betriebssysteme Android und iOS bereitstellt, weshalb Sie häufig Beschreibungen für Nutzungsszenarien mit den letztgenannten Betriebssystemen in diesem Buch finden werden. Das betrifft leider auch begleitende Tools und Apps zur Erstellung und Bearbeitung von Fotos und Videos, die derzeit verstärkt für Android- und iOS-Geräte erhältlich sind. Ich hoffe dennoch, dass Ihnen das Lesen dieses Buches auf Grund der vielfältigen nutzwertigen Inhalte rund um Ihren Erfolg in der Instagram-Community Spaß bringen wird.

Danksagung

Der mitp-Verlag und ich möchten uns ganz herzlich bei den Instagrammern bedanken, deren Fotos wir im Buch verwenden durften:

@andrestummer

@berlinstagram

@c.c.cologne

@fabi277

@theghostonmyback

@koelnformat

@palomaparrot

@piepspommes

@shurupchik

@spielkkind

@thomas_k

Kapitel 1

Was ist Instagram?

Instagram ist eine kostenlose speziell für Smartphones entwickelte mobile Foto- und Video-Sharing-Applikation, mit der Nutzer Fotos und Videos einfach erstellen, bearbeiten und anschließend im Internet sowohl mit der Instagram-Community als auch weiteren Social-Media-Kanälen oder via E-Mail teilen können.

Kultstatus erlangte die App aufgrund ihrer Retro- und Vintage-Foto-Filter, mit denen Nutzer ihre Smartphone-Schnappschüsse verschönern können. Diese zur Bildbearbeitung verfügbaren Effekte in der App, ahmen die kleinen Fehler analoger Fotografie nach, z. B. starke Kontraste, Überbelichtung, einen Gelb- oder Rotstich und vieles mehr. Die mit der App bearbeiteten Fotos und Videos erscheinen damit z. B. in Schwarz-Weiß- oder 70er-Jahre-Optik, so als seien sie vor Jahren mit einer analogen Kamera entstanden.

Das Instagram App Icon und das quadratische Format der Bilder erinnern zudem ganz bewusst an die Kodak Instamatic und Polaroid-Kameras. Im Gegensatz zu ihren Vorbildern dauert die Bearbeitung und Veröffentlichung der Fotos und Videos via Instagram jedoch nur wenige Augenblicke und kann von unterwegs direkt über das Smartphone erfolgen. So verbindet die App Nostalgie, nach der sich die Menschen sehnen, mit der Modernität heutiger Technik.

Abb. 1.1: *Instagram App Icon*

Doch Instagram ist weit mehr als nur eine mobile App mit integrierter Bildbearbeitung. Es ist eines der größten sozialen Netzwerke der Welt, in dem die Instagram Community über Bilder und Videos aus ihrem Alltag lebhaft miteinander kommuniziert. Instagrammer, wie die Nutzer des Netzwerkes genannt werden, können dabei einander folgen, die eigenen oder die Fotos und Videos von Gleichgesinnten kommentieren und mit einem »Gefällt mir« versehen.

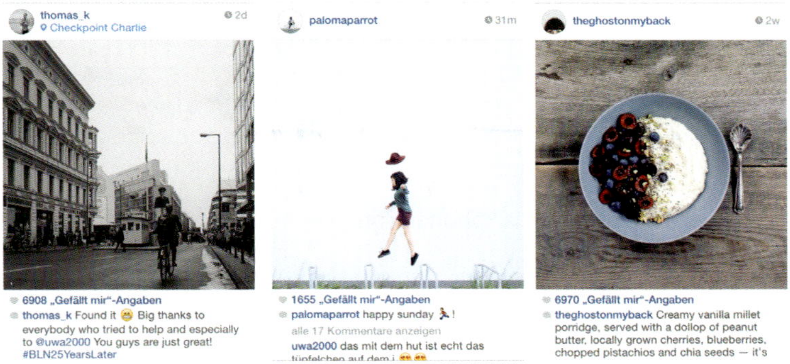

Abb. 1.2: *Foto-Posts der Instagrammer @thomas_k, @palomaparrot und @theghostonmyback auf Instagram*

Instagram ist damit Vorreiter des wachsenden »Visual-Social-Media«-Trends, bei dem sich die Kommunikation zwischen den Menschen in sozialen Netzwerken verstärkt auf Fotos und Videos verlagert. In unserer heutigen Zeit des Informationsüberflusses, können wir Bilder und insbesondere Bewegtbilder viel besser erfassen und verarbeiten als Text. Wie heißt es in diesen Tagen doch so oft: »Ein Bild sagt mehr als 1000 Worte«.

1.1 Herkunft und Entwicklung

Mit dieser Resonanz hatten Kevin Systrom und Mike Krieger, die Gründer von Instagram, nicht gerechnet. Ihre am 6. Oktober 2010 gelaunchte Foto-App Instagram schnellte binnen weniger Stunden auf Platz 1 der Apple iTunes Charts für Gratis-Foto- Apps. Das Leben der beiden Gründer sollte sich von nun an maßgeblich ändern.

Eine Anekdote

Systrom arbeitete bereits während seines Studiums an einem Fotodienst namens »Photobox«. Dort wurde auch Mark Zuckerberg auf ihn aufmerksam und wollte ihn kurz nach der Gründung im Jahr 2004 für sein Startup anheuern, das damals noch »The Facebook« hieß. Doch Systrom lehnte ab. Er wollte lieber an der Uni bleiben. Gegenüber der Zeitschrift »Fast Company« gab er rund ein halbes Jahr nach dem Launch von Instagram einmal wehmütig zu, gerne Teil der Wachstumsgeschichte von Facebook gewesen zu sein. Doch wie sich später herausstellte, sollte sich seine vermeintliche Fehlentscheidung noch auszahlen.

Wie alles begann

Die Entwicklung von Instagram begann schon rund ein Jahr vor seinem Launch. Der damals 28-jährige Absolvent der Stanford-Universität Systrom arbeitete noch als Produkt Manager bei *Nextstop.com*, einem Internetdienst für Reiseempfehlungen. Es war die Zeit der Location-based check-in Apps, wie beispielsweise Foursquare.

An den Abenden und Wochenenden beschäftigte sich Systrom, inspiriert vom Erfolg dieser Apps, mit der Programmierung mobiler Smartphone-Anwendungen, die dem heute bekannten »Social-Local-Mobile«-Prinzip folgten. Social Local Mobile steht dabei für die veränderte Internetnutzung der Menschen, die zum einen zunehmend über mobile Endgeräte ins Internet gehen, dabei verstärkt nach lokalen Informationen suchen und über Social Media jederzeit mit ihren Freunden und ihrer Familie verbunden sein wollen.

Er entwickelte die Idee, Elemente von Foursquare, nämlich sogenannte Check-Ins mit dem Handy an bestimmten Orten, mit Social-Media-Elementen des populären Zynga Spiels »Mafia Wars« zu kombinieren. Die Idee mündete schließlich in der Programmierung eines Prototyps, den er als bekennender Whiskey-Fan »Burbn« (umgangssprachlich für die Whiskey-Sorte Bourbon) taufte. Burbn ermöglichte es den Nutzern, sich mit ihrem Smartphone an Orten einzuchecken, zukünftige Check-Ins zu planen, Punkte für gemeinsame Aktivitäten mit Freunden zu sammeln und Fotos zu posten.

Systrom stellte die App zunächst nur seinen Freunden und einigen Beta-Testern zur Verfügung, bis er das Glück hatte, auf einer der vielen Startup Partys im Silicon Valley auf Investoren der bekannten Venture-Capitalist-Firmen Baseline Ventures und Andreessen Horrowitz zu treffen, die Burbn später mit $500.000 unterstützten. Mit dieser Finanzspritze war es Systrom nun möglich, ein eigenes Unternehmen zu gründen und Burbn weiter auszubauen.

Sein erstes Team-Mitglied und späterer Co-Gründer Mike Krieger, ebenfalls ein Absolvent der Stanford Universität und Burbn-Nutzer der ersten Stunde, war sofort bereit, an der Weiterentwicklung der App mitzuarbeiten. Krieger, als erfahrener User-Experience-Designer war bereits bekannt für seine Liebe zu klaren und funktionalen Designs, was sich später auch in Instagram wiederfinden sollte.

Mit einem Blick auf die damalige Nutzung der App wurde den beiden Unternehmern schnell klar, dass die Nutzer von Burbn am liebsten Fotos von unterwegs posteten und miteinander teilten, während andere Funktionalitäten der App weniger stark genutzt wurden.

Nach reiflicher Überlegung und mit dem Ziel, das einfachste und bestmögliche intuitive Nutzungserlebnis zu schaffen, gingen Systrom und Krieger das Risiko ein, Burbn lediglich auf diese Elemente zu beschränken: Fotos machen und bearbeiten, kommentieren und »liken«. Sie entwickelten eine darauf basierende iPhone-App und was von Burbn übrig blieb, war Instagram.

Dieser neue Name, bestehend aus den Worten instant und telegram, erschien den Gründern schlüssig. Die Fotos, die via Instagram gemacht wurden, sollten Aufnahmen von interessanten Momenten sein, über die die Nutzer sich mit Freunden und Familie austauschen. »Unser Ziel ist es, nicht nur eine Foto-Sharing-App zu sein, sondern die Art, Dein Leben mitzuteilen, wenn Du unterwegs bist« sagte Kevin Systrom dazu im April 2012 gegenüber dem Inc. Magazin.

Die Erfolgsgeschichte von Instagram

Mit ihrer Strategie, die ursprüngliche Version von Burbn zugunsten von Instagram drastisch zu reduzieren und sich nur auf das Fotografieren, Bewerten und Teilen von Fotos zu konzentrieren, trafen Systrom und Krieger einen Nerv. Die Menschen liebten es, nicht nur ihre Fotos zu bearbeiten, sondern gleichzeitig mit anderen zu teilen.

In den ersten Stunden nach Launch kletterte die Anzahl der Nutzer schon auf über 10.000. Systrom und Krieger konnten ihren Blick nicht mehr von der App-Statistik lösen. Nach nur einer Woche zählte Instagram schon 200.000 und nach drei weiteren Monaten bereits eine Million Nutzer.

Das Wachstum von Instagram verlief damit mehr als dynamisch. Nur ein Jahr später nach dem ersten Download im App-Store, konnte Instagram zehn Millionen Nutzer vermelden. Produktseitig erfolgte im Jahr 2011 der Launch von Instagram 2.0. Neben weiteren neuen Foto-Filtern und Effekten verfügte die App damit über eine noch höhere Bildqualität und eine schnellere Performance.

Im April 2012 wurde sie zum ersten Mal Nummer eins im App-Store. Bei damals schon über 800.000 verfügbaren Apps eine gigantische Leistung. 2012 sollte ohnehin eines der erfolgreichsten Jahre für die Gründer werden. Marc Zuckerbergs inzwischen weltumspannendes soziales Netzwerk Facebook akquirierte Instagram für viel beachtete eine Milliarde Dollar. Systrom und Krieger und ihre wenigen Angestellten wurden über Nacht Millionäre. Jetzt kreuzten sich die Wege von Kevin Systrom und Mark Zuckerberg doch noch einmal. Instagram sollte jedoch trotz der Übernahme durch Facebook unabhängig bleiben.

Im selben Jahr verkündete Instagram eine Reihe spannender Neuerungen: den Launch einer Version für das Betriebssystem Android, die Einführung von Webprofilen (Siehe dazu auch Abschnitt 2.2 »Instagram Web App«) sowie den Launch der Instagram Version 3.0. Diese beinhaltete neben Verbesserungen der Navigation und des Designs innerhalb der App die Einführung von Foto-Karten. Die mittlerweile 80 Millionen Instagrammer konnten ihre Fotos nun bestimmten Orten auf einer Weltkarte zuordnen, die auf ihrem Profil einsehbar ist.

Das Wachstum von Instagram blieb auch im Jahr 2013 mit inzwischen 150 Millionen Nutzern ungebremst. 2013 brachte darüber hinaus weitere maßgebliche Erweiterungen der App. Zum einen wurde mit der Version 3.5 die Funktion »Fotos von dir« entwickelt, die es Nutzern ermöglicht, Personen auf ihren Fotos durch eine zusätzliche Notiz zu markieren. (Siehe dazu auch Abschnitt 4.5.2 »Nutzer markieren«) Darüber hinaus führte Instagram eine Video-Funktion ein. Mit der App konnten nun auch analog zu den Fotos, auf die gleiche, einfache und schnelle Art und Weise 15-sekündige quadratische Videos erstellt und mit Effekten versehen werden. Dieser Schritt konnte auch als Antwort auf die Einführung der Video Sharing App Vine durch Twitter Anfang des Jahres 2013 verstanden werden. Beide Unternehmen reagierten damit in jedem Fall auf den wachsenden Bewegtbild-Trend im Internet.

Ein weiterer möglicherweise taktischer Schritt folgte am Ende des Jahres 2013 mit der Einführung von »Instagram Direct«. Mit dieser Funktion können Fotos und Videos mit ausgewählten Instagram-Nutzern geteilt werden, was auch ein wesentliches Element der zu diesem Zeitpunkt bereits sehr erfolgreichen Messaging- und Foto-App SnapChat ist. (Siehe dazu auch Abschnitt 1.3 »Abgrenzung zu anderen Bilder- und Video-Netzwerken«) Ein weiteres Novum seitens Instagram erfolgte mit dem Launch einer Version für das Windows Phone, allerdings mit einem deutlich geringeren Funktionsumfang, wie zum Beispiel dem Fehlen der Video-Funktion.

Inzwischen ist die Reichweite auf 200 Millionen Instagrammer weltweit angewachsen, verkündete jüngst der Instagram Blog. Wichtigstes Ziel der erfolgreichen Gründer ist es nun, das enorme Wachstum von Instagram zu managen und die App gleichzeitig auf dem neuesten Stand der Mobile-Fotografie zu halten. Mit einem erneuten Versions-Update im Juni 2014 machte Instagram in dieser Hinsicht einen wichtigen Schritt und fügte der App eine Vielzahl weiterer hochwertiger Bildbearbeitungs-Funktionen, wie beispielsweise Kontrast, Sättigung, Highlights, Schatten oder Schärfe, hinzu. (Siehe dazu auch Abschnitt 4.2 »Verwendung von Effekten und Filtern«)

Die von den Community-Mitgliedern immer häufiger verwendeten Fotobearbeitungs-Apps VSCO Cam, Pixlr Express+ oder SnapSeed (Siehe dazu auch Abschnitt 4.3 »Tipps und Tricks zum Aufnehmen und Bearbeiten von Fotos«) zeichnen sich unter anderem genau durch diese zusätzlichen Funktionen aus. Die Anzahl der Fotos, die Instagrammer beispielsweise mit dem Hashtag #VSCOcam markierten, um ihren Followern zu zeigen, dass sie das Foto mit der externen App VSCO Cam editiert haben, stieg laut der Instagram-Analytics-Plattform TOTEMS (Siehe dazu auch Abschnitt 12.2 »Totems«) allein im Mai 2014 auf 3,6 Millionen an. Insgesamt wurden bisher fast 30 Millionen Beiträge mit dem Tag versehen, was Instagram unter anderem dazu veranlasst haben dürfte, seine Bildbearbeitungsoptionen entsprechend anzupassen.

1.2 Was macht Instagram so besonders?

Instagram ermöglicht es jedem Nutzer auch ohne eine teure Fotokamera oder eine fotografische Ausbildung, schöne Bilder zu machen und diese mit anderen zu teilen. Und das besonders einfach und sehr schnell. Denn Teil dieses positiven Nutzungserlebnisses ist die geringe Komplexität der

App in Bezug auf ihr Design und ihre Funktionalität und ihre moderne Technik. Fotos und Videos werden trotz vergleichsweise hoher Auflösung schnell veröffentlicht und auch die Anwendung der diversen Effekte erfolgt ohne Verzögerung. Ebenso unkompliziert funktioniert das Teilen der Bilder und Videos mit anderen Netzwerken und Plattformen.

Instagram inspiriert

In gewisser Weise ist Instagram demokratisch und unterstützt die Tatsache, dass jeder Mensch kreativ ist und diese Kreativität in seinen eigenen Bildern ausleben kann. Da gibt es Nutzer, die mit Vorliebe Stillleben arrangieren und fotografieren, andere die ihre eigene Stadt in Bild und Ton erlebbar machen und wieder andere, die Situationen aus ihrem Alltag festhalten.

***Abb. 1.3:** Foto-Posts der Instagrammer @c.c.cologne und @andrestummer*

Instagram dient dabei als Plattform, sich selbst auszudrücken und anderen über Fotos und Videos die eigene Sicht auf das Leben und die eigene Identität näherzubringen. Dementsprechend fühlen sich auch Künstler und weltbekannte Fotografen von Instagram angezogen. Die Vielfalt an kreativen Fotos und Videos ist für die Nutzer ein unendlicher Quell an Inspiration.

Instagram ist sozial

Was Instagram jedoch so beliebt und erfolgreich macht, ist der soziale Aspekt der App. Die Möglichkeit, die eigenen Fotos und Videos direkt und einfach seinen Freunden oder einer breiteren Öffentlichkeit zeigen zu können und eine unmittelbare Resonanz in Form von Kommentaren oder likes darauf zu erhalten, sorgt für positive Spannung. Instagram kreiert auf diese Weise Konversationen zu interessanten visuellen Inhalten und grenzt sich damit eindeutig von der Vielzahl anderer Foto- und Video Apps ab. Beispielsweise stehen die Apps Hipstamatic oder Camera+ in ihren Möglichkeiten, Bilder zu bearbeiten, Instagram in nichts nach. Sie lassen sich sogar durchaus sinnvoll in Kombination mit Instagram nutzen. (Siehe dazu auch Abschnitt 4.4 »Begleitende Apps zum Aufnehmen und Bearbeiten von Fotos«) Was ihnen jedoch fehlt, ist der soziale Austausch.

Instagram ist multikulturell

»Fang den Augenblick ein und teile ihn mit anderen auf der ganzen Welt« lautet die Mission von Instagram. Der Zugang zu einer weltumspannenden Community und das Eintauchen in fremde Kulturen ist bei sozialen Netzwerken selten so einfach, wie auf Instagram. Mit der Themenserie »Local Lens« beispielsweise, stellt Instagram regelmäßig Instagrammer aus verschiedenen Städten rund um den Globus vor, die ihre Lieblingsplätze in ihrer Stadt via Instagram in Szene setzen. Die dabei entstehenden Schnappschüsse und Videos vermitteln dem Betrachter das Gefühl, direkt vor Ort zu sein, quasi durch die Kameralinse des Fotografen schauen zu können. Da gibt es beispielsweise den Dokumentar- und Portraitfotografen Mustafa Seven (@mustafaseven), der täglich fantastische Bilder aus seiner Heimatstadt Istanbul auf Instagram postet (*http://instagram.com/mustafaseven*) oder die New Yorkerin Alice Gao (@alice_gao) die mit ihren New York Impressionen über 770.000 Instagrammer begeistert (*http://instagram.com/alice_gao*).

»Give people the power to share and make the world more open and connected« lautet eigentlich die Mission von Facebook. Bei Instagram kann man diese Vision fühlen. Über die Art der Bilder und Videos finden Instagrammer schnell Gleichgesinnte aus der ganzen Welt.

Instagram ist positiv

Wer Instagram intensiver nutzt, wird darüber hinaus feststellen, dass er sich in einer wohlwollenden Gemeinschaft befindet. Die Tonalität unter den Nutzern ist in der Regel wertschätzend. Die gemeinsame Freude an schönen Fotos und Videos und der Spaß am Fotografieren stehen im Vordergrund. Die Kommentare zu den Fotos und Videos sind dementsprechend überwiegend lobend und anerkennend.

Abb. 1.4: *Fotomotive der Instagrammer @theghostonmyback, und @berlinstagram*

Instagram unterstützt dabei den positiven Blick auf das Leben. Neben den Stars und Prominenten haben vor allem diejenigen Instagrammer die meisten Anhänger, deren Bilder die Schönheit von Mensch und Natur hervorheben. Dadurch wird auch der eigene Blick für schöne Momente und die eigene Umwelt geschärft.

»Instagram bietet stillen Widerstand gegen die Flut an perfekten Bildern, mit der wir jeden Tag konfrontiert werden. Anstatt uns mit Photoshop-Kreationen in Zeitschriften, im TV oder auf Webseiten bombardieren zu lassen, die unsere Unzufriedenheit füttern, können wir durch unsere Instagram-Bilder echte Menschen in ihrer ganzen Vielfalt sehen« zitiert beispielsweise der Autor Jakob Steinschaden die amerikanische Sozialpsychologin Sarah Gervais.

1.3 Abgrenzung zu anderen Bilder- und Video-Netzwerken

Mit der insgesamt immer größer werdenden Bedeutung von visueller Kommunikation im Netz steigt auch die Relevanz und Verbreitung von Bilder- und Video-Netzwerken. Zu den größten zählen, gemessen an der Anzahl der darüber geteilten Fotos und Videos, immer noch Facebook und YouTube. Darüber hinaus erscheinen, neben altbekannten, jedoch auch immer wieder neue visuelle Netzwerke auf der Bildfläche der Menschen oder präziser ausgedrückt auf deren Smartphone-Screens. Die mobile Nutzung visueller sozialer Netzwerke ist ungebrochener Trend. Im Folgenden werden die wichtigsten von ihnen und ihre Abgrenzung zu Instagram näher vorgestellt.

Pinterest

Instagram wird häufig in einem Atemzug mit dem Bilder-Netzwerk Pinterest genannt, das ähnlich wie Instagram ein enormes Wachstum in seinen Nutzerzahlen verzeichnet. Wie bei Instagram spielen das Teilen, Kommentieren und Bewerten schöner Bilder und Videos auch bei Pinterest eine große Rolle. Der wesentliche Unterschied liegt jedoch in der Funktionalität der jeweiligen Anwendungen.

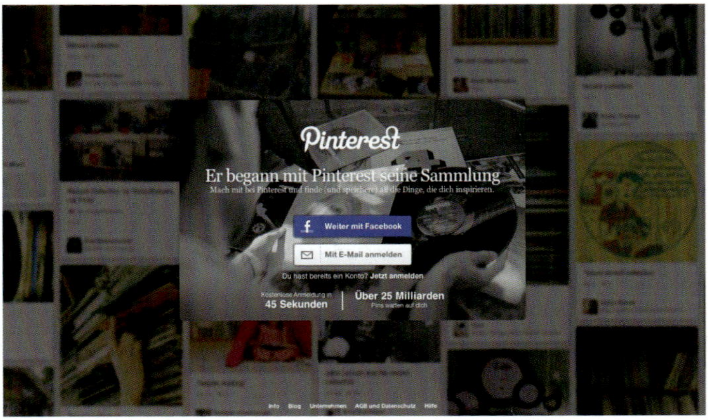

***Abb. 1.5:** Homepage von Pinterest*

Pinterest ist eine Social-Bookmarking-Seite und Kurationsplattform für visuellen Conent. Nutzer legen hier gemeinsam visuelle Lesezeichen von interessanten Internet-Seiten ab. Pinterest, dessen Name von »Pin« und »Interest« stammt, hat dabei das Prinzip der Pinnwand ins Internet übertragen. Nutzer können auf Pinterest online oder mobil virtuelle Pinnwände bzw. »Pinboards« erzeugen, an denen sie Bilder und Videos aus dem Web von Dingen oder Orten, die ihnen gefallen, pinnen. Die Boards dienen oft als Wunschzettel für spätere Käufe oder als Planungshilfe für zukünftige Urlaube und repräsentieren, was der Nutzer im Web interessant findet. Der Content bleibt dabei analog zum klassischen Lesezeichen immer mit seiner Quelle verbunden. Mit einem Klick auf das Bild oder Video gelangt man so auf die jeweilige Fundstelle im Internet.

Abb. 1.6: *App-Icon der Pinterest App*

Zwar können auf Pinterest auch eigene Fotos hochgeladen bzw. gepinnt werden, nicht selten sind das sogar auch Instagram-Fotos, in der Regel werden von den Nutzern jedoch Bilder und Videos fremder Blogs und Websites gesammelt. Die »Pins« der Nutzer sind gleichzeitig Inspirationsquellen für Shopping, Reisen, Basteln, Kochen und vieles mehr für andere »Pinner« und entfalten durch ihre virale Verbreitung auf Pinterest nicht selten eine hohe Umsatzrelevanz für Shop-Betreiber. Bei Instagram steht dieser Aspekt (noch) im Hintergrund. Zwar wird Instagram auch schon erfolgreich von Unternehmen für die Promotion von Produkten genutzt (Siehe dazu auch die Abschnitte 10.1.2 »Abverkauf« sowie 10.8 »eCommerce mit Instagram«), bei der App steht jedoch weiterhin die eigene schöpferische Kraft, nämlich das Erstellen und Teilen eigener Fotos und Videos im Vordergrund.

Instagram ist darüber hinaus bewusst auf die mobile Nutzung ausgelegt. Zwar wird auch Pinterest inzwischen überwiegend mobil genutzt, ist jedoch in erster Linie für die Desktop-Nutzung konzipiert worden. Es heißt, Pinterest sei das letzte soziale Netzwerk, das für die Online-Nutzung entwickelt wurde. Alle neuen Anwendungen, Services und Netzwerke orientieren sich an dem Prinzip »Mobile First« – so auch Instagram.

Vine

Als neuer Konkurrent von Instagram tauchte 2012 die von Twitter eingeführte Video-App Vine auf. Ein Vine-Video ist dabei in Anlehnung an die begrenzte Anzahl der Zeichen eines Tweets auf sechs Sekunden begrenzt und kann ähnlich wie auf Instagram bewertet und im Internet geteilt werden. Die App ist in ihrem Design ähnlich reduziert wie Instagram und fokussiert rein auf das Aufnehmen, Teilen und Bewerten von Videos.

Abb. 1.7: *App Icon der Vine App*

Durch die starke Einschränkung der Videolänge ist es für Nutzer allerdings deutlich schwieriger, über ihre Videos eine interessante Geschichte zu erzählen. Videos auf Instagram können demgegenüber bis zu 15 Sekunden lang sein. Nichtsdestotrotz gibt es auch eine Vielzahl äußerst kreativer Vine-Videos. Nach Ansicht einiger Marktbeobachter scheinen sich Vine-Videos gar als Kunstform zu etablieren.

Wesentlicher Unterschied zwischen Instagram und Vine ist, dass Instagram die Möglichkeit bietet, Videos vom iPhone hochzuladen (leider noch nicht in der Android-Version verfügbar). Das bedeutet, dass Videos auch außerhalb der App erstellt werden können. Vine verfügt darüber hinaus über keine weiteren Effekte zur Bearbeitung der Videos. Nichtsdestotrotz werden auf Instagram derzeit noch mehr Fotos als Videos geteilt. Vine als reine Video Sharing App hat hier gegebenenfalls einen Vorsprung. Die derzeitige Zahl der weltweiten Nutzer wird auf 40 Millionen beziffert.

SnapChat

Weiterer Herausforderer auf dem Gebiet der innovativen Kommunikation ist die mobile Messaging- und Foto-App SnapChat. Der Konkurrent aus dem Silicon Valley bietet auf den ersten Blick ähnliche Funktionalitäten wie Instagram an.

Mit SnapChat können sowohl Fotos erstellt als auch Videos aufgenommen werden, deren Länge allerdings auf zehn Sekunden begrenzt ist. Im

Gegensatz zu Instagram bietet SnapChat jedoch keine Filter zur Aufwertung der Fotos oder Videos an, hat aber Funktionen, mit denen Nutzer ihren Fotos und Videos eine persönliche Zeichnung, Symbole oder eine Textzeile hinzufügen können.

Abb. 1.8: *App Icon SnapChat App*

Wichtigstes Unterscheidungskriterium jedoch ist, das SnapChat- Nutzer die Haltbarkeit ihrer Foto- und Videonachrichten, die sie an ausgewählte Personen schicken, bestimmen können. Sobald der Empfänger die Nachricht, auch »Snap« genannt, öffnet, zählt der Countdown bis zur Löschung des Fotos oder Videos. Nutzer können dabei wählen, ob ihr Snap zwischen einer bis zehn Sekunden sichtbar ist. Sofern sie sich entscheiden, ihr Foto oder Video öffentlich in ihrer sogenannten SnapChat-Story zu teilen, bleiben diese 24 Stunden sichtbar.

Was SnapChat gänzlich fehlt, sind soziale Elemente wie das Kommentieren oder liken von Fotos oder Videos, was Unterhaltungen analog zu Instagram erschwert. Auch durch die kurze Halbwertzeit seiner Inhalte verzichtet SnapChat bewusst auf klassische Konversationen. Ein Teilen der Fotos und Videos über die App hinaus ist nicht vorgesehen. Insbesondere Jugendliche fühlen sich deshalb von SnapChat angezogen, da sie sich beim Versenden pikanter Inhalte durch den Selbstzerstörungsmechanismus ihrer Nachrichten und die Isolation der App von anderen Netzwerken in Sicherheit wähnen. Über SnapChat werden weltweit täglich 400 Millionen Fotos hochgeladen. Damit ist die App unter den sozialen Netzwerken gemeinsam mit Facebook Spitzenreiter im Foto Sharing.

Tumblr

Ein weiteres sehr erfolgreiches Bilder-Netzwerk ist die Blogging-Plattform Tumblr, die im Mai 2013 von Yahoo akquiriert wurde und laut einer aktuellen Statistik des Serverdienstes Alexa von 3,5 % der deutschen Internetnutzer genutzt wird. Tumblr ermöglicht es seinen Nutzern, mit wenig Aufwand und in kurzer Zeit einen eigenen Blog zu starten. Dazu werden in erster Linie Bilder und Texte verwandt, aber auch Video- und Audiodateien, Zitate, Links oder Chat-Protokolle. Die Plattform ist sowohl online als auch via Smartphone und Tablet-PC verfügbar.

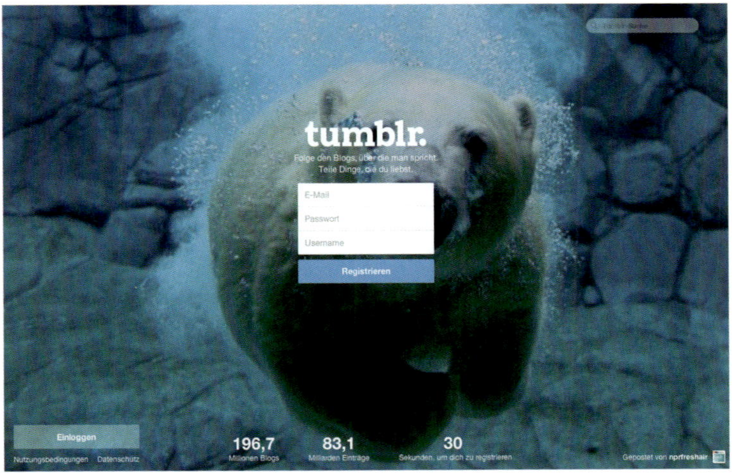

Abb. 1.9: *Homepage von Tumblr*

Die Nutzer können auf Tumblr sowohl ihre eigenen Inhalte veröffentlichen als auch mittels »Reblogging« die Inhalte fremder Blogs. Darüber hinaus stehen alle Möglichkeiten der sozialen Interaktion, wie das Bewerten und Favorisieren anderer Blogs oder einzelner Blog-Posts und das Teilen von Inhalten im Internet, insbesondere auf Facebook und Twitter, zur Verfügung.

Inzwischen zählt Tumblr nach eigenen Angaben über 180 Millionen Blogs und über 82 Milliarden Blog-Posts (Stand April 2014). Bilder spielen, wie auch bei Instagram, eine zentrale Rolle. Instagram dient dabei als einer der Inhalte-Lieferanten für Fotos und Videos und ist durch eine seiner Sharing-Optionen eng mit Tumblr verwoben.

Die mobile Tumblr App für Android und iOS bietet, ähnlich wie Instagram, das Erstellen eigener Fotos und Videos an, die allerdings nicht durch weitere Effekte verändert werden können. Liebhaber von Tumblr behaupten, die Plattform biete aufgrund ihrer Vielseitigkeit an Themen und ihrer Verzahnung mit dem Web ein deutlich inspirierenderes Nutzungserlebnis als Instagram.

Abb. 1.10: *App Icon der Tumblr App*

Meiner Ansicht nach bedienen beide Netzwerke jedoch unterschiedliche Nutzerbedürfnisse und vor allem Zeitbudgets. Instagram steht für das vorrangige Interesse an interessanten Fotos und Videos und den Spaß an der unkomplizierten Erstellung eigener Fotos und Videos. Tumblr geht noch einen Schritt weiter und bietet Nutzern eine Heimat, die sich sowohl über Bilder oder Videos ausdrücken wollen als auch über Text. Letzteres erfordert eine größere und zeitintensivere Auseinandersetzung mit den eigenen oder auch fremden Inhalten. Beide entsprechen in jedem Fall dem Wunsch der Menschen nach kreativer Entfaltung und der Schärfung des persönlichen Profils im Netz.

Flickr

Das älteste unter den genannten Bilder-Netzwerken ist die ebenfalls von Yahoo akquirierte Foto-Community Flickr. Das Foto-Netzwerk existiert schon seit 2004 und erreicht nach eigenen Angaben 77 Millionen Nutzer weltweit. Laut der Arbeitsgemeinschaft Online Forschung (AGOF) erreichte die Website von Flickr Deutschland 1,47 Millionen Unique User (AGOF-spezifischer Ausdruck für einen einzelnen Nutzer) pro Monat (Stand: Februar 2014). Genau wie Instagram spricht auch Flickr eine besonders fotoaffine Zielgruppe an. Im Unterschied zu Instagram sind die meisten Fotos und inzwischen auch Videos auf Flickr jedoch intensiv und aufwändig bearbeitet, bevor sie mit der Flickr-Community geteilt werden. Dementsprechend ist auch die Flickr-Website der Haupt-Nutzungsort der Community. Flickr ist damit die bevorzugte Plattform für professionelle Fotografen sowie Unternehmen. Letztere dokumentieren mit Vorliebe Firmen- und Kundenevents über das Netzwerk.

Ein Großteil der Nutzer ist daran interessiert, über die Community mehr über die Kunst der Fotobearbeitung zu erlernen und sich auf diesem Gebiet weiterzuentwickeln. Flickr-Mitglieder können ihre Fotos auch kommerziell lizensieren lassen und so beispielsweise über den Kooperationspartner Getty Images verkaufen. Für Nutzer, die unterwegs schnell schöne Schnappschüsse machen wollen (das typische Nutzungsszenario von Instagram) bietet Flickr eine App mit integrierten Foto- und Videofiltern an.

Abb. 1.11: *App Icon Flickr App*

Allerdings positioniert sich Flickr gegenüber Instagram weiterhin deutlich mehr über professionelle Fotos als über den sozialen Aspekt. Das Wachstum des Netzwerkes geht dadurch langsamer voran, die bestehenden Nutzer bleiben Flickr jedoch treu.

1.4 Aktuelle Reichweite, Nutzerstruktur und Nutzerverhalten

Laut einer aktuellen Studie des britischen Marktforschungsunternehmens GlobalWebIndex wächst Instagram im Vergleich zu anderen sozialen Netzwerken derzeit am schnellsten. So stieg die Anzahl seiner Nutzer zwischen dem zweiten und vierten Quartal in 2013 um 23 %. Alle anderen Netzwerke wuchsen im gleichen Zeitraum eher im einstelligen Prozentbereich. Einzige Ausnahme bildete der Social News Aggregator Reddit mit einem Wachstum von 13 %.

Nach eigenen Angaben verfügt Instagram derzeit über 200 Millionen registrierte Nutzer weltweit. Die britische Digital-Agentur »We Are Social« zählte bereits 218 Millionen Nutzer, von denen 152 Millionen monatlich, 76 Millionen sogar täglich aktiv sind. Die Marktforschungstochter des internationalen Wirtschaftsmagazins Business Insider, BI Intelligence, fand in einer Analyse im März 2014 heraus, dass die Nutzung von Instagram zu genau gleichen Teilen über Android- und Apple-Geräte erfolgt. AppData hat darüber hinaus ermittelt, dass der Anteil der Frauen mit 68% überwiegt.

Auf Deutschland entfallen laut We Are Social 3,1 Millionen Instagrammer. Das deckt sich in etwa mit der dritten, erweiterten Untersuchung des BITKOM im Oktober 2013 zur Nutzung sozialer Netzwerke in Deutschland. Demnach sind 6% der Internetnutzer bei Instagram angemeldet. Das entspricht, ausgehend von aktuell 55,23 Millionen durch die AGOF (Arbeitsgemeinschaft Online Forschung) ermittelten Internetnutzern in Deutschland, 3,37 Millionen Nutzern. Der Großteil der Nutzer ist zwischen 14–29 Jahre alt. Laut BITKOM sind 16% bzw. 2,3 Millionen Internetnutzer dieser Altersgruppe bei Instagram angemeldet. 9% nutzen Instagram aktiv. BITKOM zufolge überwiegt der Anteil der weiblichen Nutzer leicht.

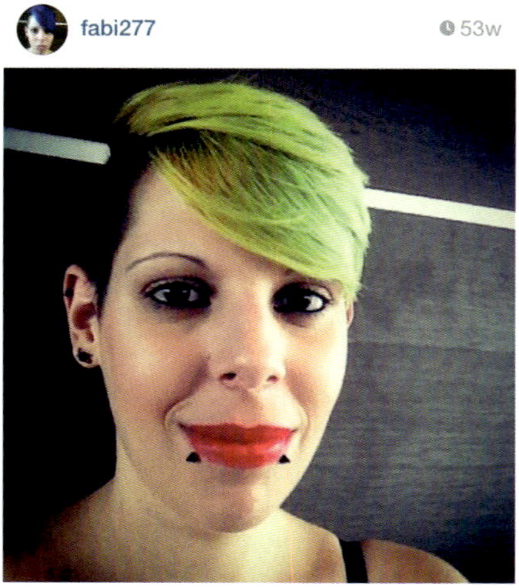

Abb. 1.12: *Beispiel für ein #Selfie von @fabi277*

Inzwischen wurden laut Instagram 20 Milliarden Fotos und Videos weltweit auf Instagram gepostet. Über 100 Millionen davon sind sogenannte »Selfies«, also Fotos und Videos die der Nutzer von sich selbst erstellt hat. (Siehe dazu auch Abschnitt 4.7 »Beliebte Instagram-Themen«) Die Interaktionen der Instagrammer haben zudem eine beträchtliche Größenordnung angenommen. Täglich werden Instagram zufolge 1,6 Milliarden Likes von Fotos oder Videos gezählt, davon bis zu 10.000 pro Sekunde. Das entspricht einem gigantischen Datenvolumen, das die App im Gegensatz zu 90 Likes pro Sekunde im Jahr 2012 verarbeiten muss. Trotz der damit verbundenen enormen Belastung der technischen Strukturen hinter der App, zeigt Instagram keinerlei Einschränkungen in seiner Schnelligkeit. Auf seinem Blog für Entwickler erläutert Instagram, wie es mit seinen bestehenden Datenbankstrukturen, dieses enorme Wachstum bewältigt. (Siehe dazu auch *http://instagram-engineering.tumblr.com*)

Instagram wird zum größten Teil privat genutzt, um Fotos und Videos mit Freunden oder der Familie zu teilen. Dabei spielt die Qualität eine größere Rolle als die Quantität mit der Bilder oder Videos gepostet werden. Ein weiterer Report von BI Intelligence im August 2013 belegt, dass von den 758 Millionen Fotos, die im Durchschnitt täglich auf den Top 4 Foto-Sharing-Plattformen der Welt hochgeladen werden, nur 7% auf Instagram entfallen. Je weitere 46% beanspruchen Facebook und SnapChat für sich, wobei letzteres ein enormes Wachstum vorlegt. Lediglich 1% der Fotos werden auf Flickr hochgeladen.

Mit seiner enormen Reichweite und seinen Möglichkeiten zur visuellen Darstellung ist Instagram mittlerweile auch für werbetreibende Unternehmen ein äußerst spannendes Marketing-Tool. Von den Top 100 Marken der Welt, die regelmäßig durch das Markenberatungsunternehmen Interbrand ermittelt werden, sind 65% mit einem eigenen Account auf Instagram aktiv. Dazu zählen beispielsweise CocaCola, Disney, Ikea, Adidas, Burberry und viele mehr. Das ermittelte jüngst das Unternehmen Simply Measured. (Siehe dazu auch Kapitel 10 »Instagram für Unternehmen«) Ende 2013 führte Instagram zusätzlich »Sponsored Photos und Videos« ein. Damit ist es Werbetreibenden erstmals möglich, über den Kreis ihrer Abonnenten hinaus, weitere Nutzer auf Instagram zu erreichen. (Siehe dazu auch Abschnitt 10.7 »Klassische Werbekampagnen auf Instagram«)

Stars und Prominente

Instagram ist vor allem auch für Stars und Prominente, Politiker und Institutionen ein unverzichtbarer Kanal. Die Menschen lieben die persönlichen Instagram-Schnappschüsse aus dem Leben ihrer Stars. Und so zählen diese hinsichtlich der Reichweite ihrer Profile zu den Top Instagrammern. Teenie-Schwarm und Sänger Justin Bieber (@justinbieber) führt laut der Plattform

WEBSTA, auch bekannt als Webstagram, mit über 17 Millionen Abonnenten seines Accounts das Ranking unter den Stars an (*http://instagram.com/justinbieber*). In Deutschland hat der Fußballer Mario Götze (@gotzemario) mit über 1,1 Millionen Followern die meisten Fans auf Instagram (*http://instagram.com/gotzemario*).

Stars bleiben mit ihren zum Teil sehr privaten Instagram-Fotos im Gespräch. Fast täglich schnappen Promi-Magazine Neuigkeiten von Prominenten über Instagram auf. Zu diesen Neuigkeiten zählen eine durchtrainierte Bikini-Figur ebenso wie Bilder oder Videos aus dem Backstage-Bereich von Konzerten oder Shows. Events, wie zum Beispiel die jährliche Oscar-Verleihung in Hollywood, werden für Fans durch die persönlichen Bilder oder Videos ihrer Stars erlebbar. Die Stars wiederum können mit Instagram ihren eigenen PR-Kanal aufbauen und die Werbetrommel für sich rühren, ohne auf eine große offizielle Medienberichterstattung angewiesen zu sein.

Politiker

Zu den prominenten Politikern auf Instagram zählen beispielsweise Barack Obama (@barackobama, *http://instagram.com/barackobama*) und seine Frau Michelle (@michelleobama, *http://instagram.com/michelleobama*). Vizepräsident Joe Biden (@vp, http://instagram/vp) postete jüngst ein »Politiker-Selfie« von sich und dem amerikanischen Präsidenten auf seinem Account (*http://instagram.com/p/m3z66SlwW4/?modal=true*) Obama, bekannt für seinen erfolgreichen Wahlkampf im Social Web, nutzte Instagram auch schon 2012 mit diversen regionalen Accounts, um Wähler für sich zu begeistern. Verglichen mit der Zahl der Abonnenten, die bekannte Schauspieler oder Musiker vorweisen, ist das Interesse der Nutzer an Politikern auf Instagram jedoch eher gering. Letzteres dürfte jedoch auch daran liegen, dass diese bisher wenige Fotos und Videos aus ihrem Alltag posten und Abonnenten somit schnell das Interesse verlieren. Das heißt nicht, das Instagrammer grundsätzlich nicht politisch motiviert sind. Die Plattform hat jedoch anders als Twitter oder auch Facebook eine andere Funktion im Leben der Nutzer. Sie dient verstärkt als Inspirationsquelle und positive Ablenkung aus dem Alltag, weniger zur gemeinsamen Organisation von politischen Aktionen oder zur Offenlegung von Missständen in der Welt.

Influencer in der Community

Unter den Nutzern der Instagram-Community finden sich einige führende Instagrammer oder auch Influencer, deren Posts regelmäßig Beliebtheitsrekorde brechen. Das sind zum einen Fotografen, zum anderen auch Blogger oder Menschen, die ein Gespür für schöne Fotos haben und den Geschmack der Community treffen. Zu den Beliebtesten zählen derzeit laut WEBSTA zum Beispiel der zuvor schon erwähnte türkische Dokumentar- und Portraitfotograf Mustafa Seven (@mustafaseven, *http://instagram.com/mustafaseven*), die italienische Fashion-Bloggerin Chiara Ferragni (@chiaraferragni, *http://instagram.com/chiaraferragni*) oder der schwedische Amateurfotograf Christoffer Collin (@wisslaren, *http://instagram.com/wisslaren*). (Siehe dazu auch Abschnitt 4.8 »Beispiele erfolgreicher Instagrammer«).

1.5 Hashtags

Der Großteil der Foto- und Video-Posts auf Instagram, nämlich 83 %, besitzen laut We Are Social ein Hashtag.

Was ist ein Hashtag?

Der Begriff Hashtag setzt sich aus den beiden englischen Wörtern »Hash« und »Tag« zusammen. Hash heißt ins Deutsche übersetzt »Raute« bzw. »Doppelkreuz« (»#«) und Tag »Markierung«.

Ein Hashtag entsteht, indem das Raute-Symbol direkt vor ein bestimmtes Schlagwort oder eine Zeichenkette gesetzt wird. Bei der Wahl des Wortes oder der Zeichenkette gibt es keine übergeordnete Regel. Das Hashtag kann sowohl aus Zeichen als auch Ziffern bestehen und vom Nutzer frei gewählt werden. Satz- und Leerzeichen dürfen jedoch nicht enthalten sein.

In sozialen Netzwerken wird ein mit dem #-Zeichen markiertes Wort oder eine Zeichenkette automatisch in einen Link umgewandelt. Damit verbundene Textteile, Fotos oder Videos werden auf diese Art und Weise verschlagwortet und auffindbar. Nutzer können mit Hilfe der Hashtag-Mechanik in den Weiten des Netzes nach bestimmten Schlagwörtern oder Zeichenketten suchen und so für sie relevante Informationen filtern. Sucht ein Nutzer in sozialen Netzwerken beispielsweise nach dem Hashtag #winter, werden ihm alle Fotos, Videos oder auch Texte, die mit dem Hashtag #winter markiert sind, angezeigt.

> Das Hashtag ist eine Erfindung der Netzgemeinde, um die zunehmende Zahl der Informationen im Social Web kategorisieren zu können. Insbesondere der Kurznachrichten-Dienst Twitter hat das Hashtagging populär gemacht. Inzwischen bieten alle großen sozialen Netzwerke eine Suchfunktion für Hashtags an.
>
> Hashtags dienen inzwischen vermehrt dazu, Diskussionen im Netz zu führen. Jeder Nutzer, der sich an der Diskussion beteiligt, markiert seinen Diskussionsbeitrag, indem er den von den Teilnehmern genutzten Hashtag in seinem Beitrag wieder aufgreift. So ist es für alle Beteiligten möglich, in der Masse der Informationen jederzeit den Stand der Diskussion zu verfolgen und aufeinander eingehen zu können. Populäres Beispiel aus Deutschland ist die weitreichende Sexismus-Debatte, die zuerst auf Twitter unter dem Hashtag »Aufschrei« geführt wurde.
>
> Mit der zunehmenden Konvergenz der Medien werden Hashtags auch verstärkt für medienübergreifende Werbekampagnen eingesetzt.

Zu den meistbenutzten Hashtags auf Instagram zählen laut WEBSTA #love mit dem über 500 Millionen Posts versehen wurden, gefolgt von #instagood mit fast 240 Millionen Posts und #me mit 225 Millionen Posts.

1.6 Kritik an Instagram

Instagram geriet heftig in Kritik als es Ende des Jahres 2012 kurz nach der Übernahme durch Facebook seine AGB dahingehend änderte, dass es sich weitreichende Nutzungs- und Verwertungsrechte an den auf Instagram hochgeladenen Bildern einräumte. Gleichzeitig sollten Nutzerinhalte und Informationen wie ortsbasierte Daten, Geräte-IDs, Cookies oder andere Nutzungsdaten mit der Muttergesellschaft Facebook geteilt werden.

Nutzer schlossen daraus, dass Instagram ihre Bilder an Dritte, insbesondere werbetreibende Unternehmen ohne vorherige explizite Zustimmung verkaufen wolle. Der Sturm der Entrüstung war so groß, dass Instagram die Änderungen nur einige Wochen später wieder zurücknahm bzw. umformulierte. In den vier Wochen der öffentlichen Kritik soll Instagram dabei laut Appstats die Hälfte seiner täglichen Nutzer verloren haben. Nach diesem Einbruch in der Nutzung setzte sich das Wachstum des Netzwerkes jedoch unvermindert fort.

Hintergrund der Änderung war die Absicht von Instagram, die nötigen Voraussetzungen für eine werbliche Vermarktung des Netzwerkes analog zu Facebook zu schaffen. Dabei sollten unter anderem Interaktionen zwischen Instagrammern und Marken analog zu »Sponsored Posts« auf Facebook werblich von Unternehmen genutzt werden dürfen. Diese und weitere Formen der Kommerzialisierung des Dienstes wurden in den Medien mit dem expliziten Verkauf von Bildern gleichgesetzt. Tatsächlich stand ein Verkauf der Fotos jedoch nie zur Diskussion.

Kapitel 2

Mobile Applikation und Web App

Instagram wird laut dem Marktforschungsunternehmen comScore zu 97 % mobil genutzt und das, wie in Kapitel 1 beschrieben, laut BI Intelligence zu gleichen Teilen über Android- und Apple-Geräte. Mit dem Launch einer Version für das Betriebssystem Windows Phone im November 2013 will Instagram nun eine Lücke schließen.

Laut dem Marktforschungs- und Beratungsunternehmen IDC soll sich der weltweite Marktanteil von Windows Phone, gemessen am Absatz von Geräten, die mit diesem Betriebssystem ausgestattet sind, beispielsweise das populäre Smartphone Nokia Lumia, von derzeit 3,9 % auf 7 % in 2018 steigern. Das entspräche knapp der Hälfte des prognostizierten Marktanteils von Apples Betriebssystem iOS. Somit sind Windows-Phone-Nutzer auch eine wachsende Zielgruppe für Instagram.

2.1 Funktionalität der mobilen App für iOS, Android und Windows Phone

Instagram kann im iTunes Store, im Google Play Store und im Windows Phone Store heruntergeladen und installiert werden.

Die App ist grundsätzlich für die Smartphone-Nutzung konzipiert. Zwar kann Instagram auch auf Tablet-PCs installiert werden, es handelt sich jedoch auch hier um die Smartphone App, die auf dem Tablet nur größer dargestellt wird.

Instagram für iOS

Die aktuelle iOS-Version von Instagram ist kompatibel mit dem iPhone, iPad und iPod touch und läuft auf dem Betriebssystem iOS 6.0 oder neuer.

Zur Grundausstattung der iOS-App zählen:

- insgesamt 19 Foto-Filter sowie optionale Rahmen,
- die Möglichkeit, neben Fotos maximal 15-sekündige Videos aufzunehmen,
- 13 Video-Filter,
- lineare und radiale Tilt- und- Shift-Effekte für zusätzliche Schärfentiefe (Siehe dazu auch Abschnitt 4.2 »Verwendung von Effekten und Filtern«),

- Bildbearbeitungsoptionen, wie Begradigen, Helligkeit, Kontrast, Wärme, Sättigung, Hervorhebungen, Schatten, Vignette und Schärfen,
- Optionen zum unmittelbaren Teilen der Fotos und Videos mit den Netzwerken Facebook, Twitter, Tumblr, Flickr, Foursquare sowie Weibo, Mixi und VKontakte
- Unbegrenzte Foto- und Video-Uploads,
- das direkte Versenden von Fotos und Videos an bis zu 15 Freunde auf Instagram,
- Interaktionselemente, wie »Gefällt mir«-Angaben und Kommentare.

Mit der neuen Version für iOS hat Instagram erneut in die Performance seiner App investiert. Trotz der inzwischen 200 Millionen Instagram-Nutzer funktioniert das Aufnehmen, Verfremden und Teilen von Fotos und Videos weiterhin einfach und schnell.

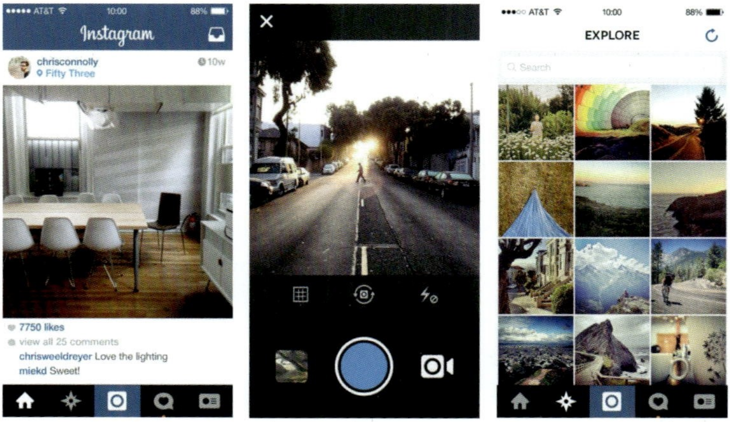

Abb. 2.1: *Ansichten der iOS-Version 6.0.4*

Bei insgesamt 39.920 Bewertungen (Stand April 2014) für alle bisherigen Instagram-Versionen im iTunes-Store schneidet die App mit 4,5 von 5 Sternen dementsprechend sehr gut ab. Die aktuelle Version kommt bei 129 Bewertungen allerdings »nur« auf 4 Sterne.

Instagram für Android

Mit seiner App für Android steht Instagram wie viele App-Entwickler vor der Herausforderung, eine enorme Bandbreite an unterschiedlichen Geräten abzudecken. Insbesondere die Displaygrößen der mit dem Betriebssystem laufenden Smartphones variieren erheblich. Die Android-Version ist deshalb im responsiven Design konzipiert und passt sich automatisch an unterschiedliche Displaygrößen an.

Die neueste Android-Version (Stand April 2014) ist die Version 5.1, bei der Instagram insbesondere auf den Performance-Aspekt der App fokussierte. So wurden die Ladezeiten des eigenen Instagram-Profils halbiert, ebenso die Größe der gesamten App. Darüber hinaus war es dem Entwicklerteam wichtig, sowohl für besonders kleine als auch große Displays das bestmögliche Nutzungserlebnis zu kreieren.

Der Aufbau der App unterscheidet sich nur geringfügig von der iOS App. Der Funktionsumfang ist identisch.

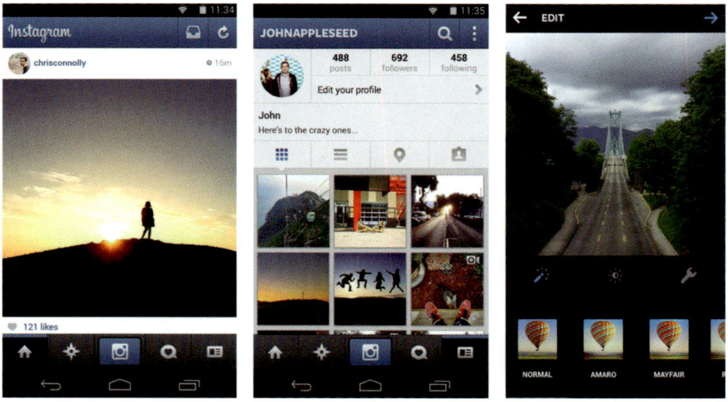

Abb. 2.2: *Ansichten der Anroid-Version 5.1*

Instagram für Windows Phone

Die Instagram-Version für Windows Phone befindet sich derzeit noch im Beta-Status und ist für die Versionen Windows Phone 8 und höher erhältlich. Sie ist allerdings zunächst nur mit den Grundfunktionen der Instagram App ausgestattet, das heißt Fotos aufnehmen und mit Foto-Filtern verfremden, in der Community teilen und Beiträge anderer User mit einem »Gefällt mir« markieren oder kommentieren. Viele weitere Funktionen, wie beispielsweise die Video-Funktion, fehlen derzeit noch ganz und sollen sukzessive nachgeliefert werden.

Nichtsdestotrotz ist die Windows-Phone-Anhängerschaft begeistert. Die derzeit über 2000 Kritiken im Windows Phone Store zur Beta-Version sind überwiegend positiv. Von fünf möglichen Sternen erreicht Instagram 4,5.

Und auch bei CHIP Online schneidet die App gut ab. Unter den Top 100 Foto- und Video-Apps für Windows Phone schafft es die App immer wieder auf die ersten Ränge.

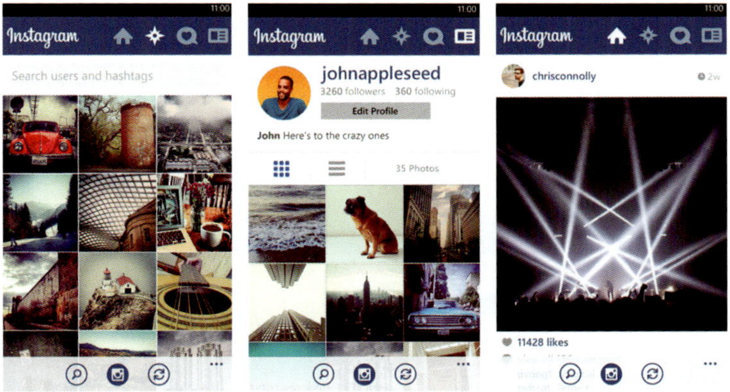

Abb. 2.3: *Ansichten der Windows-Version 0.4.2.0*

2.2 Instagram Web App

Eines der Bedürfnisse der Instagram-Community war es, ihre Fotos und Videos auch im Web zeigen zu können. Instagram führte daraufhin im November 2012 sogenannte Webprofile ein. Nutzer können sich und ihre Fotos damit in Form einer personalisierten Website präsentieren.

Auf diese Weise können auch Menschen, die Instagram nicht nutzen, die Bilder und Videos von Freunden, Stars oder Unternehmen anschauen. Voraussetzung dafür ist, dass diese ihre Beiträge öffentlich auf Instagram teilen. Fotos oder Videos von Nutzern, die ein öffentliches Teilen in ihren Privatsphäre-Einstellungen ausschließen, sind über die Webprofile nicht abrufbar. Nähere Informationen zu Ihren Privatsphäre-Optionen finden Sie in Abschnitt 3.6 »Konto- und Privatsphäre-Einstellungen auf Instagram«.

Die einzigen Informationen, die in diesem Fall im Web öffentlich erscheinen, sind das Profilfoto des Instagram-Profils, der Name und die Beschreibung des Profils, die Anzahl der bisherigen Foto- und Videoposts, die Anzahl der Follower sowie die Anzahl der Profile, denen der Nutzer folgt.

Die Webprofile der Nutzer sind über die URL *instagram.com/nutzername* erreichbar. Das Instagram-Profil des Unternehmens Starbucks beispielsweise ist somit über *http://instagram.com/starbucks* auffindbar. In ihrer Gestaltung sind die Webprofile stark an die Optik der Facebook-Profile angepasst. Instagram unterstreicht damit seine fortschreitende enge Verzahnung mit dem sozialen Netzwerk. In der folgenden Abbildung sehen Sie beispielhaft das Webprofil der erfolgreichen deutschen Instagrammerin Kerstin Hiestermann, die ich in Kapitel 4 noch näher vorstelle.

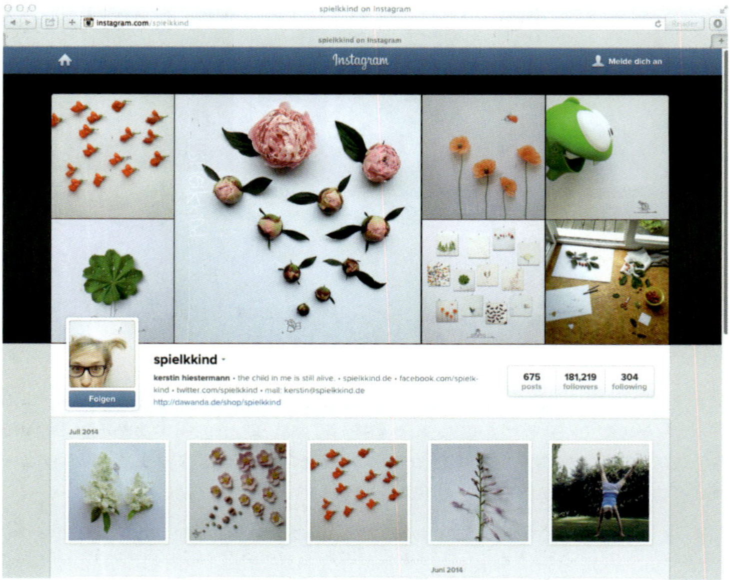

Abb. 2.4: *Webprofil von @spielkkind*

Die Titelgrafik ist im Gegensatz zum Standard bei Facebook animiert und zeigt abwechselnd und willkürlich in Form einer Collage die Bilder und Videos des Nutzers an, ohne dass das Profil erneut geladen werden muss. Unterhalb der Titelgrafik und der Profilbeschreibung befinden sich in chronologischer Reihenfolge alle Fotos und Videos des Instagram-Profils. Per Mouseover über die einzelnen Bilder und Videos werden pro Bild das Datum der Veröffentlichung sowie die Anzahl der »Gefällt mir«-Angaben und Kommentare angezeigt.

Abb. 2.5: *Vergrößerte Ansicht eines Foto- oder Videobeitrages über das Webprofil*

Mit einem Klick auf das Bild oder Video erscheint dieses vergrößert auf einer eigenen Foto- bzw. Video-Seite inklusive der »Gefällt mir«-Angaben, der verwendeten Hashtags sowie dem Ort an dem das Bild oder Video aufgenommen wurde, sofern der Nutzer diesen seinem Foto oder Video hinzugefügt hat. Weiterhin sind die letzten zwanzig Kommentare zu dem jeweiligen Bild oder Video sichtbar. Die Anzahl der namentlich sichtbaren »Gefällt mir«-Angaben ist wiederum auf drei begrenzt. Alle weiteren »Likes« werden als Zahl erfasst. Es ist in der Webansicht somit nicht möglich, sich die Namen aller Instagrammer anzeigen zu lassen, die das Foto oder Video kommentiert oder mit einem »Gefällt mir« markiert haben.

Am unteren rechten Bildschirmrand kann der Nutzer des Webprofils einen Kommentar hinterlassen oder das Bild oder Video mit einem Klick auf das Herz »liken«. Dies funktioniert jedoch nur, wenn er auch ein Instagram-Mitglied ist. Die Möglichkeit, Fotos vom Computer in das Webprofil hochzuladen, gibt es derzeit noch nicht.

2.2.1 Einbetten von Instagram Fotos- und Videos

Im letzten Jahr verkündete Instagram mit den »Instagram Web Embeds« eine weitere Neuerung seiner Webprofile. Mit dieser neuen Funktion ist es möglich, Instagram-Fotos oder -Videos auf der eigenen Website oder im eigenen Blog einzubetten. In der vorangehend beschriebenen Fotoansicht befindet sich dazu rechts neben dem Kommentarfeld ein »...«-Symbol. Mit einem Klick auf dieses Symbol erscheint ein Popup-Fenster, das den Code zum Einbetten des Fotos oder Videos im Web enthält. Der Code kann nun vollständig kopiert und dem HTML-Code der eigenen Website oder des Blogs an der gewünschten Stelle hinzugefügt werden. Das Bild wird standardmäßig mit einer Breite von 612 Pixeln und einer Höhe von 710 Pixeln eingefügt. Sie können die Breite und Höhe auch noch manuell ändern, indem Sie die entsprechenden Zahlen im Code anpassen und solange Breite und Höhe im gleichen Verhältnis stehen.

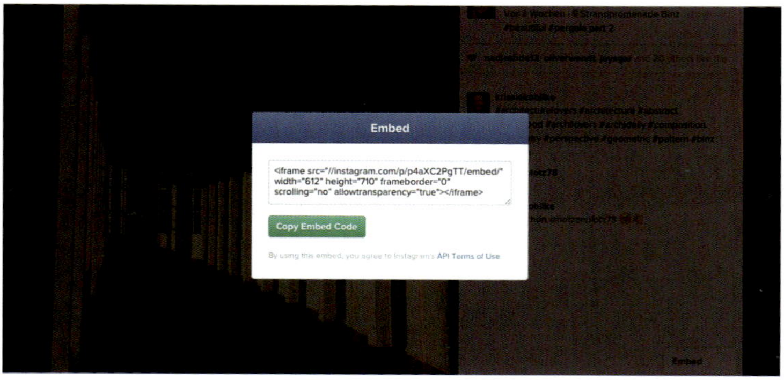

Abb. 2.6: *Embed Code in der Foto- (bzw. Video-)Ansicht*

Das auf diese Weise in die Website oder den Blog eingefügte Bild oder Video enthält sowohl den Instagram-Namen des Urhebers, das Instagram-Logo als auch die Anzahl der »Likes« und Kommentare. Mit einem Klick auf das Instagram-Logo im eingebetteten Bild oder Video gelangt der Leser der Website zur entsprechenden Foto- oder Videoansicht im Instagram-Webprofil des Nutzers, von dem der Beitrag ursprünglich stammt. Instagram will auf diese Weise sicherstellen, dass das Recht am eigenen Bild oder Video der Instagram-Nutzer gewahrt bleibt. Unabhängig davon, wo das Instagram Bild oder Video im Netz auftaucht, soll für jeden Betrachter klar erkennbar sein, wer der Urheber dieses Inhalts ist.

Abb. 2.7: *Eingebettetes Foto auf der Website mit Verlinkung zum Webprofil des Urhebers (View on Instagram-Button in der Abbildung rechts)*

Rechtliche Rahmenbedingungen

Laut Rechtsanwalt Thomas Schwenke, der sich unter anderem auf Rechtsfragen rund um Social Media spezialisiert hat, ist es zwingend erforderlich, Instagram-Bilder auf die von Instagram angebotene Art und Weise auf der eigenen Website einzubetten, um rechtliche Risiken zu minimieren. Sein Rat lautet, die Instagram-Inhalte definitiv nicht selbst zu kopieren und beispielsweise in einem Blogbeitrag hochzuladen, auch wenn die eingebetteten Postings optisch nicht so dargestellt werden können, wie sie zu Ihrer Website passen.

Diese Regel gilt allerdings nicht für Ihre eigenen Instagram-Beiträge, unabhängig davon, ob Sie diese zum Beispiel mit den spezifischen Instagram-Filtern versehen haben. Sie können Ihre eigenen Fotos oder Videos auf beliebige Art und Weise auf Ihrer Website einbinden, da Sie selbst Urheber dieser Beiträge sind. Wie Sie Instagram grundsätzlich in Ihre Website integrieren können, erfahren Sie in Abschnitt 10.10 »Verknüpfung von Instagram mit Ihrer Website«. Vorsicht ist auch bei der Verwendung des Instagram-Logos geboten, wenn Sie die Besucher Ihrer Website oder die Leser Ihres Blogs zum Beispiel auf Ihr Engagement auf Instagram aufmerksam machen wollen. Nähere Informationen dazu, sowie weitere kommunikative und rechtliche Regeln, etwa zur Nutzung von Instagram-Fotos und -Videos für werbliche Zwecke, finden Sie in Kapitel 11.

2.2.2 Weitere Funktionen des Webprofils für Instagram-Mitglieder

Instagram-Mitglieder können auch über ihr Webprofil durch ihren Foto- und Video-Stream bzw. Homefeed scrollen sowie Beiträge liken und kommentieren, nachdem Sie sich über den Button MELDE DICH AN oben rechts auf der Webprofil-Seite angemeldet haben.

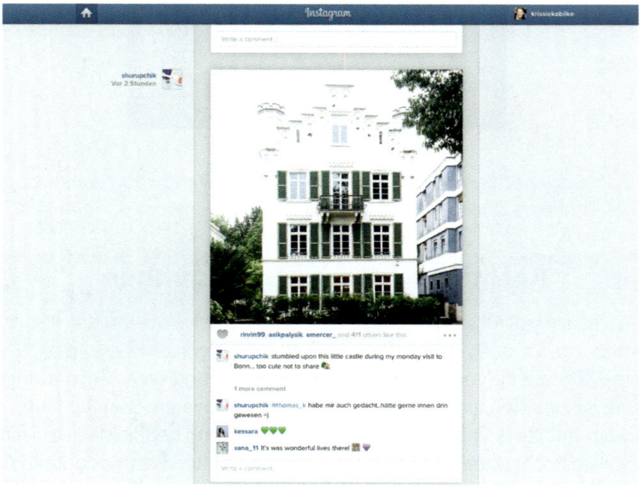

Abb. 2.8: *Homefeed im Webprofil*

Der Foto- und Video-Feed wird dabei über das HOME-Symbol oben links auf der Seite aufgerufen.

Des Weiteren bietet das Webprofil die Möglichkeit, über die Option PROFIL BEARBEITEN die eigenen Profil-Informationen zu bearbeiten, sowie das Passwort zu ändern. Darüber hinaus stehen unter dem Menüpunkt BANNER Social Media Icons bzw. Buttons zum Download zur Verfügung, die auf der eigenen Website oder dem eigenen Blog zur Verlinkung mit Instagram genutzt werden können. Eine genaue Anleitung, wie Sie die Icons auf Ihrer Website einbinden finden Sie in Kapitel 11.

Abb. 2.9: *Weitere Optionen nach Anmeldung im Webprofil*

Verwaltung von Drittanbieter-Apps

Eine weitere sinnvolle Funktion des Webprofils bietet der Menüpunkt APPS VERWALTEN auf der Seite PROFIL BEARBEITEN. Hier werden Ihnen alle Apps angezeigt, bei denen Sie sich mit Ihren Instagram-Zugangsdaten angemeldet haben. Neben einer Beschreibung der jeweiligen App, können Sie hier auch sehen, in welchem Umfang diese auf ihre Instagram-Daten zugreift und den Zugriff gegebenenfalls wieder aufheben.

Inzwischen hat sich ein wahres Ökosystem an Apps und Webanwendungen um Instagram herum gebildet. Häufig werden damit Funktionen abgedeckt, die Instagram (noch) nicht bietet. Weitere Informationen zu diesen Apps finden Sie in den Abschnitten 4.4 »Begleitende Apps zum Aufnehmen und Bearbeiten von Fotos«, 5.3 »Begleitende Tools und Video-Apps «, 7.3 »Kommunikation über Messenger-Apps«, 7.4.3 »Follower- und Like-Apps « sowie im Kapitel 12 »Erfolgsmessung«.

Instagram fördert die Entstehung dieser Apps und Anwendungen durchaus und bietet Entwicklern ein sogenanntes API (Application Programming Interface) an. Dieses ist auch für Unternehmen nutzbar, die eine eigene App unter Verwendung der Instagram-Fotos und -Videos erstellen wollen.

Ein Beispiel ist die in Abschnitt 10.12 *Nutzung des Instagram API* näher vorgestellte Nike App, mit der User auf Basis ihres Lieblings-Instagram-Fotos ihren Nike-Schuh designen und kaufen können.

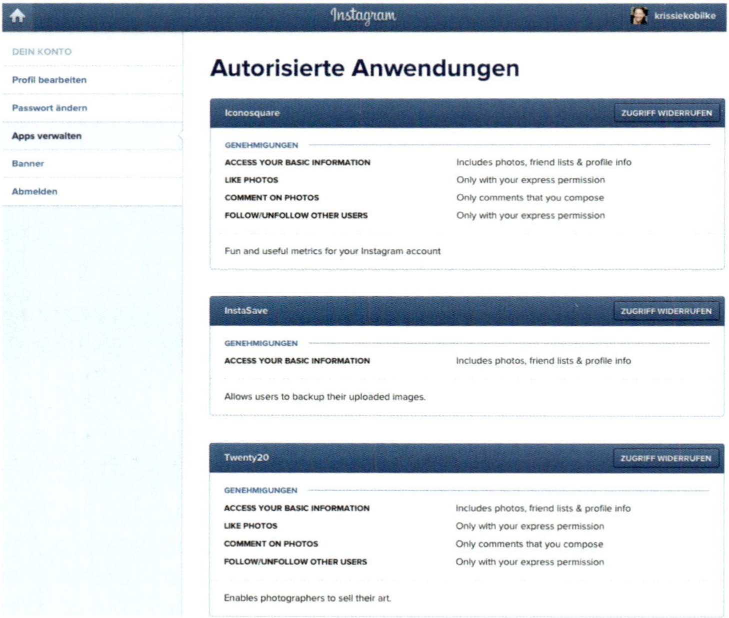

Abb. 2.10: *Ansicht APPS VERWALTEN im Bereich PROFIL BEARBEITEN*

Web Viewer und Statistik-Tools

Zu den beliebten Tools, die von Drittanbietern entwickelt wurden, zählen die Instagram Web Viewer, die bereits entstanden sind, bevor Instagram die Webprofile eingeführt hat. Die bekanntesten unter ihnen sind Iconosquare (ehemals Statigram, *http://iconosquare.com*), Websta (ehemals Webstagram, *http://websta.me*), Padgram als spezielles Webviewer-Tool für Ihr iPad oder Gramfeed (*http://www.gramfeed.com*). Neben der Möglichkeit, Instagram-Fotos und -Videos im Web anzuschauen, bieten diese Anwendungen zusätzliche Services, wie Statistiken, Chatanwendungen oder Programme mit denen Instagram-Fotos und -Videos weiterverarbeitet werden können. Eine Auswähl besonders hilfreicher Tools stelle ich Ihnen in Kapitel 12 »Erfolgsmessung« noch näher vor.

Apps zur Foto- und Videobearbeitung

Eine weitere Kategorie bildet die Vielzahl von Foto- und Video-Apps, die weitere Effekte für das Verfremden von Fotos und Videos oder eine andere Darstellungsform der Instagram-Fotos anbieten. Beliebte Apps unter Ihnen sind beispielsweise VSCO Cam für professionelle Foto-Effekte, Rhonna Designs für zusätzliche Texte oder Flipagram, das Instagram-Fotos in eine videoähnliche Slideshow verwandelt. Diese und weitere Tools beschreibe ich in den Kapiteln 4 und 5 noch ausführlich.

Apps zum Reichweitenaufbau und mehr User-Engagement

Ein wachsendes Segment von Apps, das sich um Instagram herum gebildet hat, sind Anwendungen, die Ihnen innerhalb kürzester Zeit mehr Reichweite für Ihr Instagram-Profil oder mehr »Gefällt mir«-Angaben für Ihre Foto- und Videobeiträge versprechen. Dazu zählen beispielsweise Apps wie LikeBooster, GetFollowers oder SocialWow. Die Funktionsweise dieser Apps wird im Kapitel 7 im Abschnitt 7.4.3 »Follower- und Like-Apps « noch einmal näher erläutert.

Kapitel 3

Erste Schritte mit Instagram

Wie bei fast allen sozialen Netzwerken ist die Anmeldung und Einrichtung eines eigenen Profils auch auf Instagram grundsätzlich schnell und einfach möglich. Dennoch werden Sie sich dabei gegebenenfalls einige knifflige Fragen stellen, etwa was ein langfristig passender Benutzername für Instagram sein oder wie eine gute Beschreibung Ihres Profils aussehen könnte.

Diese Fragestellungen sind insofern wichtig, als das Ihr Instagram-Profil eine weitere Visitenkarte von Ihnen im Netz darstellt und wichtiger Teil Ihrer persönlichen Marke ist. Über Ihre Fotos und Videos erfahren die Menschen, wie Sie die Welt sehen, was für ein »Typ Mensch« Sie sind. Sie können sich im wahrsten Sinne des Wortes »ein Bild von Ihnen machen«. Sofern Sie auf Instagram hauptsächlich mit Ihrer Familie und engen Freunden kommunizieren, fällt dieser Punkt natürlich weniger ins Gewicht.

3.1 Ihre Zielsetzung auf Instagram

Für Ihre ersten Schritte auf Instagram gibt es grundsätzlich zwei Strategien. Die erste ist, bereits vor Ihrer Anmeldung bei Instagram, über Ihre damit verbundene konkrete Zielsetzung nachzudenken.

Wollen Sie die Plattform eher dazu nutzen, mit Freunden und Familie in Kontakt zu bleiben? Oder möchten Sie Ihre Fotos und Videos auch mit Menschen darüber hinaus teilen? Ist Ihnen eine größtmögliche Reichweite Ihres Accounts wichtig oder möchten Sie sich eher intensiv mit einigen wenigen Gleichgesinnten austauschen? Soll Instagram perspektivisch dazu dienen, Ihre Fotos und Videos zu vermarkten? Welche Themen werden Sie vorrangig bespielen? Anregungen dazu, wie Sie eine geeignete Inhalte-Strategie auf Instagram erarbeiten, finden Sie auch in Kapitel 4. Wollen Sie für Ihr Lieblingsthema eine eigene Community innerhalb Instagram aufbauen? Möchten Sie Instagram als Unternehmen nutzen, um beispielsweise neue Kunden zu gewinnen? (Nähere Informationen für Unternehmen finden Sie in Kapitel 10.)

Die Beantwortung dieser Fragen kann Ihnen dabei helfen, schon bei Ihren ersten Schritten auf Instagram gute Entscheidungen zu treffen, beispielsweise bei der Wahl eines geeigneten Nutzernamens für Ihren Account.

Die zweite Strategie ist, sich ohne größere Vorüberlegungen bei Instagram anzumelden und die Plattform zunächst näher kennenzulernen. Wie funktioniert die Community? Wer sind Ihre Nutzer? Wie präsentieren sich diese Nutzer? Wie kommunizieren diese untereinander? Welche Themen sind Trend? Was inspiriert Sie persönlich auf der Plattform am meisten? Welche Ihrer Fotos und Videos kommen gut in der Community an? Welche Themen machen Ihnen bei der Aufnahme von Fotos und Videos am meisten Spaß?

Der Vorteil dieser unvoreingenommenen Entdeckungstour ist, dass Sie ohne sich zuvor festgelegt zu haben, offen für Neues sind und Ihre eigene Kreativität angeregt wird. Nachteil dieser Strategie ist, dass Sie gegebenenfalls Ihren Nutzernamen auf Instagram neu überdenken und ändern müssen. (Siehe dazu auch Abschnitt 3.2 »Einrichten Ihres Instagram Accounts«)

Unabhängig davon, für welche dieser Strategien Sie sich entscheiden, möchte ich Sie in den folgenden Abschnitten gerne dabei unterstützen, Ihre ersten Schritte auf Instagram zu unternehmen.

3.2 Einrichten Ihres Instagram Accounts

Um Instagram auf Ihrem Smartphone oder Tablet-PC nutzen zu können, müssen Sie sich die Instagram App zunächst im zu Ihrem Betriebssystem passenden jeweiligen App Store herunterladen. (Siehe dazu auch Kapitel 2 »Mobile Applikation und Web App«)

Mit Klick auf das Instagram Icon auf Ihrem Smartphone- oder Tablet-PC-Display öffnet sich das Anmeldefenster bzw. der Start-Bildschirm der App. Sie haben hier die Möglichkeit, sich, falls vorhanden, mit Ihrem Facebook Login anzumelden oder sich alternativ mit einer E-Mail-Adresse zu registrieren.

3.2.1 Anmeldung mit Ihrem Facebook-Profil

Die Anmeldung und Authentifizierung auf Webseiten, Apps oder sozialen Netzwerken über das Facebook- oder auch Twitter- Profil ist inzwischen weit verbreitet. Facebook stellt dazu für Entwickler eine entsprechende Programmierschnittstelle (API), zur Verfügung. Ziel ist es zum einen, den Anmeldeprozess für Nutzer zu verkürzen. Zum anderen dient der Facebook-Login dazu, über das sogenannte Open Graph Protocol Daten zwischen Facebook und der betreffenden Website oder Anwendung austauschen zu können.

Welche Daten werden über das Open Graph Protocol übertragen?

Zu den offensichtlichen Daten zählt dabei zum Beispiel die Information, welche Facebook-Freunde des Nutzers ebenfalls bei der betreffenden Website oder Anwendung angemeldet sind. Auf diese Weise kann der Nutzer schnell Kontakte knüpfen ohne Freunde manuell suchen zu müssen. Das kann insbesondere dann von Vorteil sein, wenn Freunde andere Nutzernamen als auf Facebook nutzen.

Weiterhin können mit Zustimmung des Nutzers Interaktionen mit der Website oder Anwendung in der Facebook-Chronik geteilt werden. Im Falle von Spiele-Apps, wie zum Beispiel dem populären Spiel Candy Crush, können das Spielstände sein, beim Location Based Service Foursquare Besuche an einem bestimmten Ort oder wie im Falle des Musik-Streaming-Dienstes Spotify die gerade gehörte Musik.

Darüber hinaus werden über das Open Graph Protocol aber auch Informationen zu den Interessen des Nutzers übermittelt, etwa welche Inhalte oder Unternehmensseiten er auf Facebook mit einem »Gefällt mir« versehen hat. Für den Nutzer soll mit Hilfe dieses für ihn kaum wahrnehmbaren Datenaustausches ein noch persönlicheres und relevanteres Nutzungserlebnis auf der Website oder in der Anwendung des Drittanbieters kreiert werden.

Die Nutzung von Facebook-Daten durch Drittanbieter hat in der Vergangenheit allerdings auch zu Missmut bei Facebook-Nutzern geführt. Einige Anwendungen greifen auf deutlich mehr Daten zu, als sie eigentlich benötigen. Facebook hat daraufhin strengere Richtlinien zur Verwendung seiner Daten durch Dritte eingeführt und darüber hinaus Nutzern die Möglichkeit verschafft, dezidiertere Freigaben zu erteilen.

Wählen Sie zur Anmeldung bei Instagram die Variante »Registriere dich mit Facebook«, werden Sie zunächst kurz auf Facebook geführt, um Ihre Facebook-Login-Daten einzugeben.

Direkt nach der Anmeldung über Ihr Facebook-Konto werden Sie zu Instagram zurückgeleitet, um dort einen Nutzernamen sowie ein Passwort zu erstellen (Siehe dazu auch Abschnitt 3.2.3 »Die Wahl eines geeigneten Nutzernamens«). Instagram übernimmt automatisch Ihr Profilbild von Facebook. Sofern Sie dies ändern möchten, tippen Sie das Bild einfach an und wählen aus den nun angezeigten Optionen, wie VON TWITTER IMPORTIEREN, FOTO AUFNEHMEN, AUS BIBLIOTHEK AUSWÄHLEN die gewünschte Variante aus. Mehr zum optimalen Profilbild erfahren Sie im Abschnitt 3.3 »Bearbeiten Ihres Profils«.

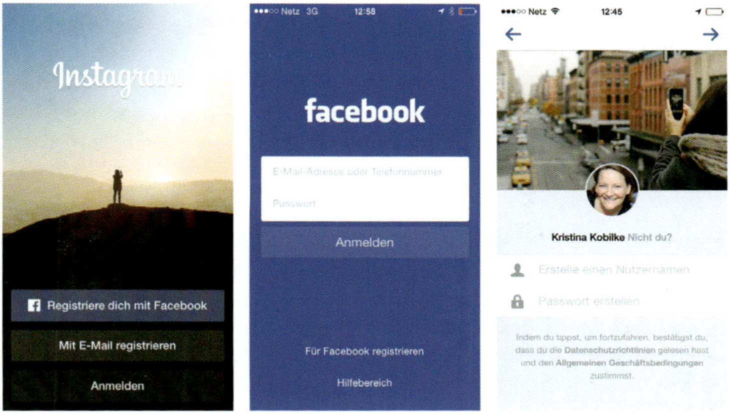

Abb. 3.1: *Anmeldung bei Instagram via Facebook-Login (iOS-Version)*

In der folgenden Ansicht können Sie zwischen den Optionen FINDE FACEBOOK-FREUNDE ZUM ABONNIEREN sowie KONTAKTE ZUM ABONNIEREN FINDEN wählen. Beide Optionen werden in Abschnitt 3.5 »Abonnieren von Foto- und Videostreams« noch einmal ausführlich erläutert. Sofern Sie diese Selektion erst später vornehmen wollen, tippen Sie auf ÜBERSPRINGEN.

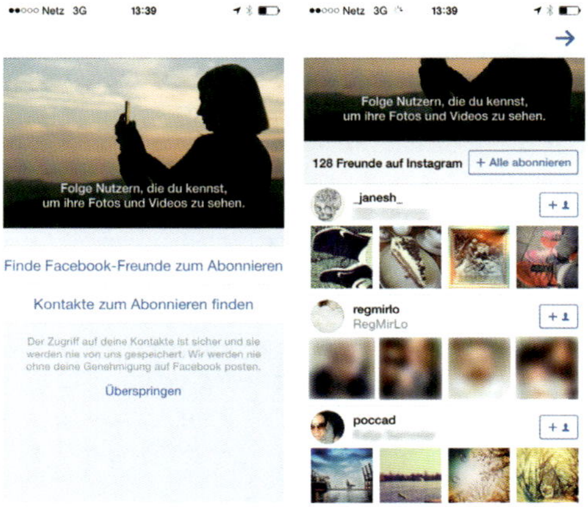

Abb. 3.2: *Facebook-Freunden auf Instagram folgen*

3.2.2 Anmeldung mit Ihrer E-Mail-Adresse

Sofern Sie eine Anmeldung mit Ihrer E-Mail-Adresse für Instagram präferieren, bietet Ihnen Instagram die Variante MIT E-MAIL REGISTRIEREN an. Eine Verknüpfung mit Facebook sowie weiteren Netzwerken kann bei dieser Variante auch noch zu einem späteren Zeitpunkt über die Teilen-Einstellungen der App oder noch während des Anmeldeprozesses erfolgen. (Nähere Informationen zu Teilen-Einstellungen der App finden Sie in Abschnitt 3.6 »Konto- und Privatsphäre-Einstellungen auf Instagram«)

Grundsätzlich wäre eine Überlegung für die Anmeldung in sozialen Netzwerken oder Apps, nicht Ihre Haupt-E-Mail-Adresse zu nutzen, mit der Sie zum Beispiel auch Bestellungen im Internet tätigen, sondern eine oder auch mehrere zusätzliche E-Mail-Adressen für die unterschiedlichen sozialen Netzwerke einzurichten, in denen Sie aktiv sind.

Gerade große Firmen wie Facebook, Amazon oder Sony geraten häufiger ins Visier von Hackern. Für den Fall, dass eines Ihrer Konten geknackt und Ihre E-Mail-Adresse nebst Passwort von Hackern ausgelesen werden, haben Sie zumindest die Sicherheit, dass Ihre wichtigste Adresse nicht in falsche Hände gerät.

Unabhängig davon, welche E-Mail Adresse Sie verwenden, ist es in Zeiten von Datenmissbrauch durch unbefugte Dritte absolut empfehlenswert, besonderen Wert auf sichere Passwörter zu legen.

Was ist ein sicheres Passwort?

Ein sicheres Passwort ist eines, das schwer zu erraten ist. Häufig werden von Nutzern jedoch eher unsichere Passwörter vergeben. Dazu zählen beispielsweise Passwörter, die eine einfache Zahlenabfolge wie zum Beispiel 123456 oder den eigenen Namen, Wohnort, Namen von Familienangehörigen, Geburtsdaten, das Datum Ihrer Hochzeit, Namen von Schauspielern oder auch Worte aus dem Wörterbuch enthalten. Nutzer hoffen dabei, sich Ihr Passwort gut merken zu können.

Ein gutes Passwort besteht laut der mecodia Akademie, die sich ausführlich mit Passwortsicherheit befasst hat, aus mindestens zehn Zeichen. Dabei sollten sowohl Buchstaben mit Groß- und Kleinschreibung als auch Zahlen und Sonderzeichen verwendet werden. Wichtig ist darüber hinaus, für die diversen Apps, Websites und Netzwerke in denen Sie sich gegebenenfalls anmelden, unterschiedliche Passwörter zu vergeben und diese zusätzlich regelmäßig zu ändern. Dies ist zugegebenermaßen mit Aufwand verbunden, der jedoch gemäß mecodia durch den sogenannten Satz-Trick reduziert werden kann.

> Wie funktioniert der Satz-Trick? Sie denken sich einen Satz inklusive Uhrzeit oder Datum aus, den Sie sich leicht merken können und wählen nur die Anfangsbuchstaben der einzelnen Wörter sowie die Sonderzeichen für Ihr Passwort aus. Beispiel: Morgen um 10:00 Uhr fahre ich in den Urlaub! Das Passwort dazu lautet: Mu10:00UfiidU!
>
> Für die unterschiedlichen Websites oder Apps, die Sie nutzen, hängen Sie nun die ersten drei Buchstaben des jeweiligen Website- oder App-Namens an. So müssen Sie sich letztlich doch nur ein Passwort merken. Für Instagram könnte ihr Passwort dann so aussehen: Mu10:00UfiidU!Ins

3.2.3 Die Wahl eines geeigneten Nutzernamens

Wie schon in Kapitel 1 beschrieben, bildet Instagram für seine Nutzer die ideale Plattform, über Bilder die eigene kreative Persönlichkeit zu entfalten. Nicht selten entstehen dabei auf Instagram bekannte menschliche Marken, die mit ihren Fotos und Videos tausende von Followern anziehen und mit der Verwertung ihrer Bilder inzwischen Geld verdienen. (Siehe dazu auch Abschnitt 4.8 »Beispiele erfolgreicher Instagrammer«)

Auch wenn Sie nicht planen, mit Instagram ein Millionenpublikum anzusprechen, kann sich ein sorgsam ausgewählter Nutzername, mit dem Sie sich auch noch in einem Jahr wohlfühlen und der zu Ihrer Persönlichkeit passt, später auszahlen. Zwar können Sie Ihren Nutzernamen jederzeit ändern, Ihre bis zu diesem Zeitpunkt aufgebaute Reputation wird damit jedoch, auch wenn Sie nur mit vergleichsweise wenigen Community-Mitgliedern kommunizieren, aufgehoben.

Auf der Suche nach Instagram-Profilen, denen sie folgen können, durchsuchen die Instagrammer gerne die abonnierten Accounts anderer öffentlich zugänglicher Profile. (Siehe dazu auch Abschnitt 3.4 »In der Anwendung navigieren«) In diesen Abonnement-Listen tauchen Nutzer nur mit ihrem Profilfoto sowie ihrem Nutzernamen auf. Sofern Sie in dieser Liste mit einem ansprechenden Profilfoto und einem interessanten Namen auftauchen, machen Sie andere Nutzer neugierig und die Wahrscheinlichkeit steigt, dass sie Ihnen folgen.

3.2.4 Nutzung von Klar- und Spitznamen

Je nach Ihrer persönlichen Zielsetzung können Sie Instagram auch, wie ein Großteil der Mitglieder der Instagram-Community mit Ihrem tatsächlichen Namen, auch Klarname genannt, nutzen. Diese Variante wählen zum Beispiel Stars und Prominente oder auch professionelle Fotografen, die Instagram als eine Plattform zum Aufbau ihrer Reputation nutzen.

Ein weiterer Teil der Community setzt seinen Spitznamen, auch kurz »Nick« genannt, als Profil-Namen ein. Nicks werden oft von Nutzern verwandt, die über Instagram in erster Linie mit ihren engen Freunden und ihrer Familie kommunizieren wollen. Wenn es Ihnen wichtig ist, auch in anderen sozialen Netzwerken von Instagrammern auf den ersten Blick wiedererkannt zu werden und umgekehrt, ist die Verwendung eines Klar- oder Spitznamen, den Sie auch dort verwenden, sinnvoll.

3.2.5 Kreative Wortschöpfungen

Insbesondere ein kreativer oder auch seltener Nutzername hat einen hohen Wiedererkennungswert in der Community und macht Sie einzigartig auf Instagram und darüber hinaus.

Sofern Sie einen kreativen Namen verwenden wollen, nehmen Sie sich ein paar Stunden oder auch Tage Zeit, bis Sie die passende Wortschöpfung gefunden haben. Diese Zeitinvestition lohnt sich, denn schon bald werden Sie sich mit Ihrem Instagram-Account identifizieren. Inspirierend können bei der Namensfindung der Austausch mit kreativen Freunden sein oder die bewusste Beschäftigung mit Kunst. Auch ein Blick in den frei zugänglichen Instagram Blog (*http://blog.instagram.com*), in dem regelmäßig Nutzer vorgestellt werden, kann hilfreich sein.

Viele erfolgreiche Instagrammer haben einzelne Silben ihres Namens in ihrem Profilnamen verarbeitet. Die beliebte norwegische Instagrammerin Anca Moseng heißt auf Instagram beispielsweise »missanmo« (*http://instagram.com/missanmo*). Der italienische Fotograf und Digital Creative Director Simone Bramante präsentiert seinen fast 500.000 Followern unter »brahmino« fantastische Fotos (*http://instagram.com/brahmino*). Beide Namen sind besonders eingängig und können leicht nachgesprochen werden, das macht es für Instagrammer leichter, sie zu verinnerlichen und ihren Freunden davon zu erzählen. Der inzwischen sehr bekannte Berliner Street-Fotograf Thomas Kakareko tritt wiederum ganz einfach unter thomas_k auf Instagram auf (*http://instagram.com/thomas_k*).

3.2.6 Automatische Namenssuche

Inzwischen haben sich im Netz Namensgeneratoren entwickelt, die Ihnen die Kreativarbeit abnehmen. Bei *myusernamegenerator.com* beispielsweise genügt es lediglich vorab zu entscheiden, ob der Name kurz oder auch lang sein, eher Vokale beinhalten oder lieber japanisch oder chinesisch klingen soll. Die Wahrscheinlichkeit, dass Sie sich mit einem automatisch generierten Namen wohlfühlen, ist meiner Ansicht nach allerdings geringer, als mit einem Namen, der einen echten Bezug zu Ihnen hat oder einem längeren kreativen Prozess entsprungen ist.

3.2.7 Themenbezogene Nutzernamen

Wenn Sie mit der Eröffnung Ihres Profils bereits ein konkretes Ziel verfolgen und wissen, welches Themengebiet Ihre Fotos und Videos auf Instagram abdecken werden, macht es Sinn, Ihren Profil-Namen direkt darauf abzustimmen. Ein gutes Beispiel dafür ist der Instagram-Account @_foodstories_ (*http://instagram.com/_foodstories_*), der schon direkt erahnen lässt, welche Bilder und Videos den Besucher seines Profils erwarten. Weitere Beispiele sind die Instagrammer @knitterbird (*http://instagram.com/knitterbird*), @rockglam (*http://instagram.com/rockglam*) oder eines der Top-Profile auf Instagram @getfashion (*http://instagram.com/getfashion*).

Möchten Sie auf Ihrem Profil hauptsächlich Fotos oder Videos Ihrer Heimatstadt oder einer bestimmten Region hochladen, könnte Ihr Nutzername ebenfalls Wortbestandteile Ihrer Motive beinhalten. Da gibt es zum Beispiel den erfolgreichen Hamburger Instagrammer Tom Merkel (@tomtehh, *http://instagram.com/tomtehh*), der hauptsächlich inspirierende Fotos aus der Hansestadt Hamburg postet oder das bekannte Profil @berlinstagram von Michael Schulz (*http://instagram.com/berlinstagram*), das auf Grund seiner Popularität und Originalität schon vielfach in den Medien von sich reden machte.

3.2.8 Fanseiten auf Instagram

Auch die @ostseefans (*http://instagram.com/ostseefans*), über die Fernweh erweckende Fotos und Videos von der Ostseeküste in Szene gesetzt werden, sind ein gutes Beispiel für eine themenbezogene Namenswahl. Der Profil-Name »ostseefans« weist dabei direkt darauf hin, dass sich hier Gleichgesinnte tummeln sollen. Communities dieser Art finden sich vor allem rund um Stars, wie z.B. @_rihanna_fans_ (*http://instagram.com/_rihanna_fans_*) oder auch Sportclubs, zum Beispiel @bayernfans1900 (*http://instagram.com/bayernfans1900*) und sind auf Instagram häufig anzutreffen.

Grundsätzlich wäre es mit Blick auf die multikulturelle Nutzerschaft von Instagram empfehlenswert, einen englischsprachigen Namen für Ihr Profil zu wählen, es sei denn, Sie möchten bewusst nur einen Teil der Instagram-Community ansprechen.

3.2.9 Wunschname vergeben?

Für den Fall, dass Ihr präferierter Name schon auf Instagram genutzt wird, wandeln Sie ihn einfach durch ein zusätzliches Zeichen, wie zum Bespiel einen Unterstrich ab. Diese Methode ist meiner Ansicht nach allerdings nur dann sinnvoll, wenn Sie mit Ihrem Klarnamen auf Instagram präsent sein wollen, der jedoch bereits von einem anderen Nutzer verwendet wird, der genauso heißt wie Sie. Bei einem kreativen Namen, den Sie eventuell auch über Ihren Blog oder Ihre Website kommunizieren wollen, besteht bei einer minimalen Abwandlung eines schon bestehenden Nutzernamens gegebenenfalls Verwechselungsgefahr.

3.2.10 Einrichten mehrerer Instagram-Profile

Derzeit ist es nicht möglich, mit nur einer E-Mail-Adresse mehrere Instagram-Profile zu erstellen. Instagram sieht derzeit lediglich ausschließlich ein Instagram-Profil pro E-Mail-Adresse vor. Sofern Sie mehrere Instagram-Profile pflegen, ist ein Abmelden und erneutes Anmelden zwischen den Profilen leider unumgänglich.

App-Tipp

Mit der App Fotogramme haben Sie die Möglichkeit, sich eine Liste mit favorisierten Instagram-Profilen anzulegen, die Sie im Blick behalten möchten. Damit entfällt zumindest das wiederholte Suchen dieser Profile in Ihren Abonnements oder über die Instagram-Suche. Dazu ist es erforderlich, dass Sie sich mit Ihrem Instagram-Nutzernamen und Passwort in der App anmelden. Über das Stern-Symbol in der App können Sie nun die entsprechenden Profile markieren und in einer Favoritenliste speichern.

Sofern Sie mit anderen Instagrammern Fotos und Videos zur gemeinsamen Pflege mehrerer Instagram-Accounts austauschen möchten, bietet sich die mobile App von Dropbox an. Mehr dazu finden Sie in Kapitel 6 »Backup Ihrer Fotos und Videos«.

3.3 Bearbeiten Ihres Profils

Instagram bietet Ihnen auf Ihrer Profilseite, die Sie über den äußersten rechten Reiter in der App-Navigation aufrufen können, über den Button PROFIL BEARBEITEN die Möglichkeit, sich und den Inhalt Ihres Instagram-Profils näher zu beschreiben. Im Folgenden werden die einzelnen Felder und passende Strategien zur Gestaltung Ihres Profils näher erläutert.

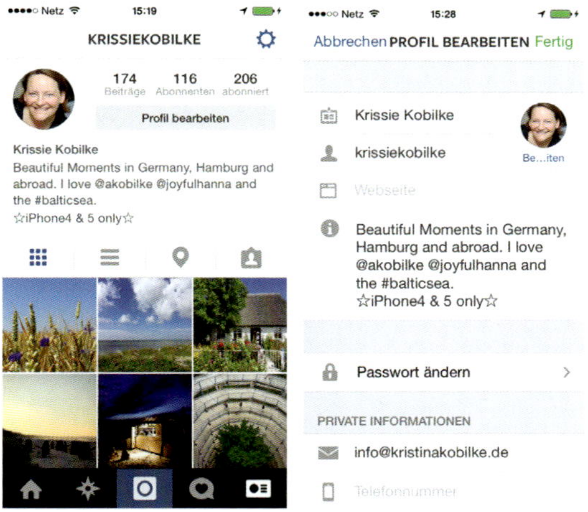

***Abb. 3.3:** Ansicht der Profilseite sowie PROFIL BEARBEITEN (iOS-Version)*

Name versus Nutzername

Im Feld »Name« können Sie nun zusätzlich zu Ihrem zuvor festgelegten Nutzernamen einen Begriff platzieren. Das kann Ihr Klarname oder Ihr Spitzname, Ihr korrekter Marken- oder Unternehmensname sein oder auch ein Begriff, der Sie treffend beschreibt.

Sollten Sie als Nutzernamen Ihren Klarnamen verwenden, macht es gegebenenfalls Sinn, dieses Feld frei zu lassen, um Doppelungen in Ihrem Profil zu vermeiden. Alternativ können Sie natürlich hier Ihren Spitznamen platzieren, je nachdem, wie Sie gerne auf Instagram in Erscheinung treten möchten.

Der Eintrag im Feld »Name« erscheint unmittelbar unter dem Profil-Foto Ihres Profils. Darüber hinaus wird der Name zusammen mit Ihrem Profilbild und Ihrem Nutzernamen in den Abonnenten-Listen der Nutzer, denen Sie folgen, angezeigt. Somit hat auch der Name Einfluss darauf, wie Sie von anderen in der Community wahrgenommen werden.

Link zu Ihrer Website

Darüber hinaus bietet sich hier die Möglichkeit, einen Link zu Ihrer Website, Ihrem Blog, Ihrem Shop oder auch auf ein weiteres Profil in einem anderen sozialen Netzwerk, wie beispielsweise Twitter oder Facebook, zu setzen.

Einbindung von Links auf Instagram

Das Feld WEBSITE auf der Seite »Profil bearbeiten« ist der einzige Ort auf Instagram, um einen aktiven klickbaren Link (Hyperlink) zu platzieren. An keiner anderen Stelle auf Instagram, weder in der Beschreibung von Fotos oder Videos, noch in Kommentaren können klickbare Links eingebunden werden.

Sofern Sie trotzdem gerne Links unter Ihren Fotos oder auch zusätzlich in Ihrer Biografie platzieren wollen, müssen diese von Ihren Followern oder Betrachtern Ihrer Fotos und Videos abgeschrieben werden. Ein Markieren und Kopieren der Links ist lediglich im Webprofil möglich, jedoch nicht über das Smartphone. Somit sollte die genannte URL eher kurz und leicht zu merken sein.

Ihr Profilbild

Rechts neben Ihrem Namen sowie Ihrem Nutzernamen können Sie Ihr Profilbild bearbeiten. Sie haben hier die Möglichkeit, entweder Ihr Profilfoto von Facebook oder Twitter zu importieren, direkt ein Foto aufzunehmen oder ein Bild aus Ihrer Bibliothek auszuwählen.

Das Profilbild ist neben Ihrem Nutzernamen der Hauptinteressewecker in der Community. Es erscheint auf jedem einzelnen Ihrer Foto- und Video-Posts genauso wie in den Abonnenten-Listen der Nutzer, die Ihnen folgen oder denen Sie folgen und natürlich auf Ihrer Profilseite. Es ist damit wichtiger Teil Ihrer persönlichen Markenbildung auf Instagram und fördert Ihren Wiedererkennungswert in der Community. Vor diesem Hintergrund ist es absolut empfehlenswert, Zeit in die Auswahl oder Erstellung eines guten oder auch originellen Profilbilds zu investieren.

Was macht ein gutes Profilbild aus? Passend zum aktuellen Design-Trend, hat das Profilfoto auf Instagram eine runde Form. Ihr Bild sollte diese Form komplett ausfüllen. Wichtig ist darüber hinaus eine ausreichend hohe Auflösung Ihres Bildes. Unscharfe, pixelige Aufnahmen wirken auf Ihre potentiellen Besucher oder Follower lieblos und wenig einladend.

Das Design von Instagram ist inzwischen sehr leicht und luftig, letztlich auch, um die Performance der App zu verbessern. Die Größe der Profilfotos ist zudem sehr klein. In Ihrem Home-Feed, Neuigkeiten oder Abonnenten-Listen haben sie einen Durchmesser von kaum mehr als fünf Millimeter. Um gut erkennbar zu sein, sollte Ihr Profilfoto in der insgesamt hellen Umgebung der App deshalb nicht zu hell sein und entsprechend seiner Größe nicht zu viele Informationen enthalten. Empfehlenswert ist ein Portraitfoto oder auch ein Ausschnitt Ihres Gesichts vor einem klaren, gerne auch farbigen Hintergrund.

Ideal wirkt Ihr Profilbild, wenn es mit Ihren Fotos und Videos harmoniert. Beispiele dafür sind die Profilfotos von @spielkkind (*http://instagram.com/spielkind*) oder der zuvor schon erwähnten @missanmo (*http://ins tagram.com/missanmo*) oder des Landschaftsfotografen @andrestummer (*http://instagram.com/andrestummer*). Sie können in Ihrem Profilbild auch ein Logo oder ein Produkt platzieren, wie beispielsweise bei @lolashoetiquedolls (*http://instagram.com/lolashoetiquedolls*).

Abb. 3.4: *Profilansicht des Instagram-Accounts @spielkkind von Kerstin Hiestermann (iOS-Version)*

Ihre Biografie

Unter dem Punkt BIOGRAFIE, auch kurz »Bio« genannt, ist noch einmal Ihre Kreativität gefordert, denn hier haben Sie die Chance, sich sowie Ihre Fotos und Videos in der Instagram-Community näher vorzustellen.

Die Biografie dient dabei dazu, Ihren potentiellen Followern zu beschreiben, was sie im Falle eines Abonnements Ihres Profils in Ihrem Foto-Stream erwartet. Für viele Besucher Ihres Profils ist die Biografie damit oftmals dafür entscheidend, ob Sie Ihnen zukünftig folgen oder lieber nicht.

Inhaltliche Gestaltung

Je nachdem, welches Ziel Sie auf Instagram verfolgen, bieten sich unterschiedliche Strategien zur inhaltlichen und optischen Gestaltung Ihrer, maximal 150 Zeichen umfassenden, Biografie an.

Die Instagrammer interessieren sich dabei zum Beispiel für folgende Fragestellungen:

- Wie alt sind Sie?
- Aus welchem Land oder welchem Ort kommen Sie?
- Was tun Sie in Ihrem Leben beruflich?
- Was sind Ihre Hobbys oder wofür interessieren Sie sich? Was ist Ihnen besonders wichtig?
- Haben Sie eine Familie?
- Was sind die Themen Ihrer Fotos und Videos auf Instagram?
- Haben Sie ein Lebensmotto, das sich auch in Ihren Fotos und Videos wiederspiegelt?
- Sind Sie Teil einer Fan-Community auf Instagram?
- Mit welchem Handy und/oder welcher Kamera machen Sie Ihre Fotos und Videos?
- Machen Sie Ihre Fotos und Videos selbst?
- Wo kann man Sie im Netz noch finden oder Kontakt zu Ihnen aufnehmen?

Natürlich steht es Ihnen frei, wie viel und was Sie in der Community von sich Preis geben möchten. Sie können auch ganz auf eine Biografie verzichten und nur Ihre Fotos und Videos sprechen lassen.

Tipp zur Erstellung Ihrer Biografie

Beantworten Sie die für Sie wichtigsten der obenstehenden Fragen mit nur wenigen Stichworten oder kurzen Satzteilen.

Erstellen Sie daraus eine Aufzählung.

Versuchen Sie sich auf maximal sechs Informationen in Ihrer Aufzählung zu beschränken. (Der Link zu Ihrer Website ist dabei nicht eingerechnet.)

Wählen Sie für Ihre Biografie idealerweise die englische Sprache, sofern Sie Instagram nicht ausschließlich für die private Kommunikation mit Ihren Freunden oder Ihrer Familie nutzen wollen.

Lassen Sie sich von den Biografien anderer Instagrammer inspirieren.

Nehmen Sie sich Zeit, bis Sie eine für Sie stimmige Biografie gefunden haben. Eine Änderung Ihrer Biografie ist natürlich jederzeit möglich.

Ihre Biografie könnte zum Beispiel wie folgt lauten:

32 // Germany // Mom of 2 Girls // love living in Hamburg // Captures of my beautiful city, DIY and cooking // all fotos taken by me an my S3

oder

27 – law student – Braunschweig (Germany) – Little life snippets – I love silhouettes, travelling and good food – iPhone only

oder

Webdesigner from Berlin. Daydreamer & Coffee addict. I love creativity & making things. Passionate about: Blogging/ Design/ #SocialMedia and Technology

Optische Darstellung von Biografien

So unterschiedlich die Nutzer der Instagram-Community sind, so variantenreich ist auch die Darstellung ihrer Biografien.

Ein erstes Kriterium in der optischen Gestaltung ist die Anordnung der einzelnen Stichworte zur Beschreibung des Profils. Ein Teil der Instagrammer setzt dabei auf eine Aufzählung in Listenform, ein anderer Teil auf eine klassische Aufzählung als Fließtext. Die Listenform bietet dabei die größtmögliche Ordnung und Übersichtlichkeit. Allerdings rücken je nach Länge der Liste einige Fotos und Videos auf der Profil-Seite weiter nach unten und damit gegebenenfalls aus dem sofort sichtbaren Bereich des Bildschirms.

Das Profil der Instagrammerin Julie Gebhardt (@juliegeb, *http://instagram.com/juliegeb*) zeigt beispielsweise eine Biografie in Listenform, während die Biografien des amerikanischen »Beauty Gurus« Bethany Mota (@bethanynoelm, *http://instagram.com/bethanynoelm*) oder der dänischen Instagrammerin Mette Willert (@littlemycph, *http://instagram.com/littlemycph*) in Form eines Fließtextes erstellt sind.

***Abb. 3.5:** Biografie von @littlemycph*

Bei der Aufzählung als Fließtext macht sich anstelle der Verwendung von Kommas, der Einsatz von Symbolen zur besseren Übersichtlichkeit bezahlt. Das können Aufzählungs- oder Sonderzeichen sein oder auch die auf Instagram besonders beliebten Emoticons. Allerdings gilt: je professioneller Ihr Profil wirken soll, desto weniger unterschiedliche verzierende Sonderzeichen oder auch Emoticons sollten darin verwandt werden.

Was sind Emoticons?

Emoticon ist eine Wortschöpfung aus den Wörtern Emotion und Icon. Das wohl bekannteste Emoticon ist die Zeichenfolge : -), die ein lachendes Gesicht bzw. Smiley nachbildet. Inzwischen wird diese Zeichenfolge von den meisten Programmen in eine Grafik »☺« umgewandelt. Emoticons dienen in der Internetkommunikation dazu, Gesten, Mimik und Stimmausdruck in einer schriftlichen Konversation auszudrücken und damit seinem Gesprächspartner die eigenen Gefühle deutlich zu machen.

Eine inzwischen weit verbreitete Sonderform der Emoticons und auf Instagram besonders beliebt, sind die aus Japan stammenden Emojis. »Emoji« ist das japanische Wort für Bildbuchstaben. Emojis sind auf den meisten neueren Smartphones bereits vorinstalliert. Alternativ können sie via App kostenlos auf das Smartphone heruntergeladen werden. Geben Sie dazu einfach emoji in die Suche Ihres App-Stores ein und wählen Sie eine der angezeigten Gratis-Apps aus.

Einbindung von Sonderzeichen und Emoticons

Die Einbindung von Sonderzeichen ist dann am effektivsten möglich, wenn Sie Ihre Biografie an Ihrem stationären Rechner bzw. über Ihr Webprofil vornehmen. Folgende Schritte sind dazu notwendig:

- Melden Sie sich über den oberen rechten Button MELDE DICH AN in Ihrem Webprofil an.
- Wählen Sie den Menüpunkt PROFIL BEARBEITEN aus.
- Öffnen Sie parallel dazu in der Menüleiste Ihres Browsers den Menüpunkt BEARBEITEN und klicken Sie auf den Punkt SONDERZEICHEN.
- Suchen Sie sich Ihre favorisierten Zeichen oder Symbole aus und kopieren Sie sie.
- Setzen Sie die kopierten Zeichen oder Symbole an die gewünschte Stelle Ihrer Biografie.

Alternativ können Sie Symbole auch aus einem Textverarbeitungsprogramm, zum Beispiel Word, kopieren und in Ihre Biografie einsetzen.

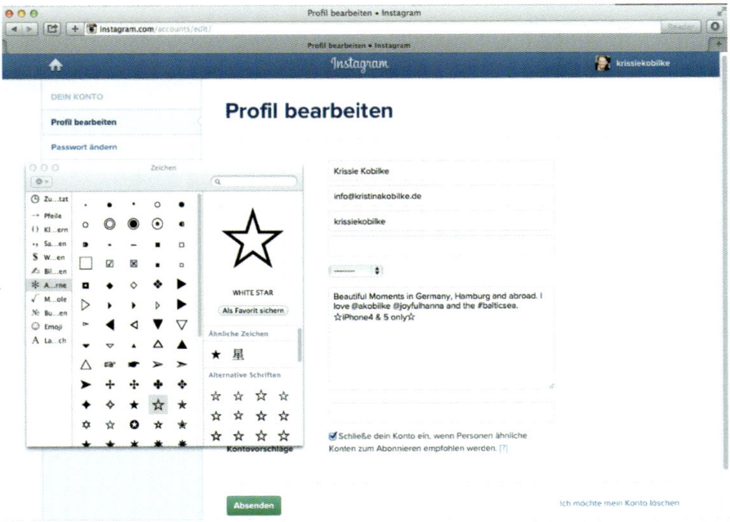

***Abb. 3.6:** Einfügen von Sonderzeichen über das Instagram-Webprofil*

Emoticons wiederum können ganz einfach über die Tastatur Ihres Smartphones eingegeben werden. Sofern Sie ein iPhone, iPad oder iPod Touch benutzen, klicken Sie dazu auf die Weltkugel neben der »Leerzeichen«-Taste Ihrer Tastatur. Es erscheint ein umfangreiches Menü an unterschiedlichen Emojis. Sollte die Tastatur nicht aktiviert sein, können Sie dies über folgende Schritte nachholen:

- Gehen Sie auf EINSTELLUNGEN, ALLGEMEIN, TASTATUR
- Tippen Sie unter dem Punkt TASTATUR auf TASTATUR HINZUFÜGEN
- Wählen Sie die Tastatur EMOJI-SYMBOLE aus

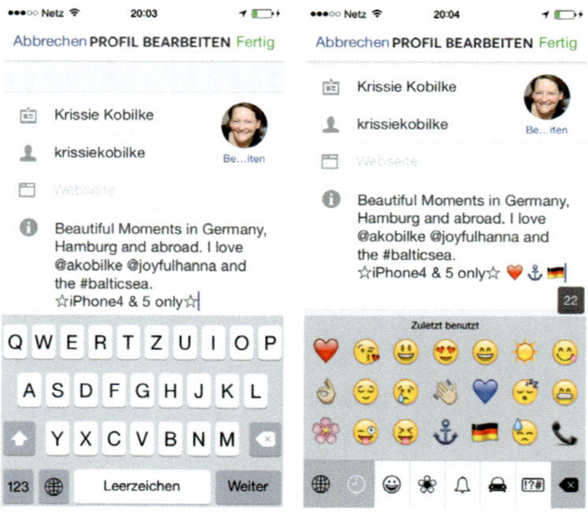

Abb. 3.7: *Einfügen von Emoji-Symbolen über die Smartphone-Tastatur (Beispiel: iOS 7.1.2-Version)*

Emoji für Android ist ab der Android-Version 4.4 automatisch über Ihr Smartphone verfügbar. Sofern Sie eine ältere Android-Version nutzen, können Sie sich alternativ eine Emoji-Tastatur-App aus dem Google Play Store herunterladen (zum Beispiel Emoji Keyboard von KAKA Mobile) und diese, wie folgt, sehr einfach aktivieren:

- Gehen Sie auf EINSTELLUNGEN, SPRACHE UND EINGABE
- Wählen Sie KK TASTATUR aus

Emojis für Windows Phone sind ebenfalls über eine App im Windows Phone Store erhältlich.

Zitate in Biografien

Weit verbreitet sind auf Instagram Zitate, die das eigene Lebensmotto widerspiegeln. An dieser Stelle ist es wichtig, dass das Zitat oder der Sinnspruch wirklich zu Ihnen und auch zu Ihren Fotos und Videos passt. Andernfalls lassen unpassende Zitate Ihr Profil schnell unpersönlich oder konstruiert erscheinen.

Der erfolgreiche Instagrammer Andre Stummer (@andrestummer, *http://instagram.com/andrestummer*) hat mit »It does not matter who makes the best photo but what it gives you a feeling« ein Zitat gewählt, das den Inhalt seiner Fotos sowie seine Einstellung zur Fotografie unterstreicht. Gleichzeitig inspiriert und motiviert sein Zitat seine Follower dazu, sich nicht von hochgestochenen Fotoarbeiten abschrecken zu lassen, sondern einfach zu fotografieren.

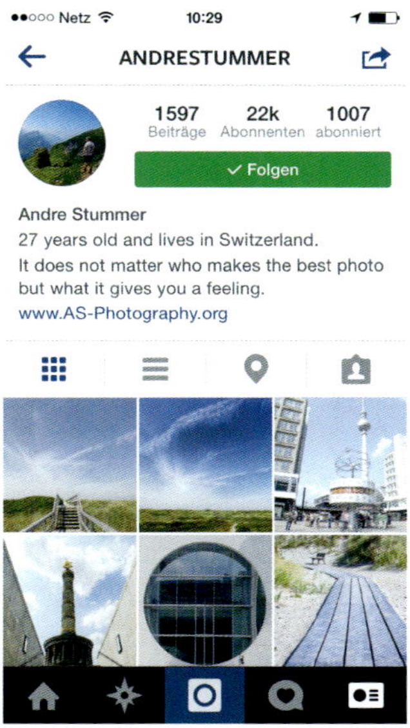

Abb. 3.8: *Instagram-Profil des Instagrammers Andre Stummer (iOS-Version)*

Biografien für Shops

Wenn Sie Ihr Instagram-Profil als Schaufenster für Ihren Shop nutzen, verweisen Sie in Ihrer Biografie unbedingt auch auf aktuelle Aktionen, besondere Services oder ein bestimmtes Produkt. Unter dem Punkt WEBSITE können Sie passend zu Ihrer Aktion oder zu Ihrem Produkt einen Deeplink in Ihren Shop setzen. Es spricht auch nichts dagegen, neben dem Produktlink zusätzlich Ihre Website sowie Ihre Kontaktinformationen, beispielsweise Ihre E-Mail-Adresse, in die Biografie aufzunehmen. Auch wenn diese nicht verlinkt werden können, sind Sie dem Besucher Ihres Profils präsent.

Inspirationen für Shop-Biografien finden Sie beispielsweise bei @happinessbtq (*http://instagram.com/happinessbtq*) oder @shopping_bare (*http://instagram.com/shopping_bare*).

Der Einsatz von Hashtags in der Biografie

Mit einem Hashtag kann ein Wettbewerb, ein Event oder eine Aktion auf Instagram direkt in der Biografie promotet werden.

Sofern Sie ein Fan-Profil auf Instagram betreiben, bietet es sich an, einen individuellen Hashtag für Ihre Community zu benennen, unter dem Fotos und Videos gepostet werden. Hier können Sie auch die Erlaubnis einholen, Fotos und Videos, die mit diesem Hashtag versehen sind, auf Ihrem Profil oder auch in anderen Netzwerken zu reposten. Siehe dazu auch Abschnitt 10.5 »Wettbewerbe«.

Beispiele für die Promotion von Hashtags in Biografien finden Sie etwa bei @welovehh (*http://instagram.com/welovehh*) oder auch den Instagramers Germany @igersgermany (*http://instagram.com/igersgermany*).

Darüber hinaus weisen erfolgreiche Instagrammer über einen speziellen Hashtag in ihrer Biografie darauf hin, welche Ihrer Bilder frei und kostenlos genutzt werden dürfen. (Siehe dazu auch Abschnitt 7.6.2 »Fotos anderer Instagrammer bearbeiten und teilen«.)

Weiterhin kreieren Instagrammer eigene Hashtags zu speziellen Themen ihres Accounts und promoten diese direkt in ihrer Biografie, so zu sehen bei der Instagrammerin Hertje Brodersen (@hypercatalecta, *http://instagram.com/hypercatalecta*), die am liebsten Stühle und Sessel in ungewöhnlichen Umgebungen fotografiert und ihre Beiträge mit dem Hashtag #misplacedchairgallery markiert.

Weitere Anregungen zum erfolgreichen Einsatz von Hashtags finden Sie in Kapitel 8 »Die Verwendung von #Hashtags«.

3.4 In der Anwendung navigieren

Nachdem Sie Ihren Instagram-Account und Ihre Profil-Seite nun erfolgreich eingerichtet haben, kann das Erlebnis Instagram beginnen. Die Navigation innerhalb der Instagram App ist sehr intuitiv und benutzerfreundlich. Sie besteht im Wesentlichen aus fünf Reitern bzw. Icons am unteren Bildschirmrand der App.

Ihr Profil

Unter dem Symbol einer kleinen Visitenkarte ganz rechts in der Navigation verbirgt sich Ihr Profil, das Sie soeben eingerichtet und bearbeitet haben. Im oberen Bereich des Profils sind Ihr Profilbild, Ihr Name sowie Ihre Biografie angeordnet. Darüber hinaus enthält der Kopf der Seite Ihren Instagram-Nutzernamen (in Versalien) und ein Symbol in Form eines Rädchens (iPhone) bzw. drei Punkte (Android, Windows Phone) über das Sie zu den Konto- und Privatsphäre-Einstellungen Ihres Instagram-Accounts gelangen, die am Ende dieses Kapitels noch einmal genauer erläutert werden.

Oberhalb der Biografie sind drei Zahlen platziert: ganz links die Anzahl Ihrer eigenen Foto- und Video-Beiträge auf Ihrem Profil, in der Mitte die Anzahl der Nutzer, die Ihnen auf Instagram folgen, auch Abonnenten oder Follower genannt und ganz rechts die Anzahl der Instagram-Profile, denen Sie folgen bzw. die Sie abonniert haben. Direkt darunter befindet sich der Button Profil bearbeiten über den Sie jederzeit Ihre persönlichen Angaben ändern können. Besuchen Sie die Profile anderer Instagrammer, finden Sie an dieser Stelle den Folgen-Button.

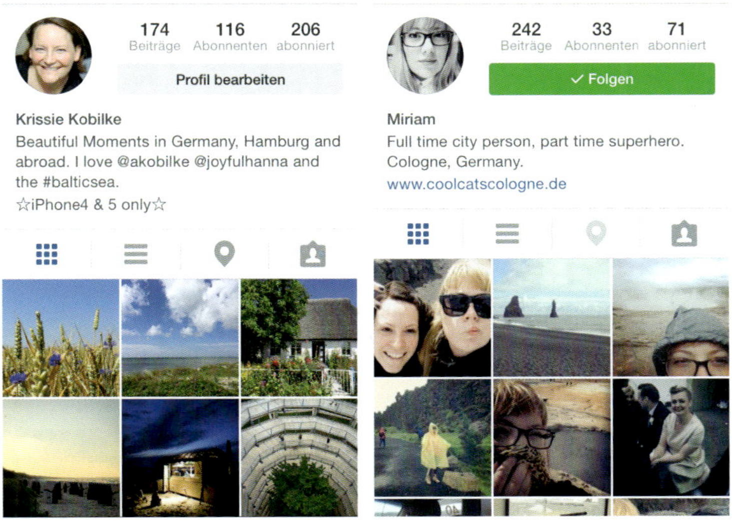

Abb. 3.9: *Eigene und fremde Profilansicht (iOS-Version)*

Unterhalb Ihrer Biografie können Sie zwischen vier verschiedenen Foto- und Video-Ansichten innerhalb Ihres Profils wählen. Die erste Ansicht zeigt Ihnen Ihre Bilder und Videos in Form einer dreispaltigen Collage an. In der zweiten Ansicht sehen Sie Ihren Foto- und Videofeed untereinander angeordnet, inklusive aller Likes und Kommentare zu Ihren Beiträgen.

In der dritten Ansicht finden Sie Ihre Fotokarte. Auf dieser Weltkarte erscheinen alle Bilder und Videos, die Sie mit einer Ortsinformation versehen haben, auch Geo-Tag genannt. Sie können in dieser Karte bis zur detaillierten Straßenansicht zoomen und den genauen Ort, an dem das Foto oder Video aufgenommen wurde oder den Sie Ihrem Foto zugewiesen haben, einsehen. Weitere Informationen zur Bearbeitung Ihrer Fotokarte folgen in Abschnitt 4.5.3 »Fotos zur Fotokarte hinzufügen«.

In der vierten Ansicht finden Sie den Bereich FOTOS VON DIR. Hier erscheinen alle Fotos auf denen Sie sowohl von sich selbst als auch anderen Instagrammern markiert wurden. Wie Sie sich oder andere auf einem Foto markieren oder eine Markierung entfernen, erfahren Sie in Abschnitt 4.5.2 »Nutzer markieren«.

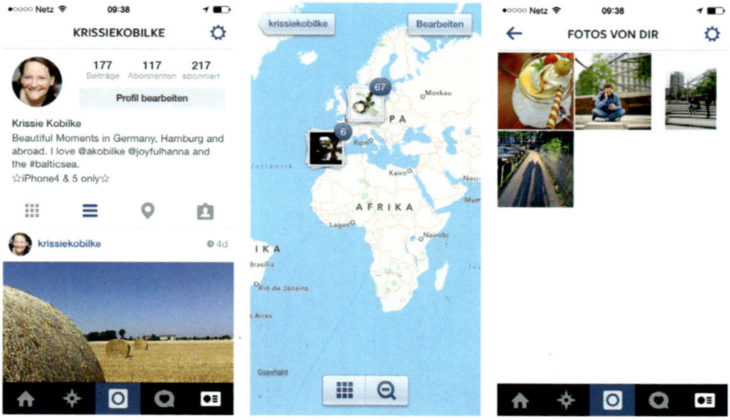

Abb. 3.10: *Ansichten der Reiter »Foto- und Videofeed«, »Fotokarte« und »Fotos von Dir« auf der Profilseite (iOS-Version)*

Neuigkeiten

Der Reiter Neuigkeiten mit dem Symbol einer Sprechblase und einem kleinen Herz enthält in der gleichnamigen Ansicht NEUIGKEITEN (iOS-Version) bzw. in der DU-Ansicht (Android-Version) in Form eines News-Tickers alle aktuellen »Gefällt mir«-Angaben und Kommentare zu Ihren Fotos und Videos. Darüber hinaus werden Sie hier informiert, wenn ein Instagram-Nutzer Ihr Profil abonniert. Sofern Sie Ihr Konto mit Facebook verknüpft haben, erfahren Sie zudem, welche Ihrer Facebook-Freunde sich mit welchem Nutzernamen neu bei Instagram angemeldet haben und können ihnen direkt folgen.

Am oberen Rand der Seite haben Sie die Möglichkeit, zwischen den Ansichten NEUIGKEITEN und FOLGEN (iOS-Version) bzw. ABONNIERT und DU (Android-Version) zu wechseln. Tippen Sie auf den Button FOLGEN bzw. ABONNIERT erscheinen alle aktuellen »Gefällt mir«- Angaben und Kommentare der Nutzer, denen Sie auf Instagram folgen.

Je nach Ihrem eigenen Aktivitätsgrad sowie dem der Instagrammer, denen Sie folgen, sehen Sie in beiden Ansichten nur die Aktivitäten, die gerade, das heißt in den letzten Minuten, Stunden oder maximal Tagen aktuell sind. Länger zurückliegende Aktivitäten werden wieder gelöscht.

Kamera

In der Mitte der Navigation befindet sich hinter dem kleinen Kamera-Symbol das Herzstück der App. Mit einem Tipp auf das Symbol öffnet sich direkt die Kamera Ihres Smartphones. (Leider funktioniert dies noch nicht in der Beta-Version für Windows Phone. Hier wird der Nutzer zunächst auf die Kamera umgeleitet und nach Aufnahme des Fotos oder Videos wieder zu Instagram zurückgeleitet.)

An dieser Stelle der App können Sie Fotos und Videos aufnehmen, mit den Instagram-Filtern und weiteren Effekten bearbeiten und anschließend mit der Community oder anderen sozialen Netzwerken teilen. Das gilt auch für bereits vorhandene Fotos oder Videos aus der Bildergalerie Ihres Smartphones oder Tablet-PCs. Der Fragestellung wie Sie Fotos und Videos optimal erstellen und bearbeiten, sind die Kapitel 4 und 5 gewidmet.

Abb. 3.11: Kamerafunktion der Instagram App (iOS-Version)

Explorer

Hinter dem Kompass-Symbol links neben dem Kamera-Reiter verbirgt sich der Instagram-Explorer. Sind Sie auf der Suche nach neuen, interessanten Instagram-Profilen, die Sie abonnieren könnten, bietet der Explorer Ihnen eine reichhaltige visuelle Inspiration. Hier werden Bilder und Videos angezeigt, die gerade Trend in der Community sind.

Abb. 3.12: »Explore«-Ansicht der Instagram App (iOS-Version)

Die Auswahl der Fotos und Videos orientiert sich dabei in erster Linie an einer hohen Anzahl von »Gefällt mir«-Angaben seitens der Instagram-Mitglieder aus Ihrem Land. Tippen Sie einzelne Beiträge in der Explorer-Ansicht an, erscheint in diesem Fall unterhalb des Fotos oder Videos »In deinem Land beliebt«. Sollte Ihr Bild oder Video dazu gehören, erhalten Sie eine entsprechende Benachrichtigung in Ihren Neuigkeiten.

Darüber hinaus erscheinen hier auch Fotos und Videos von Instagrammern, die den Beiträgen der Nutzer ähneln, denen Sie bereits folgen. Diese Fotos und Videos sind mit »Basierend auf Personen, die du abonniert hast« markiert. Damit will Instagram sicherstellen, Ihren Geschmack so gut wie möglich zu treffen.

Der Explorer bietet darüber hinaus die Möglichkeit, über das Suchfeld am oberen Ende der Seite, gezielt nach Nutzern oder Hashtags zu suchen.

Home

Das Haus am linken Rand der Navigation symbolisiert Ihren sogenannten Home-Feed bzw. Nachrichtenstrom. Der Home-Feed ist eine Abfolge von Fotos und Videos, die kürzlich von Ihnen und den Nutzern, denen Sie folgen, veröffentlicht wurden. Grundsätzlich sehen Sie dabei alle Fotos und Videos, die diese innerhalb der letzten 24 Stunden auf Instagram gepostet haben.

Wichtig

Im Unterschied zu anderen sozialen Netzwerken, werden die Posts in Ihrem Home-Feed nicht gefiltert, das heißt, Sie sehen wirklich alle Beiträge, die in diesem Zeitfenster gemacht wurden. Im Umkehrschluss ist die Wahrscheinlichkeit, dass Ihre Fotos und Videos von Nutzern, die Ihnen folgen, gesehen werden, somit besonders groß.

3.5 Abonnieren von Foto- und Videostreams

Indem Sie Nutzern auf Instagram folgen, können Sie deren Foto- und Video-Beiträge bzw. deren Foto- und Video-Stream, abonnieren. Die Beiträge werden dann inklusive aller »Likes« und Kommentare in Ihrem Home-Feed angezeigt.

Das Folgen von Nutzern kann dabei auf unterschiedliche Arten erfolgen.

3.5.1 Inspiration über den Explorer

Zum einen können Sie leicht Gleichgesinnte über die Bilder und Videos in Ihrem Explorer finden. Klicken Sie dazu ruhig mehrmals das »Refresh«-Symbol oben rechts auf der Explore-Seite. Sie werden von der Vielfalt der dargebotenen Fotos und Videos und von Ihren Fundstücken, die Sie beim Erforschen dieser Nutzerbeiträge entdeckt haben, fasziniert sein. Mit einem Klick auf die Fotos oder Videos gelangen Sie direkt zu den damit verbundenen Nutzer-Profilen und können deren Foto- und Video-Posts abonnieren.

Weitere Möglichkeiten, auf interessante Nutzer zu stoßen, ergeben sich im Bereich »Optionen« der Instagram App. Wenn Sie dazu auf das Rädchen-Symbol (iOS-Version) bzw. das Symbol mit drei Punkten (Android- und Windows Phone-Version) auf Ihrer Profil-Seite tippen, erscheint direkt unter dem ersten Menüpunkt FINDE NUTZER ZUM ABONNIEREN (iOS), FREUNDE FINDEN (Android) oder FREUNDE FINDEN UND EINLADEN (Windows Phone).

3.5.2 Ihre Facebook-Freunde auf Instagram

Sofern Sie Ihr Instagram-Konto nicht schon bei der Anmeldung mit Facebook verknüpft haben, bietet sich unter dem Punkt »Mit Facebook verbinden« noch einmal die Gelegenheit dazu. Um die Verknüpfung herzustellen, werden Sie aus der App heraus zum Facebook-Login geleitet und anschließend wieder zurück zu Instagram. Jetzt sehen Sie alle Facebook-Freunde mit einem Instagram-Profil und eine Vorschau auf deren Fotos und Videos. Sie können einzelne Freunde aus der angezeigten Liste selektieren oder alle gleichzeitig abonnieren.

3.5.3 Ihre Kontakte auf Instagram

Neben Ihren Facebook-Freunden bietet Instagram Ihnen über die Option »Kontakte verknüpfen« an, die auf Ihrem Smartphone oder Tablet-PC vorhandenen Kontakte zu synchronisieren und so Nutzer zu finden, denen Sie folgen können. Sofern Sie diese Option wählen, wird Ihre gesamte Kontaktliste regelmäßig auf den Servern von Instagram hochgeladen und gespeichert. Dabei werden auch alle die Kontakte an Instagram übermittelt, die sich noch nicht auf Instagram angemeldet haben und die von diesem Vorgang keine Kenntnis erlangen. Vor diesem Hintergrund ist diese Option meines Erachtens nicht zu empfehlen.

3.5.4 Vorschläge von Instagram

Unter dem Punkt FÜR DICH EMPFOHLEN (iOS-Version) oder VORGESCHLAGENE NUTZER sowie NUTZER ABONNIEREN (Android-Version) bietet sich eine weitere Möglichkeit, neue Instagram-Profile zu entdecken. Mit der zunehmenden

Verzahnung von Instagram und Facebook erscheinen hier zunächst die Profile Ihrer Facebook-Freunde, mit denen Sie auf Instagram noch nicht verbunden sind sowie Instagram-Profile von Seiten, die Sie auf Facebook mit einem »Gefällt mir« markiert haben.

Weiterhin finden sich hier Vorschläge von Instagram-Profilen, die in Ihrem Land aktuell beliebt sind oder aber Profilen ähneln, die Sie bereits abonniert haben.

Darüber hinaus zeigt Instagram, wie im Beispiel des Profils der deutschen Instagrammerin Lena (@theghostonmyback, *http://instagram.com/theghostonmyback*) eine Auswahl von ähnlichen Profilen an, sobald Sie auf den FOLGEN-Button eines Instagram-Profils tippen. Diese Funktion befindet sich derzeit allerdings noch im Beta-Status und ist noch nicht vollumfänglich auf Instagram verfügbar.

Abb. 3.13: *Kontovorschläge auf Basis des Profils der deutschen Instagrammerin Lena alias @theghostonmyback (iOS-Version)*

Sofern Sie von Instagram nicht als »Ähnliches Profil« vorgeschlagen werden wollen, können Sie dies in Ihrem Webprofil entsprechend deaktivieren. Melden Sie sich dazu in Ihrem Webprofil an und klicken Sie auf die Ansicht PROFIL BEARBEITEN unterhalb Ihres Profilfotos oder innerhalb des Dropdown-Menüs am oberen rechten Bildschirmrand. Klicken Sie anschließend auf das Häkchen hinter dem Punkt »Ähnliche Kontovorschläge«.

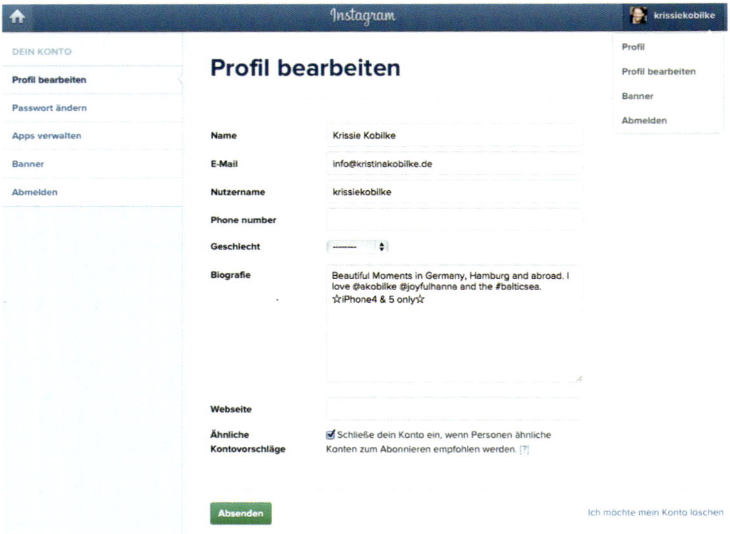

Abb. 3.14: *Webprofil-Ansicht mit der aktivierten Option »Ähnliche Kontovorschläge«*

3.6 Konto- und Privatsphäre-Einstellungen auf Instagram

Der Bereich »Optionen« bietet einige weitere Einstellungsmöglichkeiten, die Ihnen den Umgang mit Instagram erleichtern. Unter dem Punkt TEILEN-EINSTELLUNGEN können Sie Ihr Instagram-Konto über Facebook hinaus mit Twitter, Tumblr, Flickr oder foursquare sowie den Netzwerken Weibo, Mixi oder Vkontakte verbinden. Dazu tippen Sie die einzelnen Netzwerknamen an und geben Ihr jeweiliges Passwort ein. Auf Basis dieser Verknüpfung ist es nun möglich, Ihre Fotos und Videos auch auf anderen sozialen Plattformen schnell und einfach zu teilen. Das geschieht jedoch nicht automatisch mit jedem Foto- oder Video-Upload, sondern wird von Ihnen gesteuert. Das heißt, Sie entscheiden bei jedem Ihrer Fotos und Videos, ob und in welchen Ihrer verknüpften Netzwerke diese erscheinen sollen. Siehe dazu auch Abschnitt 4.5 »Fotos auf Instagram teilen«.

3.6.1 Teilen von Fotos und Videos in der Facebook-Chronik und auf Facebook-Seiten

Speziell für Facebook gibt es einige zusätzliche Besonderheiten. Grundsätzlich erscheinen die von Ihnen auf Facebook geteilten Beiträge in Ihrer Facebook-Chronik und sind dort nur für das Publikum »Freunde« sichtbar. Sofern Sie die Sichtbarkeit Ihres Instagram-Beitrags auf Facebook nachträglich ändern wollen, können Sie dies über die Publikumsauswahl Ihres Facebook-Posts innerhalb Ihres AKTIVITÄTENPROTOKOLLS Ihrer Profilseite tun. Das funktioniert allerdings erst im Nachhinein, so dass Ihr Foto oder Video eventuell schon von einigen Ihrer Freunde gesehen wurde.

***Abb. 3.15:** Nachträgliche Publikumsauswahl im Aktivitätenprotokoll des Facebookprofils*

Ihre Instagram-Fotos werden zudem in einer eigenen Rubrik bzw. Fotoraster auf der linken Seite Ihrer Chronik unter INSTAGRAM zusammengefasst. Sie können sowohl die Sichtbarkeit der Rubrik als auch deren Anordnung in Ihrer Chronik über das Bearbeiten-Symbol oberhalb des Fotorasters einstellen.

Sofern Sie auf Facebook Betreiber einer oder mehrerer Seiten sind, können Sie Ihre Fotos und Videos auch auf einer Ihrer Seiten teilen. Dazu muss Ihr Instagram-Konto mit Ihrem Facebook-Profil verknüpft sein, mit dem Sie diese Seiten auf Facebook erstellt haben oder mit dem Sie Administratorenrechte zur Pflege der jeweiligen Facebook Page besitzen. Sofern Sie kein Administrator der betreffenden Seite sind, kann der Seiteninhaber Ihnen eine entsprechende Administrator-Rolle über den Menüpunkt ROLLEN FÜR DIE SEITE auf Facebook zuweisen.

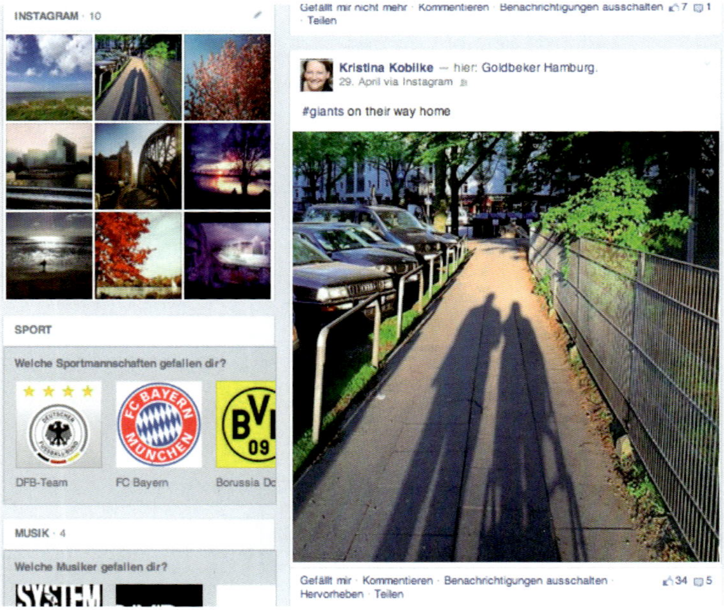

Abb. 3.16: *Instagram-Rubrik in der linken Spalte der Facebook-Chronik und über Instagram geteilter Foto-Beitrag in der rechten Spalte der Facebook-Chronik*

Um Ihre Instagram-Beiträge auf der gewünschten Facebook-Seite zu teilen, tippen Sie unter dem Punkt TEILEN-EINSTELLUNGEN auf »Facebook« und danach auf TEILEN AUF. Standardmäßig ist hier Ihre Facebook-Chronik eingestellt. Unterhalb der Option CHRONIK erscheinen nun Ihre mit Ihrem

Facebook-Profil verknüpften Seiten, aus der Sie die gewünschte auswählen können.

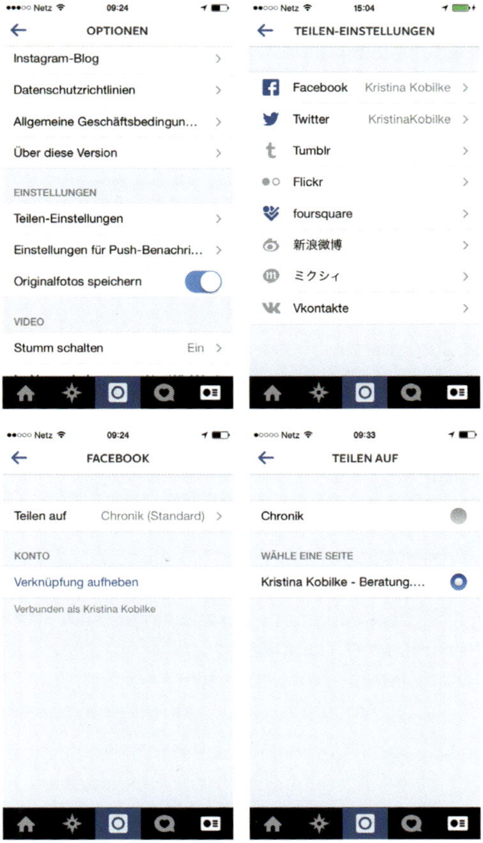

Abb. 3.17: *Einstellungen zum Teilen von Foto- und Videobeiträgen auf Facebook-Seiten*

3.6.2 Privatsphäre auf Instagram

Sofern Sie den Zugang zu Ihren Bildern und Videos auf Instagram kontrollieren wollen, bietet sich die Einstellung »privat« für Ihr Instagram-Profil an.

Damit sind Ihre Beiträge nur für Ihre bestätigten Follower sichtbar. Jeder neue Nutzer, der Ihnen folgen möchte, muss von Ihnen freigegeben werden. Sie erhalten dazu eine Anfrage über Ihre NEUIGKEITEN und können den potentiellen Follower bestätigen oder ignorieren.

Diese Option wird häufig von Instagrammern gewählt, die das Netzwerk ausschließlich für die private Kommunikation, zum Beispiel zum Austausch von Fotos der Enkel mit den Großeltern, nutzen wollen oder zur Vernetzung mit engen Freunden.

Um Ihr Instagram-Konto auf privat umzustellen, tippen Sie auf Ihrer Profil-Seite auf PROFIL BEARBEITEN und scrollen bis zum Ende der Seite. Tippen Sie auf BEITRÄGE SIND PRIVAT.

Sofern Sie Fotos oder Videos von öffentlichen Nutzern mit einem »Gefällt mir« markieren oder kommentieren, erscheinen diese Angaben zwar unter dessen Beitrag, Ihr Profil bleibt aber dennoch privat. Das bedeutet, Nutzer sehen mit einem Klick auf Ihren Nutzernamen Ihr Profil-Foto, die Anzahl Ihrer Beiträge und Abonnenten sowie die Anzahl der Nutzer, denen Sie folgen.

3.7 Löschen Ihres Instagram-Profils

Sie können Ihr Instagram-Profil jederzeit über Ihr Webprofil löschen, indem Sie sich über den oberen rechten Button »Melde Dich an« anmelden, den Punkt »Profil bearbeiten« auswählen und auf »Ich möchte mein Konto löschen« unten rechts auf der Seite klicken. Siehe dazu auch Abbildung 3.14. Damit werden alle persönlichen Angaben, Fotos, Videos sowie die dazugehörigen Kommentare, Likes und Follower gelöscht.

Sollten Sie sich später umentscheiden, können Sie mit der gleichen E-Mail-Adresse erneut einen Account mit Ihrem Nutzernamen auf Instagram eröffnen, sofern dieser nicht zwischenzeitlich vergeben ist. Es ist allerdings nicht möglich, Ihren ursprünglichen Account wiederherzustellen.

Kapitel 4

Fotografieren mit Instagram

Das Aufnehmen, Verfremden und Teilen von interessanten Fotos ist Ursprung und Kern von Instagram. Doch zunächst stehen Sie nun vor Ihrer leeren Profilseite und fragen sich vermutlich, mit welchem Foto Sie am besten anfangen sollten. Mein Tipp an dieser Stelle: Machen Sie sich nicht zu viele Gedanken über Ihr erstes auf Instagram veröffentlichtes Bild. Es muss auf keinen Fall perfekt sein oder besonders originell. Sie können es auch wieder löschen. Ein Blick auf die ersten Fotos besonders erfolgreicher Instagrammer zeigt: Jeder hat einmal klein angefangen. Probieren Sie die unterschiedlichen Funktionen zur Aufnahme und Bearbeitung eines Fotos erst einmal in Ruhe aus und geben Sie sich Zeit und Raum für Ihre Kreativität.

4.1 Richtig fotografieren mit Instagram

Zunächst einmal kann das Fotografieren mit Instagram eigentlich nicht in die Kategorien richtig oder falsch eingeordnet werden. Im Gegenteil, denn wie schon in Kapitel 1 beschrieben, ist das Faszinierende an Instagram, das jeder Nutzer damit schöne Fotos machen kann und darf. Das Aufnehmen eines Fotos mit der App ist einfach und spontan möglich.

4.1.1 Fotos aufnehmen

Öffnen Sie dazu zunächst die Kamera, indem Sie auf das Kamera-Symbol in der Mitte der Menüleiste der Instagram App tippen. Unter dem sich öffnenden quadratischen Kamerabildschirm sehen Sie in blau den großen runden Auslöser der Kamera. Links daneben ist ein kleines Miniaturbild des aktuellsten Fotos aus Ihrer Bibliothek platziert. Über dieses kleine Vorschaubild, auch Thumbnail genannt, haben Sie direkten Zugriff auf Ihre Bibliothek, aus der Sie auch ein bestehendes Foto auswählen, über Instagram bearbeiten und mit der Community teilen können. Wenn Sie die Kamera wieder schließen wollen, tippen Sie einfach auf das Schließen-Symbol oben links auf Ihrem Bildschirm.

Rechts neben dem Auslöser befindet sich das Video-Symbol mit dem Sie in den Video-Modus umschalten können. Wie Sie Videos mit Instagram erstellen, bearbeiten und teilen, erfahren Sie in Kapitel 5.

Darüber hinaus finden Sie in dieser Ansicht ein quadratisches Gitternetz-Symbol, mit dem Sie ein Foto-Raster für Ihren Kamerabildschirm ein- oder ausschalten können. Dieses Raster hilft Ihnen unter anderem dabei, eine gute Bildaufteilung für Ihr Foto zu finden.

Das kleine, von Pfeilen flankierte Kamerasymbol ermöglicht es Ihnen, zwischen Ihrer Frontkamera und der Kamera auf der Rückseite Ihres Handys zu wechseln. Verfügt Ihr Handy nur über eine rückseitige Kamera, erscheint dieses Symbol in der App nicht.

Über das Blitz-Symbol haben Sie drei unterschiedliche Einstellungsoptionen: den Blitz Ihres Handys standardmäßig für Ihre Fotos zu nutzen, eine automatische Blitzerkennung oder kein Blitzlicht zu verwenden. Letztere Option ist in Instagram voreingestellt und mit Blick auf das Fotoergebnis auch empfehlenswert. Anstatt den Blitz Ihres Smartphones zu verwenden, bieten sich für unterbelichtete Fotos einige Tricks an, die im Abschnitt 4.3 »Tipps und Tricks zum Aufnehmen und Bearbeiten von Fotos« noch näher vorgestellt werden.

Halten Sie Ihr Smartphone oder Ihren Tablet-PC nun mit ruhiger Hand auf Ihr gewünschtes Fotomotiv und warten Sie bis sich das Bild scharf stellt. Im Gegensatz zu Ihrer Smartphone- oder Tablet-Kamera ist ein Heranzoomen entfernter Objekte über die Instagram App nicht möglich.

Das »Scharfstellen« geschieht in der Regel durch die automatische Belichtung der Bildmitte durch Ihre Kamera. Sie können jedoch auch andere Teile Ihres Bildes belichten, indem Sie mit dem Finger auf das gewünschte Objekt im Bild tippen. Daraufhin erscheint für einige Millisekunden ein Kreis an der Stelle des Bildes, die nun belichtet bzw. fokussiert wird. Es ist mit Instagram allerdings nicht möglich, mehrere Objekte oder Bereiche in Ihrem Bild gleichzeitig zu belichten.

Um das Foto aufzunehmen, tippen Sie nun auf den blauen Auslöser unter Ihrem Kamerabildschirm. Ihr Foto erscheint jetzt direkt in der Filter-Ansicht der App.

4.1.2 Originalfotos speichern

Gefällt Ihnen Ihr Foto nicht, klicken Sie einfach auf den Pfeil links oben auf Ihrem Bildschirm und wechseln damit in den Kameramodus zurück. Ihre verworfenen sowie auch die Originalbilder, die Sie über Instagram bearbeitet und veröffentlicht haben, finden Sie in den Aufnahmen Ihrer Bibliothek wieder, sofern Sie in Ihren Einstellungen den Button ORIGINALFOTOS SPEICHERN aktiviert haben.

Gehen Sie dazu auf Ihre Profil-Seite auf Instagram, tippen Sie das Symbol neben Ihrem Nutzernamen an (Rädchen in der iOS-Version und drei Punkte in der Android und Windows Phone-Version) und öffnen Sie die Seite OPTIONEN. Scrollen Sie hier bis zu dem Punkt EINSTELLUNGEN und tippen Sie auf ORIGINALFOTOS SPEICHERN.

4.1.3 Externe Fotos

Sofern Sie Ihr Foto lieber später bearbeiten und auf Instagram hochladen wollen, können Sie dieses auch zunächst ganz klassisch mit Ihrer Smartphone-Kamera erstellen und in Ihrer Bibliothek speichern. In der Kamera-Ansicht der Instagram App haben Sie dann, wie vorangehend beschrieben, Zugriff auf Ihre Bibliothek und können das gewünschte Bild zur weiteren Bearbeitung auswählen.

Dafür empfiehlt es sich, Ihr Foto direkt in einer quadratischen Form zu erstellen oder falls diese Einstellung auf Ihrem Smartphone nicht möglich ist, sich zumindest eine quadratische Form des Bildes vorzustellen. Damit stellen Sie sicher, dass sich dessen Wirkung auch auf Instagram entfaltet und wichtige Teile des Fotos nicht abgeschnitten sind.

Viele Instagrammer nehmen ihre Fotos grundsätzlich außerhalb der App auf und bearbeiten ihre Bilder vor der Veröffentlichung auf Instagram mit speziellen Tools oder Apps, von denen einige in diesem Kapitel noch näher vorgestellt werden. Sie werden sich gegebenenfalls fragen, ob diese Tools oder Apps nicht in Konkurrenz zu Instagram stehen. Doch das ist nicht der Fall. Instagram ist viel mehr ein soziales Netzwerk, als ein Tool zur Fotobearbeitung.

4.1.4 Ein geeignetes Fotomotiv

Grundsätzlich sind Ihrer Fantasie hinsichtlich eines geeigneten Fotomotivs keine Grenzen gesetzt. Wenn Sie nicht bereits eine klare Strategie haben, welche Fotos Sie auf Instagram teilen wollen, fangen Sie in Ihrer unmittelbaren Umgebung mit der Motivsuche an. Das können schöne Gegenstände in Ihrer Wohnung sein, der Blick aus Ihrem Fenster, Ihr Arbeitsplatz, Ihr Haustier oder ein Bild von Ihnen selbst. Denken Sie nicht zu viel darüber nach, wie Ihr Bild in der Community ankommen mag, sondern experimentieren Sie.

Abb. 4.1: *Fotomotive von @shurupchik und @berlinstagram (iOS-Version)*

Ein gutes Motiv ist dabei eines, das Ihnen selbst besonders gut gefällt, was Sie interessant und beachtenswert finden und an dem Sie sich erfreuen können. Bald werden Sie eine Menge Ideen dazu haben und sich wie ein professioneller Fotograf oder Grafik-Designer fühlen. Und das werden auch Ihre Follower spüren und wertschätzen.

Abb. 4.2: *Fotomotive von @c.c.cologne und @koelnformat*

An späterer Stelle dieses Kapitels erfahren Sie, wie Sie eine langfristige Inhalte-Strategie für Instagram entwickeln können, was beliebte Themen in der Community sind und wer auf Instagram mit welchem Trend besonders erfolgreich ist.

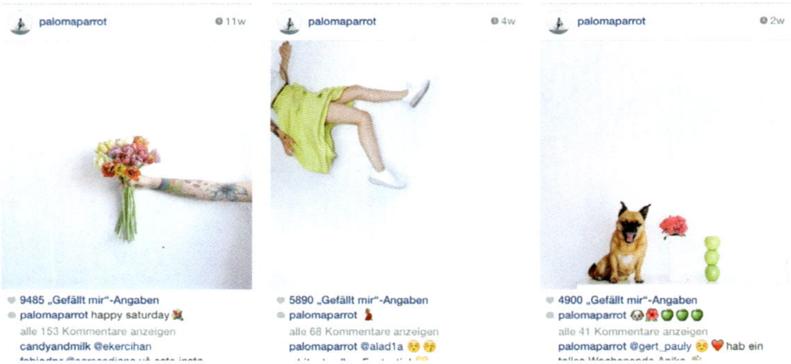

Abb. 4.3: *Fotomotive von @palomaparrot (iOS-Version)*

4.1.5 Professionelle Fotos auf Instagram

Inzwischen wächst die Zahl der Nutzer, die auf Instagram Fotos veröffentlichen, die mit einer professionellen Kamera gemacht, mit hochwertigen Bildbearbeitungsprogrammen veredelt und auf das Smartphone überspielt wurden. Das entspricht zwar nicht ganz dem Nutzungsszenario, das Instagram mit der Entwicklung seiner App im Sinn hatte, nämlich mit dem Smartphone spontan schöne und interessante Momente einzufangen und direkt mit anderen Menschen zu teilen, ist jedoch durchaus legitim und zudem eine unaufhaltsame Entwicklung. Letztlich geht es allen Nutzern dabei um die Liebe zu schönen Bildern.

4.2 Verwendung von Effekten und Filtern

Sobald Sie Ihr Foto via Instagram aufgenommen haben, werden Sie, wie schon unter Abschnitt 4.1 beschrieben, unmittelbar in die Ansicht »Filter« geleitet.

Wählen Sie hingegen ein Bild aus Ihrer Bibliothek aus, erscheint dieses zunächst in der Ansicht »Auswählen«. Hier können Sie bereits einen passenden Bildausschnitt von Ihrem Foto wählen indem Sie mit Ihren Fingern auf das Bild tippen, es nach links oder rechts bewegen oder es vergrößern. Dies ist jedoch nur in begrenztem Maße möglich. Das heißt, Sie können ein Bild, das im Quer- oder Hochformat oder gar im Panoramamodus aufgenommen wurde, nur schwer in eine quadratische Form bringen, ohne dass wichtige Bildteile fehlen.

Für diesen Fall gibt es kleine Helfer in Form von Apps, wie zum Beispiel InstaCrop für iOS oder InstaSize für Android, mit denen Sie Ihre Fotos in voller Größe in die quadratische Instagram-Form bringen und zusätzlich mit Filtern und Effekten bearbeiten können. Ihr Bild wird dabei jedoch deutlich kleiner und mit einem breiten Rand dargestellt, was sich im Homefeed Ihrer Follower oder auf Ihrer Profilseite nicht nur positiv abhebt. Meine Empfehlung wäre daher, diese Form von Fotos nur sporadisch auf Instagram einzusetzen.

Abb. 4.4: *»Auswählen«-Ansicht der Instagram App (iOS-Version)*

Nachdem Sie Ihr Foto nun ausgewählt, gegebenenfalls in der Größe angepasst und auf WEITER getippt haben, erscheint dieses ebenfalls im Filter-Modus der App.

In dieser Ansicht stehen Ihnen nun die viel zitierten Instagram-Foto-Filter sowie eine Vielzahl weiterer Effekte zur Nachbearbeitung Ihres Fotos zur Verfügung. Das Zauberstab-Symbol steht dabei für die Filter, das Sonnen-Symbol für die Lux-Funktion und das Schraubenschlüssel-Symbol für weitere Bearbeitungswerkzeuge, die in den folgenden Abschnitten noch näher erläutert werden.

Abb. 4.5: »Filter«-Ansicht der Instagram App (iOS-Version)

4.2.1 Foto-Filter auf Instagram und Rahmen

Die insgesamt 19 Foto-Filter erinnern beinahe wehmütig an längst vergangene Zeiten, in denen Momente noch mit analogen Kameras festgehalten wurden. Fast jeder Filter hat ein analoges Vorbild. Um den Retro-Stil der Filter zu komplettieren, bietet Instagram Ihnen zu jedem Filter den passenden Rahmen an. Im Folgenden finden Sie eine kurze Vorstellung der einzelnen Filter und Rahmen und welche Wirkung Sie auf Ihrem Foto erzeugen.

Amaro ist ein Foto-Filter, der von dem Instagrammer und Fotografen Cole Rise für die Instagram-Version 2.0 entwickelt wurde. Er gibt Ihrem Bild einen subtilen Blauton und dunkelt die Ecken Ihres Fotos stärker ab, so dass die Mitte des Bildes in den Vordergrund gerückt wird. Je nach dem Grundfarbton Ihres Fotos erinnert Ihr Bild dadurch an ein »Road Movie« oder einen Western.

Sofern Ihr Foto in Pastelltönen gehalten ist, bringt Amaro auch eine Portion italienischen Glamour in Ihr Bild. Besonders in Kombination mit der

Tilt-Shift-Funktion, mit der Sie, wie in Abschnitt 4.2.3 »Weitere Werkzeuge zur Bildbearbeitung« beschrieben, ein einzelnes Detail oder einen Bereich in Ihrem Bild hervorheben können, ist dieser Filter perfekt.

Zu Amaro gehört ein dunkelgrauer schmaler Rahmen, den Sie Ihrem Foto optional hinzufügen können. Tippen Sie dazu ein zweites Mal auf das Amaro-Filter-Symbol. In der folgenden Ansicht können Sie zum einen die Intensität des Filters zwischen 0 und 100 regulieren sowie über das daneben stehende quadratische Symbol den passenden Rahmen hinzufügen.

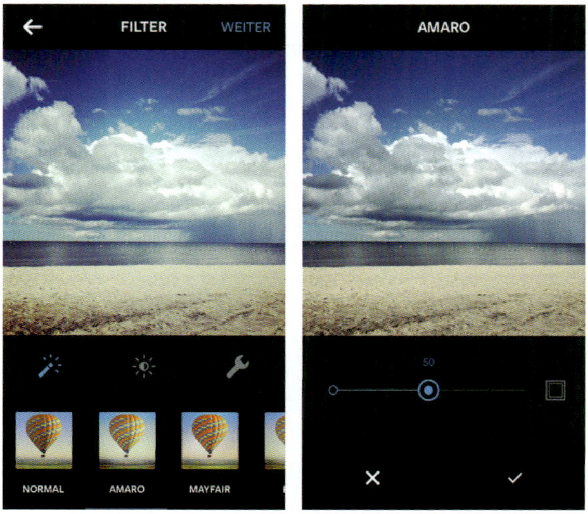

Abb. 4.6: *Auswählen und Anpassen der Filter sowie Hinzufügen von Rahmen*

Mayfair hat einen warmen Pinkton. Dieser Filter schattiert dezent die Ecken Ihres Bildes und hellt, ähnlich wie Amaro, die Mitte Ihres Bildes auf. Mayfair funktioniert am besten für lichtdurchflutete, gleichmäßige Motive kombiniert mit der Lux-Funktion, die einzelne Details in Ihrem Bild herausstellt. Der Rahmen des Mayfair-Filters ist schwarz und rundet die Ecken Ihres Bildes ganz leicht ab.

Rise ist ebenfalls ein vom populären Instagrammer und Fotografen Cole Rise entworfener Filter. Er taucht Ihr Bild in einen warmen Goldton. Dieser Filter eignet sich besonders für Landschafts- oder generell Naturaufnahmen. Er kann aber auch die Wärme Ihrer Küche oder Ihres Wohnzimmers zur Geltung bringen. Der optionale Rahmen zu Rise ist vergleichsweise breit, halb transparent und in einem Grauton gehalten.

Hudson dunkelt Ihr Bild mit kalten Blautönen ab. Dabei werden insbesondere wieder die Ecken Ihres Bildes schattiert und das stärker als bei den vorangehend beschriebenen Filtern. Hudson eignet sich für Bilder, die sehr hell, gegebenenfalls sogar zu hell geraten sind oder für Fotos, denen Sie einen etwas dramatischeren Ausdruck verleihen wollen. Passend dazu ist der Rahmen dunkelbraun und rundet die Ecken Ihres Fotos flach ab.

Valencia gibt Ihrem Foto einen Hauch Melancholie. So als wäre Ihr Bild einem Fotoalbum von längst vergangenen Urlaubstagen Ihrer Kindheit am Mittelmeer entsprungen. Dabei wird Ihr Foto in einen faden Vanilleton getaucht und gleichmäßig aufgehellt. Der Rahmen dazu ist breit und erscheint in einem matten Weiß. Die Ecken Ihres Fotos werden dabei leicht abgerundet. Ihr Foto erinnert auf diese Weise perfekt an ein Polaroid-Foto.

X-Pro II erinnert besonders stark an die analoge Fotografie. Hier erscheinen die Farben Ihres Fotos, besonders Rot- und Blautöne, satt und knallig und mit hohem Kontrast. X-Pro II eignet sich deshalb gut für farbenfrohe Aufnahmen, zum Beispiel von einem bunten Blumenstrauß oder einem Gemüsestand auf dem Markt. Passend zum starken Kontrast Ihres Fotos ist der Rahmen schwarz. Nur die oberen beiden Ecken sind abgerundet. Insgesamt verleiht der Rahmen Ihrem Foto eine leichte Krümmung.

Sierra mutet auf den ersten Blick wie der Filter Valencia an, bringt aber mehr Abwechslung ins Bild, besonders in Kombination mit der Lux-Funktion der Instagram App. Es fügt Ihrem Foto einen leichten Pink- oder auch Apricotton hinzu und ist für alle Motive, ob Landschaften, Porträts, Architektur oder auch Nahaufnahmen in der Natur geeignet. Passend zur hochwertigen Wirkung des Sierra-Filters, ist der dazugehörige breite Rahmen in einem edlen Perlmuttton gehalten.

Willow ist ein Schwarz-Weiß-Filter mit einem kaum spürbaren Lilaton. Er ist besonders gut für Aufnahmen von Still-Leben und Portraits geeignet. Aber auch bizarre Landschaften oder Architektur kommen damit gut zur Geltung. Der vermutlich breiteste Rahmen aller Instagram-Foto-Filter ist halb transparent und hellgrau.

Lo-Fi steht für Lomo-Filter und ahmt die Effekte der legendären LOMO-Kamera nach, die sich bewusst die Schwächen analoger Fotografie zu eigen macht. Die Fotos erscheinen dabei mit einer tiefen Farbsättigung und starken Kontrasten, ähnlich wie bei dem Foto-Filter X-Pro II. Allerdings schattiert Lo-Fi Ihr Foto weniger als X-Pro II, was die Bilder heller erscheinen lässt. Zusammen mit dem Tilt-Shift-Effekt und Fotos, die im Grundfarbton eher gelb oder grün sind, macht der Lo-Fi-Filter vor allem Aufnahmen von Pflanzen, Landschaften oder auch Essen interessanter. Der Lo-Fi-Rahmen wirkt, als hätten Sie Ihr Foto in ein Foto-Album geklebt und anschließend mit einem schwarzen Wachsmalstift flüchtig umrandet.

Earlybird ahmt das diffuse Licht während des Sonnenaufgangs nach. Damit werden Ihre Bilder in ein goldenes, leicht rötliches Licht getaucht. Earlybird eignet sich deshalb besonders gut für romantisch anmutende Bilder. Sie können damit Still-Leben, Fashion oder auch Möbel inszenieren. Der Rahmen ahmt nahezu perfekt die Textur eines Polaroid-Fotos nach.

Sutro bringt warme Erd- und Lilatöne in Ihr Bild. Über diesen Filter wird die Farbsättigung Ihres Fotos reduziert. Damit erscheinen die Farben weniger intensiv. Gleichzeitig geben die dunklen Schattierungen des Filters Ihrem Bild etwas mehr Dramaturgie oder gar etwas Gruseliges. Ein dicker schwarzer Rahmen komplettiert den Sutro-Filter-Effekt. Der Name Sutro stammt vom Sutro Forest, einem verwunschenen Park mitten in San Francisco.

Toaster gibt Ihrem Foto den berühmten Rotstich. Die Mitte Ihres Bildes wird mit einem hellen orangen Fleck überlagert. Die Ränder sind in rötliche Schattierungen getaucht. Darüber hinaus ahmt der Toaster-Filter feine Linien, die an groben Leinenstoff erinnern, auf Ihrem Foto nach. Mit Toaster können Sie den perfekten 60er-Jahre-Chic nachahmen. Der Rahmen erinnert ähnlich, wie bei Earlybird, an Fotos einer Sofortbildkamera.

Brannan bringt vor allem Grau- und Grüntöne in Ihrem Bild zur Geltung. Es eignet sich deshalb weniger für farbenfrohe Fotos, jedoch besonders gut für Architektur- oder Stadtansichten, die mit einem schmalen schwarzen Rahmen abgerundet werden können.

Inkwell ist nicht nur ein Schwarz-Weiß-Filter, er verleiht Ihrem Foto auch zusätzliche Kontraste, was den Retro-Look perfekt macht. Inkwell eignet sich vor allem für Fotos von Tieren oder Nahaufnahmen von Pflanzen. Der breite hellgraue Rahmen erinnert an die typischen analogen Schwarz-Weiß-Fotos vergangener Zeiten.

Walden gibt Ihrem Foto einen kühlen blau-grünen Farbton. Damit wirken Fotos etwas verwunschen. Walden eignet sich deshalb besonders gut für mystische Szenerien, zum Beispiel ein Park oder ein altes Schloss. Der dazugehörige Rahmen ist halbtransparent und hellgrau.

Hefe bringt Wärme in Ihr Bild, ohne das Details in Ihrem Foto verschwinden. Die Farben wirken satter und Ihr Motiv klarer. Der dicke schwarze Rahmen verstärkt diesen Effekt noch. Die oberen beiden Ecken Ihres Fotos werden durch den Rahmen leicht abgerundet.

Nashville taucht Ihr Bild ähnlich wie Walden in eine blau-grüne Farbwelt und erinnert dabei an die chemischen Effekte der analogen Fotografie. Im Gegensatz zu Walden wird die Bildmitte jedoch nicht erhellt. Nashville bringt besonders schön türkise, blaue oder auch grüne Farbtöne in Ihrem Foto zur Geltung. Der optionale Rahmen gehört zu den auffälligsten in der Instagram App. Er ist dem Dia-Rollfim Velvia von Fujifilm nachempfunden. So steht am oberen Rand dieses Rahmens wie bei seinem analogen Vorbild der Name des Films »RVP« (Reversal/Velvia/Professional) sowie die Zahl 100 für die Lichtempfindlichkeit des Films.

1977 überzieht Ihre Fotos mit einem faden Pinkton und macht damit seinem Namen alle Ehre. Mit diesem Filter bekommt jedes Foto einen Retro-Charakter. Der fast milchig anmutende rosa Farbüberzug setzt besonders gut Aufnahmen von Winterlandschaften, Städten, aber auch Blumen in Szene. 1977 eignet sich auch, um bei Motiven, die Sie an Ihre Kindheit erinnern, eine Portion Wehmut mitschwingen zu lassen. Der Rahmen dazu ist passenderweise auch hier der eines Polaroid-Fotos.

Kelvin bringt von allen Instagram-Foto-Filtern die größte Wärme in Ihr Bild. Er hebt besonders die erdigen Töne Ihres Fotos hervor und fügt einen satten Orangeton hinzu. Kelvin eignet sich eigentlich für alle Fotomotive, in denen eine warme Atmosphäre zum Ausdruck kommen soll. Dabei ist der Grundton des Bildes entscheidend. Wenn dieser eher hell ist, kann Kevin das Foto unter Umständen zu grell wirken lassen. Manchmal kann das Bild dadurch auch surreal wirken, was wiederum spannend ist. Der Rahmen von Kelvin lässt bewusst den Eindruck entstehen, als sei die Entwicklung eines analogen Fotos nicht ganz einwandfrei verlaufen. Ihr Foto wirkt damit so, als sei etwas Farbe über die Ränder getreten.

Es gibt grundsätzlich keine Regel, wann und ob Sie diese Filter mit oder ohne Rahmen für Ihr Foto nutzen sollten. Das hängt ganz allein von Ihrem persönlichen Empfinden ab. Wichtig ist, dass Ihr Bild klar erkennbar ist und Details nicht durch zu dunkle oder zu helle Filter verloren gehen.

Auf Instagram existieren hinsichtlich der Verwendung von Effekten und Filtern zwei Trends. Der erste Trend tendiert in die Richtung, mit zusätzlichen Tools und hochwertigen Bildbearbeitungsprogrammen deutlich mehr Effekte und Filter auf Fotos und Videos anzuwenden. Diese wirken danach fast wie Szenen eines Fantasy-Films. Diese Übertreibung ist dabei jedoch durchaus gewollt.

Der zweite Trend orientiert sich eher am Grundsatz »Weniger ist mehr«. Dabei werden Filter nur in der Art und Weise eingesetzt, dass Sie das Original aufwerten jedoch nicht zu stark verfremden. Rahmen spielen dabei eine immer geringere Rolle.

4.2.2 Lux-Funktion

Mit der Lux-Funktion der Instagram App können Sie Fotos, die unterbelichtet sind oder denen es an Kontrast fehlt, aufhellen bzw. stärker akzentuieren. Tippen Sie dazu auf das kleine Sonnen-Symbol. Es erscheint ein Regler, den Sie mit Ihrem Finger bedienen können. Schieben Sie den Regler nach links, werden Kontraste und Helligkeit in Ihrem Bild reduziert, schieben Sie ihn nach rechts, werden Kontraste und Helligkeit des Bildes entsprechend verstärkt. Die Lux-Funktion eignet sich besonders in Kombination mit den vorangehend beschriebenen Foto-Filtern, wie zum Beispiel Mayfair oder Sierra.

4.2.3 Weitere Werkzeuge zur Bildbearbeitung

Indem Sie auf das Schraubenschlüssel-Symbol tippen, eröffnet sich Ihnen eine ganze Bandbreite zusätzlicher Bildbearbeitungs-Tools, die aus Ihrem Smartphone nahezu eine Spiegelreflexkamera machen.

Neben der Möglichkeit, Ihr Foto zu begradigen, können Sie die »Helligkeit«, den »Kontrast«, die »Wärme« und »Sättigung« Ihres Fotos regulieren, indem Sie die jeweiligen Regler mit dem Finger nach links oder rechts bewegen. Helle und dunkle Bereiche Ihres Fotos können über die Funktionen »Hervorhebungen« und »Schatten« verstärkt oder abgeschwächt werden. Die Funktion »Vignette« dunkelt die Ecken bzw. Ränder Ihres Fotos ab und hebt die Mitte Ihres Bildes entsprechend hervor.

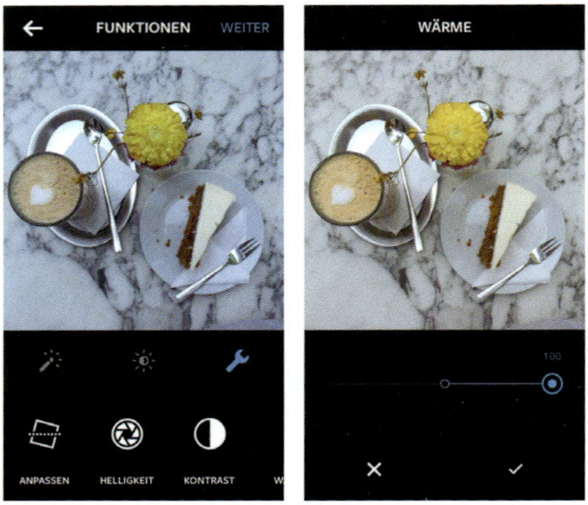

***Abb. 4.7:** Ansicht »Funktionen« und Anpassen der Funktion »Wärme«*

Mit der Funktion »Tilt Shift« können Sie, wie nachfolgend beschrieben, zudem Unschärfen in Ihr Bild bringen. Einen besonders nachhaltigen Effekt hat die Funktion »Schärfen«. Damit ist es Ihnen möglich, Ihr Foto »gestochen scharf« zu stellen (vorausgesetzt das Foto ist nicht verwackelt oder mit einem Zoom erstellt) und damit Ihr Bild massiv aufzuwerten. Diese Funktion ist ein wesentlicher Fortschritt in der Qualität der Instagram App.

Begradigen von Fotos

Mit der Funktion ANPASSEN können Sie Ihr Bild nicht nur um 90 Grad sondern auch um eine minimale Gradzahl drehen. Ein schief geratener Horizont kann auf diese Weise begradigt und das Bild qualitativ aufgewertet werden.

Tippen Sie dazu auf das Symbol mit dem schräg stehenden Quadrat, das von einer gepunkteten Linie durchzogen ist. Unterhalb Ihres Bildes erscheint nun ein Gradmesser. Ihr Bild wird von der App zunächst automatisch um einige Grade gedreht, was allerdings manuell nachjustiert werden sollte.

Über Ihrem Foto verlaufen dazu Gitternetzlinien, an denen Sie die geraden Linien Ihres Bildes nun exakt ausrichten können. Tippen Sie dazu auf das Bild und drehen Sie das Bild so lange bis Sie das gewünschte Ergebnis erreicht haben. (Siehe dazu auch Abschnitt 4.3 »Tipps und Tricks zum Aufnehmen und Bearbeiten von Fotos«.) Leider steht diese Funktionalität noch nicht für die Windows-Phone-Version zur Verfügung.

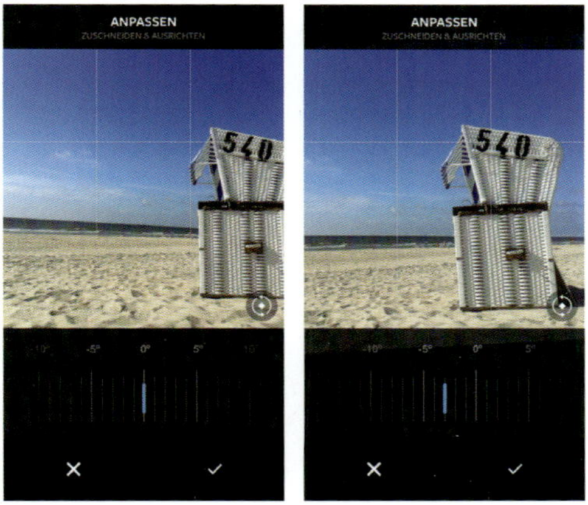

***Abb. 4.8:** Begradigen und Zuschneiden von Fotos mit der Funktion »Anpassen«*

Tilt-Shift-Funktion

Tilt Shift ist eigentlich der Name für ein Spezialobjektiv in der Fotografie mit dem Sie Ihrem Bild Unschärfen hinzufügen können. Dabei ist es möglich, beispielsweise den Vordergrund verschwimmen zu lassen und lediglich ein kleines Objekt im Hintergrund scharf zu stellen. Auf diese Weise entstehen auch die derzeit beliebten Miniaturansichten, die in der Smartphone-Fotografie auch »Miniatur Faking« genannt werden. In den neueren Smartphone-Kameras ist die Funktion des Tilt-Shift-Objektivs inzwischen standardmäßig verfügbar.

In der Instagram App können Sie zwischen einem linearen oder einem radialen Schärfebereich wählen. In der aktuellsten Instagram-Version erscheint zuerst der radiale Schärfebereich in der Mitte Ihres Fotos. Tippen Sie nun auf das Bild und ziehen Sie den Fokus an die gewünschte Stelle Ihres Fotos. Sie können den Radius des Schärfebereichs dabei auch mit Ihren Fingern vergrößern. Alles was nun außerhalb dieses Bereichs liegt, verschwimmt.

Auch der lineare Schärfebereich kann mit den Fingern auf dem Display verkleinert, vergrößert oder auch gedreht und in seiner Position verschoben werden. So kann der Schärfebereich horizontal aber auch vertikal oder schräg durch Ihr Bild verlaufen, während die Bereiche daneben verschwommen dargestellt werden. Der lineare Fokus eignet sich zum Beispiel besonders gut für das »Miniatur Faking« von Stadtansichten.

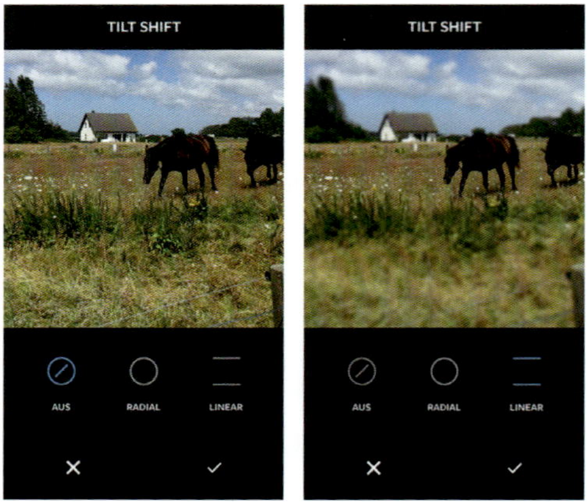

Abb. 4.9: *Verwendung der linearen Tilt-Shift-Funktion (iOS-Version)*

4.3 Tipps und Tricks zum Aufnehmen und Bearbeiten von Fotos

Die folgenden Tipps und Tricks beziehen sich in erster Linie auf die Smartphone- oder Tablet-PC-Fotografie in Kombination mit Instagram. Sie sollen Ihnen dabei helfen, ohne großen Aufwand, gute Bilder zu machen.

Die Drittel-Regel

Die wichtigste Regel bei der Aufnahme von Fotos ist die sogenannte Drittel-Regel. Dabei geht es in erster Linie darum, Ihrem Bild einen Spannungsbogen zu geben. Da unsere Smartphone-Kamera den Fokus in der Regel automatisch in die Mitte des Bildes setzt, neigen wir dazu, unser Motiv ebenfalls mittig auszurichten. Damit erscheinen Bilder im Ergebnis jedoch häufig langweilig für den Betrachter. Besser ist es, wenn Sie Ihr Bild gedanklich in Drittel teilen und Ihr Motiv bewusst in ein Drittel am Rand

Ihres Bildes setzen. Hilfreich ist dafür die Raster-Einstellung in der Kamera-Ansicht der Instagram App oder Ihres Smartphones. Sie teilt Ihr Bild in neun gleiche Quadrate bzw. Rechtecke ein, bestehend aus zwei horizontalen Linien und zwei vertikalen Linien.

Ihre Bildaufteilung gelingt optimal, wenn Sie Ihr Bild an diesen Linien ausrichten, wobei die wichtigsten Elemente Ihres Fotos, inklusive Ihrem Hauptmotiv an deren Schnittpunkten liegen sollten. Der Horizont in Ihrem Bild sollte dabei immer exakt auf der unteren oder oberen horizontalen Linie Ihres Rasters verlaufen, so dass zwei oder ein Drittel des Bildes darüber liegen. Ebenso verhält es sich mit senkrecht verlaufenden Linien, zum Beispiel einer Hauswand in Ihrem Bild, die sich eher links oder rechts befinden sollte, jedoch keinesfalls in der Mitte.

Abb. 4.10: *Beispiele für die Drittel-Regel*

Näher dran

Verzichten Sie lieber darauf, Ihr Motiv mit Ihrem Smartphone heranzuzoomen. Das Zoomen wird die Auflösung Ihres Bildes deutlich verschlechtern. Gehen Sie lieber ganz nah an das entsprechende Objekt heran. Je näher Sie an Ihr Motiv herantreten, desto näher fühlt sich auch der Betrachter Ihres Bildes. Entfernung schafft dagegen Distanz zu demjenigen, den Ihr Bild emotional berühren soll.

Simplizität

Ihr Foto wirkt besonders anziehend auf Ihren Betrachter, wenn Sie Wichtiges von Unwichtigem unterscheiden und Ihr Fotomotiv möglichst von weiteren Ablenkungen isolieren. Zu viele Informationen in Ihrem Bild überfrachten den Betrachter. Besonders konsequent ist dieser Ansatz beispielsweise bei @shurupchik (*http://instagram.com/shurupchik*) und @palomaparrot (*http://instagram.com/palomaparrot*) umgesetzt.

Natürliches Licht

Vermeiden Sie möglichst, Ihre Fotos mit Blitz aufzunehmen, denn dieser verleiht Ihren Bildern oftmals einen blassen, leblosen Ausdruck. Das ist besonders auch bei Essensfotos wichtig. Die besten Fotos entstehen eher draußen mit natürlichem Licht und das idealerweise in der Morgen- oder Abenddämmerung. Sofern keine Möglichkeit besteht, Ihr Foto unter diesen Bedingungen aufzunehmen, eignet sich der Einsatz von Apps, die einen Nachtmodus beinhalten, wie zum Beispiel Better Camera für Android oder ProCamera 7 für iOS. Letztere ist allerdings mit 2,69 € kostenpflichtig.

Ausrichtung Ihres Bildes

Die Ausrichtung Ihres Fotomotivs an den zuvor beschriebenen Linien und Schnittpunkten Ihres Rasters sowie dem passenden Licht kann unter Umständen eine Menge Geduld erfordern. Umso ärgerlicher ist es dann, wenn Sie die perfekte Position Ihres Smartphones wieder verlieren, indem Sie mit Ihrem Finger auf den Auslöser tippen.

Abhilfe schafft hier ein einfacher Trick. Nutzen Sie einfach die Kopfhörer Ihres Smartphones als Fernbedienung und drücken Sie zur Aufnahme Ihres Fotos auf das »+«-Symbol (iOS) bzw. »+« oder »–«(Android) Ihres Lautstärke-Reglers. Das funktioniert beim Betriebssystem iOS ab der Version 5 und bei Android ab der Version 4.3 Jelly Beans. Darüber hinaus können Sie auch über die Anschaffung eines Handystativs nachdenken, zum Beispiel das System-S Tripod Stativ.

Bildbearbeitung

Hier ist weniger oftmals mehr. Versuchen Sie deshalb am besten sparsam mit Filtern und Effekten umzugehen. Was Ihr Foto zusätzlich lebhafter wirken lässt, ist der Einsatz der Tilt-Shift-Funktion sowie eine leichte Vignette Ihres Bildes. Dabei werden die Ecken Ihres Bildes leicht abgedunkelt. Diese Schattierung erzielen Sie am besten durch sanfte Instagram-Filter wie Rise oder Mayfair, die Vignette-Funktion unter den Instagram-Bildbearbeitungswerkzeugen, oder auch durch Apps zur Fotobearbeitung, wie die beschriebene VSCO Cam oder Camera+.

Viel ausprobieren

Versuchen Sie möglichst viele Fotos Ihrer Lieblings-Instagrammer nachzustellen und zu bearbeiten. Auf diese Weise lernen Sie eine Menge über die optimale Ausrichtung Ihres Motivs, gute Lichtverhältnisse und das Zusammenspiel von Filtern und Effekten.

Projekte

Sehen Sie jedes einzelne Foto wie ein Projekt und machen Sie gleich mehrere Schnappschüsse von ein und demselben Motiv. Variieren Sie dabei Ihre Perspektive oder die Lichtverhältnisse. Oftmals ist ein gutes Foto auch ein Glückstreffer, den Sie so gar nicht beabsichtigt hatten.

Nutzen Sie auch die Serienbild-Funktion Ihres Smartphones. Sie können dazu einfach den Auslöser gedrückt halten. Ihr Smartphone nimmt dabei in Sekundenschnelle mehrere Fotos nacheinander auf. So können Sie auch Motive, die sich in Bewegung befinden, zum Beispiel eine Band auf einem Konzert, Tiere im Zoo oder auch ein Selfie, gut einfangen und sich anschließend das beste Foto Ihrer Serie aussuchen. Sollte Ihr Smartphone nicht über eine Serienbild-Funktion verfügen, können Sie dafür auch eine App verwenden.

Ein gutes Auge

Sie können am besten ein gutes Auge für Motive und ansprechende Fotos entwickeln, indem Sie sich gute Fotos anschauen. Folgen Sie dazu am besten den Top-Instagrammern. Eine Auswahl toller Fotografen und ihrer Arbeiten finden Sie im Profil @topigers (*http://instagram.com/topigers*) oder @wearetotems (*http://instagram.com/wearetotems*) oder bei den hier im Buch erwähnten Instagrammern. Eine andere Variante ist es, sich Fotos in hochwertigen Zeitschriften oder Fotoausstellungen anzuschauen.

4.4 Begleitende Apps zum Aufnehmen und Bearbeiten von Fotos

Wie schon im ersten Teil dieses Kapitels erwähnt, nutzen immer mehr Instagrammer zusätzliche Apps, mit denen sie ihre Bilder erstellen, bearbeiten und anschließend auf Instagram teilen. Einige davon werden im Folgenden näher vorgestellt.

VSCO Cam

VSCO Cam ist eine fantastische kostenfreie App für hochwertige Mobile Fotografie, die von der Visual Supply Company produziert wurde. Sie ist sowohl für iOS als auch Android verfügbar und enthält neben einer Vielzahl von professionellen Tools auch hochwertige Lightroom-Filter. Jeder einzelne Filtereffekt kann auch noch einmal feinjustiert werden. VSCO Cam zielt dabei weniger auf das Verfremden, sondern auf eine möglichst originalgetreue Darstellung der Fotos ab.

Abb. 4.11: *App Icon VSCO Cam*

Über VSCO Cam können Fotos sowohl aufgenommen, bearbeitet und mit anderen Netzwerken, insbesondere auch Instagram geteilt werden. Sie werden dazu direkt von der App in den Bearbeitungsmodus auf Instagram geleitet, können Ihr Bild hier nochmals verändern und schließlich mit der Community teilen.

VSCO Cam bietet darüber hinaus die Möglichkeit, Ihre Bilder auf VSCO Grid, der VSCO Cam eigenen Foto-Publishing-Plattform zu veröffentlichen. Hier können Sie auch Fotografen aus der ganzen Welt folgen und deren Fotos unter anderem auf Ihrem Facebook-, Twitter- oder Google+-Profil teilen. Dabei wird der Name des Fotografen automatisch genannt und ein Link auf sein Foto gesetzt.

Im Gegensatz zu Instagram gibt es hier bewusst keine Angaben zur Anzahl von Followern oder Likes. Die Bilder können weder mit einem »Gefällt mir« noch mit einem Kommentar versehen werden. Fotos, die via VSCO Cam bearbeitet wurden und über Instagram hochgeladen werden, sind automatisch mit dem Hashtag #vscocam versehen.

Die Einführung neuer Funktionen zur Bildbearbeitung seitens Instagram im Juni 2014 wird die weitere Verbreitung von VSCO Cam jedoch gegebenenfalls einschränken.

Camera+

Camera+ verwandelt Ihre Smartphone-Kamera in eine professionelle mobile Digital-Kamera inklusive diverser hochwertiger Effekte und Filter und ist dabei leicht zu bedienen. In Bezug auf Instagram verfügt die App über einige zusätzliche praktische Hilfsmittel für die Erstellung eines guten Fotos. Sie können beispielsweise die Belichtung und den Fokus Ihrer Smartphone-Kamera voneinander trennen und die Belichtung für Ihr Bild separat steuern.

Abb. 4.12: *App Icon Camera+*

Die App hat weiterhin einen Stabilisator, der verhindert, dass Ihre Fotos durch minimale Bewegungen Ihrer Hand unscharf werden. Außerdem verfügt die App über einen hochwertigen Zoom, der Details Ihrer Fotos trotzdem klar erkennen lässt. Der Timer ist besonders gut für Selbstportraits geeignet. Eine weitere Hilfestellung sind zudem die verschiedenen Szenenmodi, die direkt die besten Voraussetzungen für ein Nahrungsmittel-Shooting oder die Aufnahme eines Sonnenuntergangs oder Konzerts schaffen. Die Bilder können anschließend mit Facebook, Twitter oder auch Flickr aus der App heraus geteilt werden.

Die App ist mit 1,79 Euro kostenpflichtig.

Pixlr Express+

Pixlr Express (Android) bzw. Pixl Express Plus (iOS) ist eine kostenlose sehr einfach zu bedienende App mit der Sie sowohl Fotos aufnehmen, bearbeiten als auch mit Facebook, Twitter oder per E-Mail teilen können. Neben einer Vielzahl von Effekten und Filtern bietet Pixlr Express (Plus) zusätzliche Rahmen, Sticker und so genannte Overlays an. Das sind Überlagerungen, die zum Beispiel ein Feuerwerk imitieren oder Muster oder chemische Verfärbungen.

Abb. 4.13: *App Icon Pixlr Express+*

Sie können mehrere Überlagerungen gleichzeitig auf Ihr Foto anwenden. Zusätzlich bietet Ihnen diese App die Möglichkeit, Ihrem Bild Text in verschiedenen Typografien hinzuzufügen. Toll ist auch die Funktion »Collage«. Hier haben Sie eine unglaubliche Auswahl an unterschiedlichen Varianten, Ihre Fotos zu einer Collage zusammenzufügen und mit weiteren Effekten zu bearbeiten. Dabei haben Sie über die App auch Zugriff auf den Instagram-Fotostream in Ihrer Bibliothek.

SnapSeed

SnapSeed ist eine sehr beliebte, kostenlose und hochwertige App zur Fotobearbeitung und inzwischen in Besitz von Google. Somit sind Teile von SnapSeed auch schon in den Android-Smartphone-Kameras verbaut.

Abb. 4.14: *App Icon SnapSeed*

Es bietet insgesamt 15 Werkzeuge, darunter die Anpassung der Kontraste, Begradigen, Belichten, Schärfen, Filter und weitere, die jeweils noch feinere Bearbeitungsmöglichkeiten beinhalten. Die Anwendung der Werkzeuge erfolgt mittels Wischgesten auf dem Display, was die Anpassung Ihres Fotos besonders einfach macht.

Rhonna Designs

Rhonna Designs ist eine kostenpflichtige App für iOS (1,75 Euro) und Android (1,47 Euro), mit der Sie Ihren Fotos Texte und Grafiken in verschiedenen trendigen Designs hinzufügen können.

Abb. 4.15: *App Icon Rhonna Designs*

Abb. 4.16: *Bearbeitetes Foto mit Rhonna Designs*

InstaMag

InstaMag ist eine kostenfreie App für iOS und Android mit der Sie unter anderem Collagen aus Ihren Fotos erstellen können, um diese auf Instagram oder anderen sozialen Kanälen zu posten oder um aus Ihren Bildern ein Magazin zu erstellen.

Abb. 4.17: *App Icon InstaMag*

Abb. 4.18: *Mit der App InstaMag erstellte Collage*

4.5 Fotos auf Instagram teilen

Nachdem Sie nun Ihr Foto via Instagram oder auch vorab mit einer oder mehreren anderen Apps bearbeitet haben, kommt der spannende Moment des Teilens in der Instagram-Community und weiteren Netzwerken.

Tippen Sie dazu aus der Filter-Ansicht heraus auf WEITER oben rechts auf Ihrem Bildschirm.

Sie gelangen nun in die Teilen auf-Ansicht der App. Hier haben Sie die Option, Ihr Bild im Homefeed Ihrer ABONNENTEN oder DIREKT mit einem oder mehreren ausgewählten Instagrammern zu teilen, Ihr Foto gleichzeitig in weiteren sozialen Netzwerken zu posten, eine Bildunterschrift zu schreiben, Ihrem Foto einen Geotag hinzuzufügen und Nutzer zu markieren.

4.5.1 Bildunterschrift schreiben

Ein wichtiger Aspekt Ihres Fotos ist die Bildunterschrift. Sie dient gleich mehreren Zwecken. Zum einen können Sie Ihr Bild näher beschreiben und dem Betrachter somit mehr Informationen dazu geben, zum Beispiel, wo Ihr Bild bei welcher Gelegenheit entstanden ist oder mit wem Sie gerade an dem betreffenden Ort sind. Ebenso wie Sie es in einem privaten analogen Foto-Album tun würden. Das ist besonders zu Beginn Ihrer Präsenz auf Instagram wichtig, um die Bindung zu Ihren Followern zu stärken oder auch andere Instagrammer für Sie zu interessieren. Die Betrachter Ihres Bildes können sich so besser in Sie hineinversetzen und bekommen einen persönlicheren Bezug zu Ihnen. Dabei kann die Textlänge durchaus variieren. Wenn Sie eine Geschichte zu Ihrem Bild zu erzählen haben, erzählen Sie sie. Diese Begebenheiten tragen dazu bei, dass die Nutzer sich an Sie erinnern. Die erfolgreiche deutsche Instagrammerin Lena (@theghostonmyback, *http://instagram.com/theghostonmyback*), die ich in Abschnitt 4.8 noch ausführlicher vorstelle, schreibt beispielsweise ein komplettes Rezept in Ihre Bildbeschreibung.

Abb. 4.19: *Bildunterschrift bei @theghostonmyback (Android-Version)*

Einige Instagrammer beschreiben auch Ihre Gedanken und Gefühle, die Sie beim Anblick Ihres Fotomotivs haben. Das kann Ihren Fotos auch eine magische Note geben, wie die Bildunterschriften bei @sofiesund (*http://instagram.com/sofiesund*) besonders gut zeigen. Sie können Ihr Bild auch wie ein Kunstwerk benennen, wie besonders gut bei @thomas_k (*http://instagram.com/thomas_k*) zu bewundern ist, der seine modernen Schwarz-Schweiß-Fotos aus dem Berliner Stadtleben beispielsweise mit »the cyclist« oder »the wait« betitelt.

Ein anderer Ansatz ist, Ihrem Bild lediglich eine Ortsinformation hinzuzufügen und bewusst auf weitere Details zu verzichten. Diese Variante wird oft von Fotografen gewählt, die weniger den sozialen sondern eher den professionellen Austausch über Instagram suchen.

Abb. 4.20: *»the wait« und »the cyclist« von @thomas_k (iOS-Version)*

Zum anderen kann Ihre Bildunterschrift dabei helfen, Ihr Foto einer breiteren Öffentlichkeit zuzutragen. Das funktioniert, indem Sie ein bis zwei Hashtags integrieren, die Ihr Bild besonders treffend beschreiben. Sie können das Hashtag entweder direkt in Ihre Bildbeschreibung integrieren, indem Sie einzelne Worte, wie in Kapitel 1 beschrieben, mit dem #-Symbol versehen, zum Beispiel »ein herrlicher sommerabend in den #rheinterassen« oder an deren Ende setzen, wie zum Beispiel »another beautiful day in this great city #iloveberlin #gendarmenmarkt«.

***Abb. 4.21:** Beispiel für eine Bildbeschreibung mit Hashtags*

Je nachdem, welche Zielgruppe Sie mit Ihren Bildern ansprechen, entweder nur Ihre privaten Freunde, Ihre Familie oder die gesamte Community, bietet es sich an, die Beschreibung direkt in Englisch zu verfassen. Weitere Tipps, wie und welche Hashtags Sie optimalerweise einsetzen können, werden ausführlich in Kapitel 8 beschrieben.

Zum Dritten erscheint Ihre Bildunterschrift in anderen sozialen Netzwerken, falls Sie Ihr Foto dort teilen. Auf Facebook ist sie beispielsweise besonders markant im Header Ihres Facebook-Posts platziert, auf Twitter als Tweet. Gerade wenn Sie Ihre Instagram-Beiträge bei diesen beiden Netzwerken publizieren, macht es Sinn, sich eine kurze knackige Bildunterschrift auszudenken, die von den Nutzern dort auch gelesen wird. Siehe dazu auch Abschnitt 4.5.4 »Ihr Foto in anderen Netzwerken teilen«.

4.5.2 Nutzer markieren

Um den Erinnerungswert schöner Fotos (und auch Videos) noch zu steigern und diese damit gleichzeitig interessanter für seine Betrachter werden zu lassen, hat Instagram im Jahr 2013 die Funktion NUTZER MARKIEREN bzw. FOTOS VON DIR auf Instagram eingeführt. Damit können Sie Ihren Fotos nun Instagram-Nutzer inklusive sich selbst hinzufügen, auch taggen genannt. Auf diese Weise können Sie Ihren Followern zusätzlich oder auch ergänzend zu Ihrer Bildbeschreibung erzählen, wer auf dem Bild zu sehen ist oder mit wem Sie einen Ort besucht haben.

Tippen Sie dazu in der Teilen-auf-Ansicht auf NUTZER MARKIEREN und anschließend auf Ihr Foto. Es erscheint eine kleine Sprechblase mit der Frage »Wer ist das?« in der Bildmitte. Geben Sie nun im Feld Suche nach einem Nutzer oben links auf der Seite den Anfangsbuchstaben des Nutzernamens der Person bzw. des Profils ein, das Sie auf Ihrem Foto markieren wollen. Das können Ihre Abonnenten sein oder auch Instagrammer, die nicht zu Ihren Followern zählen. Bedenken Sie, dass Ihre Markierung nicht erscheint, sofern Sie Ihr Foto über Instagram Direct teilen.

Sobald Sie einen Nutzernamen ausgewählt haben, erscheint dieser nun in der Sprechblase. Um deren Position auf dem Foto zu verschieben, tippen Sie einfach auf den Namen und ziehen Sie ihn auf die gewünschte Stelle in Ihrem Bild. Sie können auch mehrere Instagram-Profile in Ihrem Foto taggen, indem Sie noch einmal auf Ihr Foto tippen und einen weiteren Nutzernamen auswählen.

Die so markierten Nutzer erhalten, nachdem das Foto veröffentlicht wurde, eine Nachricht über Ihre Markierung in ihren NEUIGKEITEN und können das Foto zudem auf ihrer Profilseite unter »Fotos von dir« ansehen.

Um Ihrem Foto einen Nutzernamen hinzuzufügen, bedarf es nicht zwingend eines Motivs auf denen Personen abgebildet sind. Sie können Nutzernamen auch zu Landschaftsaufnahmen oder Still-Leben hinzufügen. Die Markierung wird inzwischen auch als Stilmittel für Fotos genutzt.

Bilder in denen Nutzer getaggt sind, enthalten das Nutzersymbol, das Sie auch auf Ihrer Profilseite auf dem Reiter »Fotos von dir« sehen. Tippen Sie auf das Symbol in dem Bild, erscheinen die Namen der markierten Instagram-Profile. Tippen Sie auf die einzelnen Namen, gelangen Sie auf die Profil-Seiten der markierten Nutzer.

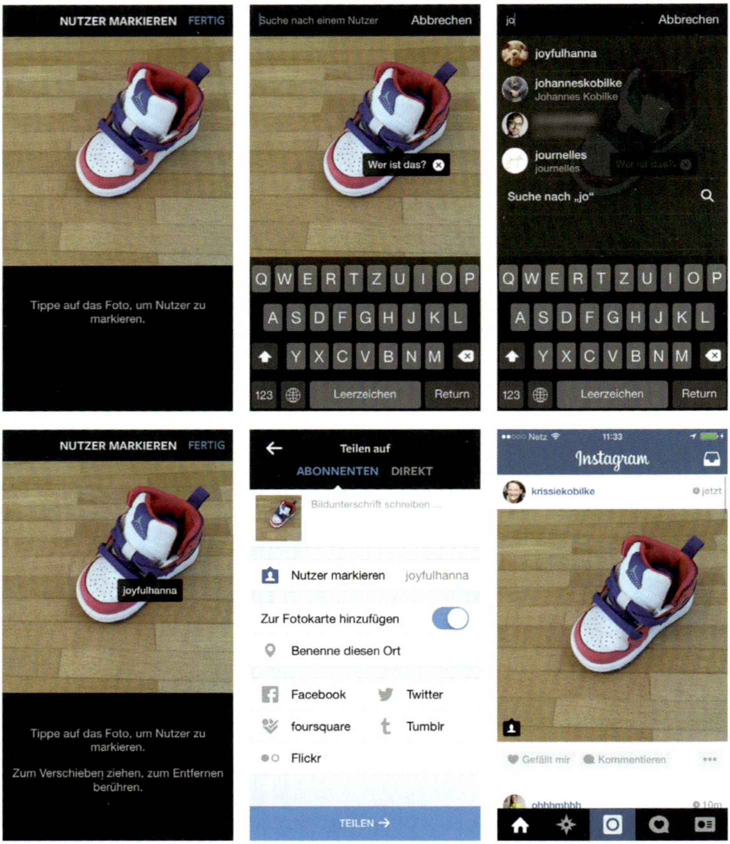

Abb. 4.22: *Schritte zur Markierung von Nutzern in Ihren Fotos (iOS-Version)*

Sofern Sie nicht möchten, dass Fotos auf denen Sie markiert sind, automatisch in »Fotos von Dir« und damit in Ihrem Profil erscheinen, können Sie die Einstellung MANUELL HINZUFÜGEN aktivieren. Gehen Sie dazu auf Ihr Profil und dort auf den rechten Reiter mit dem Nutzersymbol. Sie gelangen nun in die Ansicht »Fotos von Dir«. Tippen Sie auf das Rädchen-Symbol (iOS) bzw. die drei Punkte (Android) oben rechts auf der Seite und aktivieren Sie anstelle von AUTOMATISCH HINZUFÜGEN, MANUELL HINZUFÜGEN. Jetzt können Sie aus den Fotos auf denen Sie markiert sind, diejenigen auswählen, die in Ihrem Profil erscheinen sollen.

Wenn Sie ein Foto, auf dem Sie markiert sind, in Ihrem Profil verbergen wollen, tippen Sie dazu auf das Foto und dort auf Ihren Namen. Es erscheint ein Popup-Fenster in dem Sie IN MEINEM PROFIL VERBERGEN aktivieren können. Unter WEITERE OPTIONEN im selben Fenster haben Sie darüber hinaus die Option, Ihre Markierung gänzlich zu löschen, indem Sie MICH AUS FOTO ENTFERNEN antippen.

Nutzer nachträglich markieren

Um einen Nutzer nachträglich zu markieren, tippen Sie unterhalb Ihres Foto-Beitrags auf das Symbol mit den drei Punkten und wählen aus den nun erscheinenden Optionen NUTZER MARKIEREN aus. Jetzt können Sie, wie vorangehend beschrieben, einen Nutzer hinzufügen.

4.5.3 Fotos zur Fotokarte hinzufügen

Mit der immer größeren Relevanz von lokalen Informationen in sozialen und vor allem mobilen Medien, hat Instagram die Funktion des sogenannten Geotaggings eingeführt. Damit können Sie Ihren Fotos neben der Möglichkeit, Nutzer zu markieren auch geographische Koordinaten bzw. einen Ort hinzufügen. Instagram greift zu diesem Zweck auf die Ortsdatenbank von Foursquare zu. Foursquare ist ein Location Based Service, bei dem Nutzer sich unter anderem unterwegs an bestimmten Orten mittels der Foursquare App einchecken können und dafür incentiviert werden.

Fotos, auf denen Sie einen Ort getaggt haben, erscheinen, wie in Kapitel 3 beschrieben, in Ihrem Profil auf Ihrer Fotokarte. Besucher Ihres Profils können so sehen, wo Sie Ihre Fotos aufgenommen haben. Ist Ihr Profil privat, ist Ihre Fotokarte nur für Ihre Abonnenten sichtbar. Sofern Sie ein Foto aus Ihrer Fotokarte entfernen möchten, tippen Sie auf das betreffende Foto und anschließend auf das x-Symbol. Sie können den Geotag leider nicht reaktivieren oder Ihren Bildern später hinzufügen. Das funktioniert nur, indem Sie das Bild erneut auf Instagram hochladen und den Ort markieren.

Um Ihren Fotos einen Ort hinzuzufügen, tippen Sie in der Teilen-auf-Ansicht auf den Button ZUR FOTOKARTE HINZUFÜGEN und anschließend auf BENENNE DIESEN ORT. Instagram analysiert jetzt Ihre GPS-Daten, sofern Sie dies in Ihren Smartphone- oder Tablet-PC-Einstellungen zulassen. Es erscheint eine von Foursquare bereitgestellte Liste an Orten in Ihrer unmittelbaren Nähe, aus denen Sie nun den betreffenden auswählen können. Der Ort, den Sie wählen, kann durchaus auch einige Kilometer von Ihrem tatsächlichen Ort entfernt sein. Das kann dann praktisch sein, wenn Sie Ihr Foto in Ruhe zu Hause bearbeiten und erst später auf Instagram teilen wollen. Allerdings darf Ihr Aufnahmeort nicht zu weit von Ihrem tatsächlichen Ort entfernt sein. Es ist beispielsweise nicht möglich, einem Bild aus dem Mallorca-Urlaub den Tag »Palma de Mallorca« hinzuzufügen, wenn Sie bereits wieder in Deutschland sind.

Sollte Ihr gewünschter Ort in der Liste fehlen, haben Sie zwei Möglichkeiten. Zum einen bietet Instagram Ihnen die Option, einen Ort zu erstellen. Theoretisch kann das auch ein Fantasiename sein oder eine Webadresse, die allerdings nicht direkt ins Web verlinken kann. Tippen Sie dazu in das Feld am oberen Rand der angezeigten Liste ORT SUCHEN ODER ERSTELLEN und schreiben Sie den gewünschten Ortsnamen hinein. Ihr Ort erscheint damit auf Ihrem Foto, wird jedoch nicht dauerhaft in der Ortsdatenbank hinterlegt.

Zum anderen können Sie Ihren Ort direkt in die Datenbank von Foursquare einpflegen. Dazu ist es notwendig, dass Sie sich auf Foursquare anmelden und den gewünschten Ort erstellen. Damit ist dieser auch auf Instagram verfügbar und kann sowohl von Ihnen als auch allen anderen Nutzern ausgewählt werden.

Wenn Sie Ihr Foto mit einem Geotag veröffentlichen, erscheint dieser oberhalb des Fotos und direkt unterhalb Ihres Nutzernamens. Nutzer, die Ihr Foto betrachten, können auf den Tag tippen und gelangen dabei nicht direkt in Ihre Fotokarte sondern auf eine Landkarte, in der der genaue Ort markiert ist. Unterhalb der Karte erscheinen alle Fotos und Videos der Instagram-Community, die am gleichen Ort entstanden sind bzw. mit dem gleichen Geotag versehen wurden. Diese Ansicht kann auch für Sie selbst spannend sein, denn hier sehen Sie, aus welcher Perspektive andere Instagrammer diesen Ort betrachtet haben.

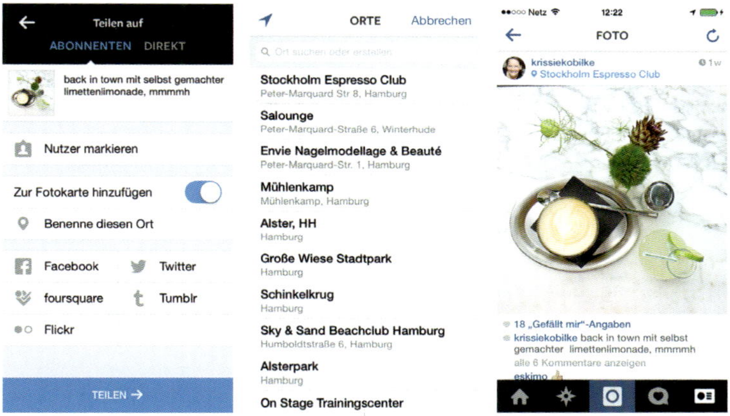

Abb. 4.23: *Orte zu Ihrem Foto-Beitrag hinzufügen*

4.5.4 Ihr Foto in anderen Netzwerken teilen

Nachdem Sie Ihrem Foto nun eine Beschreibung, gegebenenfalls auch Nutzer und einen Aufnahmeort hinzugefügt haben, bietet die Teilen-auf-Ansicht noch eine weitere wichtige Option, nämlich Ihr Foto neben Instagram gleichzeitig auf Facebook, Twitter, Tumblr, Flickr oder Foursquare zu teilen. Sofern Sie über ein Profil im russischen Netzwerk Vkontakte, im chinesischen Netzwerk Weibo oder dem japanischen Netzwerk Mixi verfügen, können Sie Ihre Beiträge zusätzlich auch darüber teilen.

Gleichzeitiges Teilen in sozialen Netzwerken

Das Teilen von Fotos in den genannten Netzwerken funktioniert ideal, wenn Sie zuvor Ihre dortigen Profile, wie in Abschnitt 3.6 »Konto- und Privatsphäre-Einstellungen auf Instagram« erläutert, mit Ihrem Instagram Account verknüpft haben.

Jetzt brauchen Sie nur noch die Netzwerke auswählen, auf denen Ihr Foto publiziert werden soll und schließlich auf TEILEN tippen. Ihr Bild erscheint nun zeitgleich im Homefeed Ihrer Abonnenten auf Instagram sowie auf Ihren weiteren ausgewählten sozialen Plattformen.

Falls Sie Ihr Instagram-Konto noch nicht mit weiteren Profilen im sozialen Netz verknüpft haben, werden Sie pro Netzwerk dazu aufgefordert, sich mit Ihren Login-Daten dort anzumelden. Dieser Vorgang kann nach Ihrer gesamten Vorarbeit und unmittelbar vor dem offiziellen Teilen Ihres Fotos jedoch etwas störend sein, da Sie zunächst von Instagram auf die Login-Seite des jeweiligen Netzwerkes umgeleitet werden. Es empfiehlt sich deshalb, Ihr Instagram-Konto gleich bei der Einrichtung Ihres Profils mit Ihren weiteren sozialen Profilen zu verknüpfen.

Darstellung Ihres Fotos in sozialen Netzwerken

Auf Facebook wird Ihr Bild dabei, wie in Abschnitt 3.6.1 »Teilen von Fotos und Videos in der Facebook-Chronik und auf Facebook-Seiten« erläutert, als Post in Ihrer Chronik veröffentlicht und kann in der Desktop-Ansicht noch vergrößert dargestellt werden, sobald Ihre Freunde das Bild anklicken. Auf Twitter wird zunächst nur Ihre Bildunterschrift als Tweet inklusive einem Link zu Ihrem Foto bei Instagram angezeigt. Eine Vorschauansicht Ihres Fotos, die im Twitter-Feed für Bilder normalerweise üblich ist, gibt es leider nicht. Twitter hat diese Ansicht im Zuge der Übernahme von Instagram durch den Twitter-Konkurrenten Facebook unterbunden.

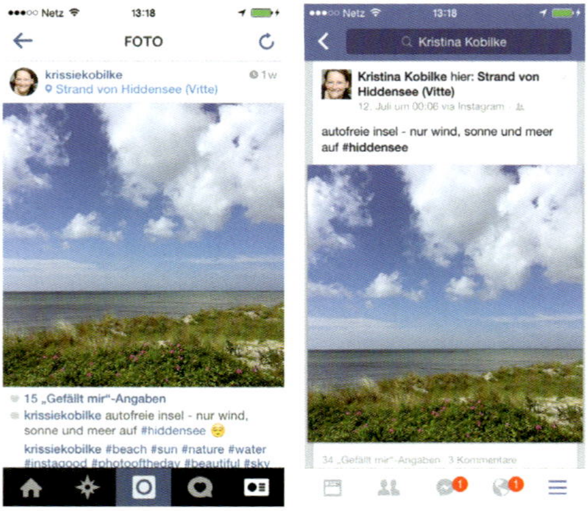

Abb. 4.24: *Darstellung des Instagram-Posts auf Instagram sowie Facebook*

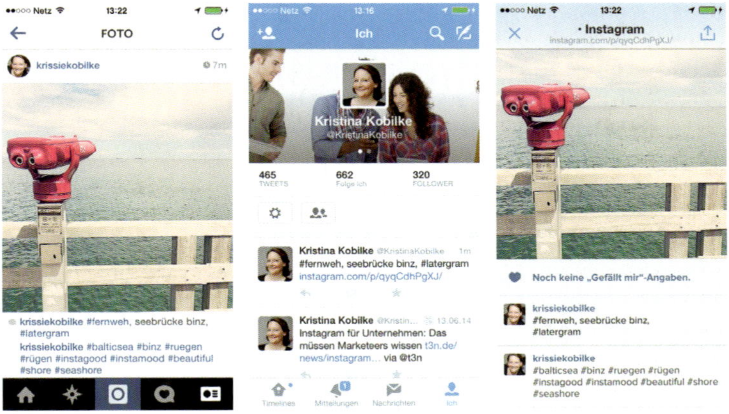

Abb. 4.25: *Darstellung des Instagram-Posts auf Instagram sowie Twitter*

Suche nach Ihrem Foto im sozialen Netz

Sofern Sie Ihrer Bildunterschrift Hashtags hinzugefügt haben, können Nutzer, die nach Ihrem Hashtag suchen, Ihr Bild sowohl auf Instagram über den Explorer finden, vorausgesetzt Ihr Profil ist nicht privat, als auch in den anderen Netzwerken, in denen Sie Ihr Bild geteilt haben. Eine Einschränkung bildet dabei Facebook, denn hier wird Ihr Foto standardmäßig mit dem Publikum »Freunde« geteilt. Ändern Sie das Publikum anschließend in Ihrem Post auf »öffentlich«, kann Ihr Bild auch hier über Ihren Hashtag gefunden werden.

Um die Veröffentlichung Ihres Fotos noch zu komplettieren und mehr Reichweite für Ihr kreatives Werk zu bekommen, bietet es sich an, Ihrem Foto nachträglich noch zusätzliche Hashtags hinzuzufügen. Wie Sie hier am besten vorgehen, lesen Sie ausführlich in Kapitel 8.

Nachträgliches Teilen Ihres Fotos

Sofern Sie Ihr Foto erst nach der Veröffentlichung auf Instagram mit weiteren sozialen Netzwerken teilen möchten, können Sie dies über Ihre Profilseite nachholen. Tippen Sie auf das betreffende Foto in Ihrem Profil und scrollen Sie bis zum untersten Rand der Foto-Ansicht. Tippen Sie nun auf das Symbol mit den drei Punkten für weitere Optionen und wählen Sie FOTO TEILEN. Sie können Ihr Foto nun auf Facebook, Twitter, Tumblr oder Flickr teilen.

Für alle weiteren Netzwerke, Blogs oder Websites auf denen Sie das Foto gerne teilen möchten, bietet sich die Option URL zum Teilen kopieren an. Über die Option Foto per E-Mail senden, werden Sie direkt in Ihr Haupt-E-Mail-Programm geleitet und können das Foto von dort auch an Empfänger versenden, die Instagram nicht nutzen.

4.5.5 Instagram Direct

Wenn Sie Ihr Bild nur mit bestimmten Menschen auf Instagram teilen wollen, tippen Sie auf Direkt am oberen Rand der Teilen auf-Ansicht. Jetzt erscheint eine ungeordnete Liste Ihrer Follower, aus der Sie bis zu 15 Empfänger selektieren können. Über das Suchfeld oberhalb der Liste ist es darüber hinaus auch möglich, Instagrammer zu adressieren, die nicht zu Ihren Followern zählen.

Sobald Sie Ihr Foto an Ihre ausgewählten Empfänger versandt haben, erhalten diese über ihre Neuigkeiten eine Nachricht. Die Nachricht kann dann über das kleine Postfachsymbol in der oberen rechten Ecke auf ihrem Homefeed abgerufen werden. Sie selbst können durch Antippen dieses Symbols sehen, welche Fotos Sie an welche Kontakte über Instagram Direct versandt haben.

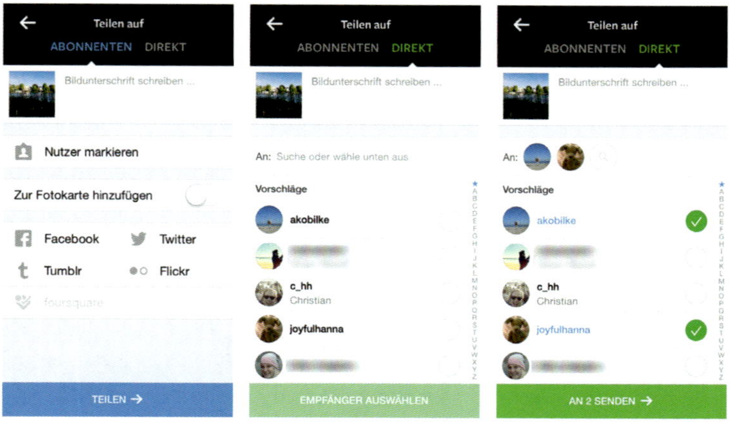

Abb. 4.26: *»Teilen auf«-Ansicht und »Direkt«-Ansicht*

Wichtig

Fotos, die Sie über Instagram Direct verschicken, können weder mit Hashtags versehen noch via Instagram über andere Netzwerke geteilt werden. Ebenso können keine Personen darin markiert werden.

4.6 Entwicklung einer persönlichen Content-Strategie

Gleich zu Beginn dieses Abschnitts, möchte ich Ihnen versichern, dass es zur Nutzung von Instagram nicht zwingend einer persönlichen Content-Strategie bedarf. Es kann sogar eine sinnvolle Strategie sein, keine Strategie zu haben und sich von den eigenen spontanen Eingebungen hinsichtlich passender Fotomotive tragen zu lassen.

Sobald Sie Instagram intensiver nutzen, werden Sie, gegebenenfalls angesteckt vom Erfolg anderer Instagrammer, den Wunsch verspüren, Ihre Aktivitäten auf Instagram besser zu planen. Für diesen Fall finden Sie im Folgenden Anregungen, die Ihnen dabei helfen, eine geeignete Content-Strategie zu entwickeln.

Mit Content-Strategie ist hierbei gemeint, sich direkt ein Inhalte-Konzept oder eine Vorgehensweise zu überlegen, wie und womit Ihr Instagram-Profil dauerhaft mit Leben gefüllt werden kann.

Das hat den Vorteil, dass Sie auf diese Weise gezielt geeignete Fotomotive suchen und Ihr Profil auf Instagram schärfen können.

4.6.1 Ziele definieren

Zu Beginn Ihrer Überlegungen macht es Sinn, zunächst über das Ziel, das Sie mit Ihrer Content-Strategie verfolgen, nachzudenken. Was hat Sie dazu bewogen, sich intensiver mit der Planung Ihrer Inhalte auseinanderzusetzen? Möchten Sie mehr Resonanz in Form von Abonnenten oder »Gefällt mir«- Angaben für Ihre Beiträge erreichen? Wenn ja, wie soll diese Resonanz konkret aussehen? Wo möchten Sie zum Beispiel hinsichtlich der Zahl Ihrer Abonnenten in einem halben Jahr stehen? Oder wie viele »Likes« sollen Ihre Fotos oder Videos im Durchschnitt erhalten? (Siehe dazu auch

Abschnitt 7.4 »Follower generieren«) Möchten Sie interessantere Fotos oder Videos posten und damit Ihre Reputation verbessern? Oder wollen Sie einfach mehr Abwechslung in Ihre Beiträge bringen? Versuchen Sie Ihr Ziel in ein bis zwei Sätzen aufzuschreiben. Diese schriftliche Form zwingt Sie, Ihre Gedanken zu präzisieren und sich auf Ihr Ziel zu fokussieren.

4.6.2 Ideen für Themen finden

Die Suche nach einem geeigneten Thema für Ihren Instagram-Account kann schnell von Erfolg gekrönt sein, wenn Sie ohnehin liebend gern Ihr Hobby auf Instagram visualisieren möchten. Das können Ihre Touren mit dem Mountainbike sein oder Fotos von Ihren Streifzügen durch Ihre Stadt und die nähere Umgebung oder auch Bilder von Dingen, die Sie selbst herstellen.

Die norwegische Instagrammerin Manuela Kjeilen beispielsweise ist mit Ihrem Instagram-Profil @passionforbaking (*http://instagram.com/passionforbaking*) extrem erfolgreich. Sie backt für Ihr Leben gern und hält Ihre Eigenkreationen bildlich fest. Ihre Galerie zeigt jedoch nicht nur Ihre Kuchen, sondern auch Ansichten ihrer Küche, der Zutaten sowie Bilder, die in die Farbwelt ihrer Kreationen passen.

Ihre Interessen aufspüren

Sollte Ihnen ein solches Hobby gänzlich fehlen, bietet es sich an, zunächst einmal Ihre »visuellen Präferenzen« zu sammeln, sowohl online als auch offline. Nehmen Sie sich dazu ruhig einige Tage oder auch Wochen Zeit und beobachten Sie sich. Welche Bilder und Videos gefallen Ihnen am meisten auf Instagram? Welche Art von Bildern sprechen Sie darüber hinaus beispielsweise in Zeitschriften, im Internet oder auch im TV an? Was sind Ihre häufigsten Fotomotive, die Sie bisher fotografiert haben? Für welche Motive haben Sie ein Gespür? Können Sie daraus ein übergeordnetes Thema ableiten?

Hilfreich ist in solchen Fällen auch ein Moodboard, bestehend aus einem größeren Blatt Papier oder idealerweise einer Pappe, auf der Sie zum Beispiel Ihre gesammelten Zeitschriftenausschnitte aufkleben können. Aus dieser Collage lässt sich leichter ein übergeordnetes Thema ableiten. Vielleicht entdecken Sie so eine Passion für Silhouetten oder Porträts oder bestimmte Farben. Letztere begeistern zum Beispiel die bekannte Instagrammerin Julie Gebhardt (@juliegeb, http: Instagram.com/juliegeb) aus

San Fransisco. Sie fotografiert am liebsten farbige Hauswände in ihrer Heimatstadt, idealerweise mit einem Fenster oder einer Tür und begeistert damit 27.000 Follower.

Ihre persönliche Marke

Ein weiterer Ansatz, ein geeignetes Thema zu finden, kann die Beschäftigung mit Ihrer Persönlichkeit bzw. Ihrer persönlichen Marke sein. Mit persönlicher Marke ist dabei gemeint, sich selbst analog zu den großen Marken, die Sie kennen, beispielsweise Adidas oder Mercedes Benz, als Marke zu verstehen. Diese Marken stehen für bestimmte Werte bzw. Attribute, für die sie bei ihren Konsumenten bekannt und beliebt sind. Adidas (@adidasoriginals, *http://instagram.com/adidasoriginals*) beispielsweise beschreibt die eigene Markenpersönlichkeit als authentisch, kreativ und individuell, was sich auch in der Bildsprache und in den Fotomotiven auf Instagram wiederspiegelt.

Wie schon in den vorangehenden Kapiteln beschrieben, geht es den meisten Nutzern auf Instagram bewusst oder unbewusst darum, Ihrer persönlichen Marke Ausdruck zu verleihen. Jede (persönliche) Marke hat dabei ein bestimmtes Ziel oder einen übergeordneten Zweck, den sie verfolgt.

Diesen Zweck zu (er-)kennen, bringt Sie Ihrer Inhalte-Strategie deutlich näher. Fragen Sie sich deshalb, welchen Zweck Ihre persönliche Marke erfüllt. Wofür steht Ihre Marke oder wofür stehen Sie in Ihrer Familie, in Ihrem Freundeskreis, in der Gesellschaft? Ist der Zweck Ihrer Marke beispielsweise, andere Menschen aufzuheitern, ihnen ein positives Lebensgefühl zu vermitteln? Dann könnte Ihr übergeordnetes Thema auf Instagram vielleicht »Lebensfreude« heißen. Und wie könnten Ihre Bilder Lebensfreude ausdrücken? Sind das Portraits von lachenden Menschen, bunte Farben oder andere bestimmte Motive, die Sie mit Lebensfreude verbinden?

Themen anderer Nutzer aufgreifen und weiterentwickeln

Was ist, wenn Sie auf ein Profil auf Instagram stoßen, dessen Fotos oder Videos Ihnen so gut gefallen, dass Sie sie am liebsten nachahmen würden? Es spricht grundsätzlich nichts dagegen, die Idee eines anderen Instagrammers aufzugreifen und auf Ihre Weise zu interpretieren. Das ist sogar Teil des kreativen Prozesses. Ganz sicher kommen Ihnen dabei ganz eigene Ideen. Der YouTube-Star Psy beispielsweise hat den Erfolg seines »Gangnam Styles« vor allem auch dessen zahlreichen Remixen und Imitationen zu verdanken, die das Original nur noch bekannter machten. Diese Form von Kunst ist inzwischen fester Bestandteil unserer Gegenwart.

Ein Thema versus viele Themen

Wenn es Ihr Ziel ist, möglichst viele Follower für Ihren Account zu generieren, kann es ratsam sein, sich lediglich auf ein Thema zu konzentrieren. Interessieren Sie sich beispielsweise für Mode, Reisen und Essen und räumen allen drei Themengebieten Platz in Ihrem Profil ein, könnten Abonnenten, die Ihnen auf Grund Ihrer Modefotos folgen, gegebenenfalls von Ihren Reise- und Essensbildern gelangweilt sein und sich nach einem anderen passenderen Profil umsehen.

Es gibt allerdings auch sehr viele Gegenbeispiele für diese Vorgehensweise. Das Profil von @palomaparrot (*http://instagram.com/palomaparrot*) beispielsweise ist alles andere als monothematisch und dennoch eines der populärsten auf Instagram. Der Clou bei @palomaparrot ist neben den kreativen Motiv-Ideen der unverwechselbare puristische, moderne Stil ihrer Fotos und Videos. Ein ähnlich spannendes Profil dieser Art ist das der Instagrammerin @shurupchik.

Abb. 4.27: *Profil-Ansichten von @palomaparrot*

Abb. 4.28: *Profil-Ansichten von @shurupchik*

Das heißt, wenn den Betrachtern Ihres Profils klar wird, dass Ihre Bilder einem roten Faden folgen, sei es in Form eines bestimmten Themas oder aber eines bestimmten Stils, steigt die Wahrscheinlichkeit, dass Sie Ihnen folgen.

Geschichten erzählen

Ein weiterer Themenansatz ist es, über Ihre Inhalte eine Geschichte zu erzählen. Ein tolles Beispiel dafür liefert das Profil des kanadischen Designers und Fotografen Andrew Knapp (@andrewknapp, *http://instagram.com/andrewknapp*). Er postet Fotos oder vielmehr Bilderrätsel von seinen Reisen mit dem VW Bus quer durch Kanada und den USA, die er mit seinem Hund Momo unternimmt. Dabei ist Momo auf jedem einzelnen seiner Fotos versteckt.

Die Betrachter seiner Bilder müssen Momo finden und werden auf diese Weise in die Erlebnisse der beiden Protagonisten eingebunden. Das Suchspiel hat sogar einen neuen Hashtag #foundmomo hervorgebracht. Zusätzlich bietet Andrew Knapp seinen Followern an, die beiden Abenteurer persönlich vor Ort zu treffen und markiert dazu seinen genauen Aufenthaltsort mittels der im Abschnitt 4.5.3 thematisierten Geotags. Follower, die dieser Einladung folgen, können ihr Glück oft kaum fassen, dem Instagram-Star Momo in der realen Welt zu begegnen.

4.6.3 Detailplanung Ihrer Inhalte

Nachdem Sie in den vorangegangenen Schritten Ihre Ziele definiert und Ideen für geeignete Themen gefunden haben, geht es jetzt in die Detailplanung. Schreiben Sie dazu zu Ihrem Themengebiet möglichst alle Fotomotive auf, die Ihnen einfallen und ergänzen Sie diese Liste kontinuierlich.

Beim Themengebiet »Meine Stadt« oder »Mein Stadtteil« können das zum Beispiel schöne Plätze, interessante Gebäude, Menschen auf der Straße, Ihr Essen in Ihrem Lieblingsrestaurant um die Ecke und vieles mehr sein. Wie schon vorangehend erläutert, ist es von Vorteil, wenn Ihre Motive ein roter Faden verbindet.

Hilfreich ist an dieser Stelle auch die Suche nach ähnlichen Motiven auf Instagram mittels Hashtags. Zum einen erfahren Sie hier, wie andere Nutzer Ihr Thema interpretieren und bekommen gegebenenfalls Anregungen für weitere Fotomotive und zum anderen können Sie auf diese Weise herausfinden, welche Hashtags andere Instagrammer zur Verbreitung ihrer Fotos nutzen. Ergänzen Sie diese direkt in Ihrem Konzept. So können Sie später die entsprechenden Hashtags kopieren und gemeinsam mit Ihren Fotos posten.

Auf Basis Ihrer Detailplanung können Sie nun damit beginnen, die Aufnahme Ihrer Fotos besser zu planen. Das kann Ihr ganz privater Fotowalk durch die Stadt sein oder die Inszenierung von Still-Leben in Ihrer Wohnung. Dieses planvolle Vorgehen ermöglicht es Ihnen, mehr Freiräume für die Aufnahme Ihrer Fotos zu schaffen.

4.6.4 Posting-Plan

Um Ihren Detailplanungen nun konkrete Maßnahmen folgen zu lassen, eignet sich ein Posting-Plan, in dem Sie festlegen, wann Sie welchen Inhalt posten wollen. Dieser Plan kann einerseits langfristig angelegt sein und klassische Feiertage, wie Weihnachten, Ostern sowie Jahreszeiten, wie Frühling, Sommer, Herbst und Winter beinhalten. Andererseits sollten darin auch kurzfristig die nächsten vier Wochen abbildbar sein.

Wichtige Posting-Regel
Posten Sie nicht mehrere Fotos (oder Videos) direkt nacheinander auf Instagram. Melden Sie sich mindestens einmal pro Woche bei Ihren Followern mit einem Beitrag, idealerweise jedoch einmal pro Tag.

Es gibt keine Regel, welcher Wochentag oder welche Uhrzeit ideal für ein Posting ist. Das hängt auch von Ihrem individuellen Thema ab.

4.7 Beliebte Instagram-Themen

Zu den beliebten Themen auf Instagram zählen neben dem Leben der Stars weitere typische Lifestyle-Themen, wie Mode, Beauty, Reisen oder Food. Besonders gefragt sind dabei Fotos oder Videos von Selbstgemachtem, Selbstfrisiertem, Selbstgenähtem oder Selbstgekochtem. Der allgemeine »Do-it-yourself«-Trend in der Gesellschaft ist damit auch bei Instagram besonders präsent und beliebt. Weiterhin spielen die eigene Familie, zu denen auch Haustiere, vor allem Hunde und Katzen mitgezählt werden, eine große Rolle unter den beliebten Foto- und Videomotiven.

Zudem eint die Community über die individuellen Interessen jedes einzelnen hinaus, der Faible für hochwertige Landschaftsaufnahmen, die die Schönheit der Natur einfangen.

Getrieben durch die Kreativität einzelner Instagram-Nutzer entwickeln sich darüber hinaus jeden Tag immer wieder neue originelle Themen. Die Kreativ-Direktorin und Bloggerin Ilana Wiles (@mommyshorts, *http://instagram.com/mommyshorts*) aus New York beispielsweise fotografierte das Thema #babysuiting. Dabei werden Babys in den Business-Anzügen der Erwachsenen fotografiert, was inzwischen viele Nachahmer gefunden hat. Eine andere Instagrammerin, Emily McCracken (@muttadventures, *http://instagram.com/muttadventures*), postete ein Foto von Ihrer Kaffeetasse und ihrem Hund und arrangierte beide so, als säße ihr Hund in der Tasse. Dieses Thema wurde begeistert unter dem Hashtag #muttmuggin, was soviel heißt wie »Tassenköter«, von der Community aufgenommen und reproduziert. Einige dieser kreativen Themen oder auch Genres, verbreiten sich sogar weltweit und können sich dauerhaft halten.

#fromwhereistand ist zum Beispiel eines dieser Themen. Nutzer fotografieren dabei aus dem Stand ihre Füße, und zwar an dem Ort, wo sie gerade stehen. Auf diese Art und Weise ist bereits ein Sammelsurium an Bildern entstanden, das dem Betrachter einen Blick auf die facettenreichen Füße, Schuhe, Gummistiefel oder Gips-Füße dieser Welt gewährt.

Abb. 4.29: *»fromwhereistand«-Fotomotiv von @krissiekobilke*

#throwbackthursday ist ein beliebtes wöchentliches Posting-Thema, zu dem Instagrammer jeden Donnerstag Bilder aus der Vergangenheit posten. Je nostalgischer das Bild anmutet, um so besser. Inzwischen wird der »Throwback Thursday« auch in anderen Netzwerken, wie Twitter, Tumblr oder Facebook aufgegriffen. Oft verwandte Hashtags sind neben #throwbackthursday auch #tbt oder #throwback. #tbt gehört laut Websta mit knapp 200 Millionen Posts dabei zu den Top 5 der meist verwendeten Hashtags auf Instagram.

#followmeto hat seinen Ursprung in einem eher zufällig entstandenen Fotomotiv des russischen Fotografen und Instagrammers Murad Osmann (@muradosmann, *http://instagram.com/muradosmann*). Während eines Spanienurlaubs zieht ihn seine Freundin Nataly an der Hand ungeduldig hinter sich her, von Sehenswürdigkeit zu Sehenswürdigkeit. Murad fotografierte dabei ihre Rückansicht. Von ihm ist lediglich der ausgestreckte Arm zu sehen. Er betitelte diese Fotos zunächst mit #follow me to barcelona oder #follow me to zaragoza. Aus dem ursprünglichen Schnappschuss entwickelte sich ein richtiges Projekt mit dem weltweit bekannten Hashtag #followmeto, das ihn nun auf allen seinen Reisen mit Nataly begleitet. Inzwischen warten über eine Million Follower auf Murads und Natalys nächstes #followmeto-Bild oder posten selbst Fotos mit diesem Motiv.

#minimal ist ein Thema auf Instagram, das die Liebe zum Minimalismus ausdrückt. Nutzer versuchen dabei diese Kunstform bestmöglich in ihren Fotos einzufangen. Häufig verwendete Hashtags sind hier #minimal_perfection, #minimalism_world oder #minimal_shots.

Abb. 4.30: *Minimalistische Fotomotive von @berlinstagram und @thomas_k*

#me steht für eines der wichtigsten Themen auf Instagram, nämlich das Selbstporträt, auch #selfie genannt. Inzwischen sind über 234 Millionen Posts mit dem Hashtag #me benannt.

#thingsorganizedneatly ist ein Motiv-Thema für Still-Leben, bei dem eine Vielzahl von Gegenständen besonders akkurat auf dem Tisch, Boden oder an der Wand drapiert und anschließend fotografiert werden. So zu sehen zum Beispiel bei @shurupchik (Siehe Abbildung 4.31) oder @starbucks *http://instagram.com/p/hOtMAIxc9y/?modal=true* oder der Instagrammerin @sonyayu *http://instagram.com/p/nHEvkml_JU/?modal=true*.

Abb. 4.31: *»Thingsorganizedneatly« bei @shurupchik und @palomaparrot*

#onthetable oder auch #onmytable oder #onmydesk reiht sich ähnlich wie das vorangegangene Thema in die Reihe der Still-Leben ein. Hier geht es zum einen um Tischkultur, nämlich das sorgfältige Arrangieren und anschließende Fotografieren von Essen oder schönem Geschirr auf dem Tisch. Die Perspektive des Fotografen ist dabei immer von oben auf den Tisch gerichtet. Zum anderen zeigt #onthetable Still-Leben, die wie zufällig aus dem Alltag des jeweiligen Fotografen zu stammen scheinen, zum Beispiel Gegenstände auf dem Schreibtisch, eine Tasse Tee und ein gutes Buch oder eine Vase mit Blumen.

Abb. 4.32: *»Onmytable«-Motiv von @shurupchik*

#shelfie bezeichnet in Anlehnung an das #selfie ein neues Trendthema, bei dem Instagrammer ihre heimischen Regale, in Englisch »shelf«, mit kleinen Details inszenieren und frontal fotografieren.

Abb. 4.33: *»shelfie«-Motiv von @mitp_verlag*

#weeklyfluff steht für süße Haustierbilder, hauptsächlich von Katzen und Hunden, die für wahre Begeisterungsstürme bei den Instagrammern und auch in anderen Netzwerken sorgen. Allerdings ist Instagram entgegen einiger Vorurteile damit nicht überfrachtet.

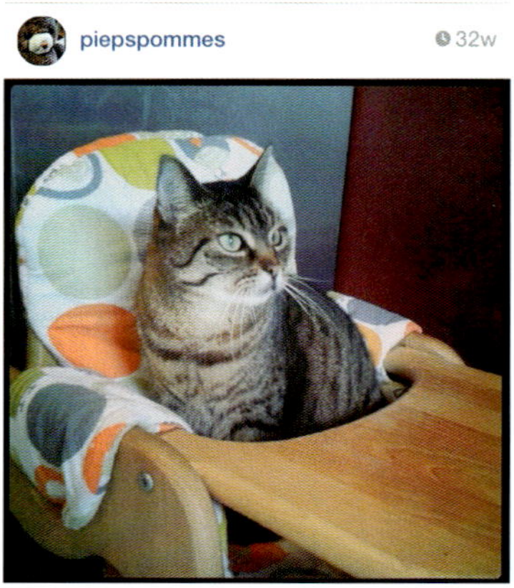

Abb. 4.34: *»weeklyfluff«-Motiv von @piepspommes*

4.8 Beispiele erfolgreicher Instagrammer

Zu den erfolgreichen Instagrammern zählen neben den Stars insbesondere jene, die sich durch einen ganz besonderen Stil oder einen besonderen Blick auf die Welt und Ihre Fotomotive auszeichnen, aber auch Online-Shops und Marken.

Fashion & Beauty

So sind beispielsweise Fashion- und Beauty-Profile wie @fashionforall (*http://instagram.com/fashionforall*), @rockglam (*http://instagram.com/rockglam*), @bestylish (*http://instagram.com/bestylish*) oder die schon zuvor erwähnte Fashion-Bloggerin Chiara Ferragni (@chiaraferragni, *http://instagram.com/chiaraferragni*) auf Instagram äußerst erfolgreich. Sie vermitteln ein positives Lebensgefühl und posten mindestens einmal am Tag einen neuen Stil, einen neuen Tipp oder ein neues Produkt.

»Stadt, Land, Fluß«

Die Themen Reisen, Landschaften, Natur oder auch Städteansichten werden am häufigsten von den Top-Fotografen der Instagram-Community inszeniert. Zu Ihnen gehören beispielsweise der New Yorker Fotograf Chris Ozer (@chrisozer, *http://instagram.com/chrisozer*) oder der türkische Fotograf Mustafa Seven (@mustafaseven, *http://instagram.com/mustafaseven*). Aber auch der zuvor schon einmal erwähnte Berliner Instagrammer Michael Schulz ist mit seinem @berlinstagram-Profil (*http://instagram.com/berlinstagram*) sehr erfolgreich. Er fotografiert dabei vor allem die kleinen Details seiner Heimatstadt, nicht die ohnehin schon zu oft fotografierten Sehenswürdigkeiten und ermöglicht seinen Followern damit eine ganz neue und nahe Perspektive auf die Stadt.

Abb. 4.35: *Fotobeispiele Stadt (@berlinstagramm) und Land (@c.c.cologne)*

Food

Das Thema Essen spielt auf Instagram seit jeher eine große Rolle. Dabei fotografieren Instagrammer nicht nur ihr eigenes Essen in Restaurants und zu Hause, sondern lassen sich auch von Food-Artisten, wie die zuvor erwähnte Norwegerin Manuela Kjeilen inspirieren. Sie ist mit @passionforbaking (*http://instagram.com/passionforbaking*) ein Paradebeispiel für die »Do it yourself«-Kultur auf Instagram.

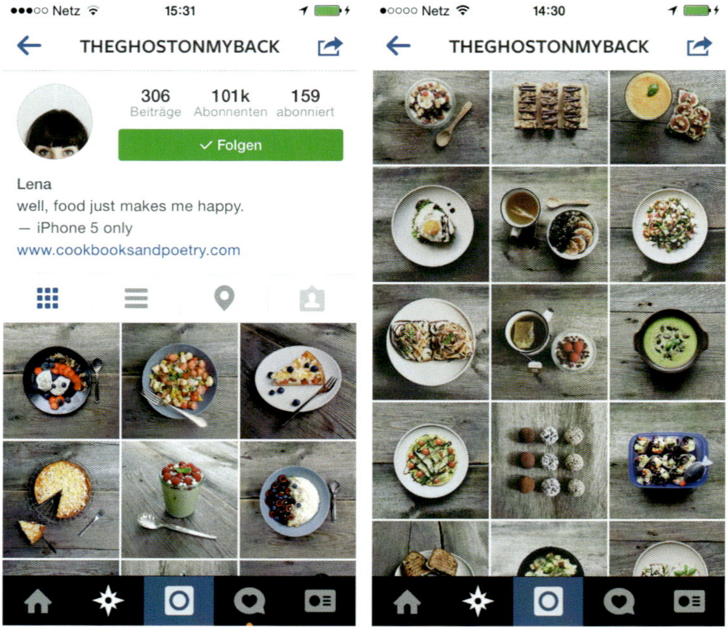

Abb. 4.36: *Profil-Ansicht von @theghostonmyback*

Ebenso die deutsche Psychologie-Studentin Lena, die mit Beginn ihres Studiums beschloss, anstelle von typischer Studentenkost, etwas Gutes für sich selbst zu kochen. Kochen wurde für sie bald eine Passion. Sie ließ sich dabei sowohl von Rezepten ihrer Mutter und von Food-Blogs inspirieren, als auch von der blühenden Gemeinschaft von Food-Fotografen auf Instagram. Auf ihrem Profil @theghostonmyback, das inzwischen über 101.000 Follower zählt, inszeniert sie mit ihrem iPhone ihre wunderschön arrangierten eigenen vegetarischen Essenskreationen mit passendem Geschirr und Besteck. Inzwischen betreibt Sie ihren eigenen Blog unter *www.cookbooksandpoetry.com*.

Kunst

Als Kunst kann eine Vielzahl von Beiträgen auf Instagram aufgefasst werden. Doch einige stechen dabei besonders hervor. So zum Beispiel die Beiträge der deutschen Lehrerin Kerstin Hiestermann, die mit ihrem Profil @spielkkind (*http://instagarm.com/spielkkind*) auf Instagram über 181.000 Follower begeistert. Ihr besonderer Stil sind Zeichnungen von kleinen Monstern, die sie liebevoll mit realen Gegenständen, Pflanzen oder Essen kombiniert und ihr Werk anschließend fotografiert. So spielt ein kleines gezeichnetes Monster beispielsweise Federball mit einer echten Blumenblüte.

Ähnlich und doch ganz anders ist das Profil der spanischen Künstlerin Sandra Suárez (@artedemirar, *http://instagram.com/artedemirar*). Sie inszeniert ein 365-Tage-Projekt auf Instagram bei dem sie jeden Tag eine selbst kreierte Maske trägt und anschließend ein »Selfie« von sich postet.

Die englische Künstlerin Philippa Stanton hat mit ihrem Profil @5ftinf (*http://instagram.com/5ftinf*) ebenfalls den Nerv der Instagram-Community getroffen. Sie repräsentiert unter anderem perfekt den #onthetable-, #shelfie- oder auch #thingsorganizedneatly-Themen-Trend auf Instagram. Dabei arrangiert sie Gegengestände, meistens eine Tasse Kaffe kombiniert mit kleinen Schalen oder Kannen sowie Blumen auf dem immer gleichen Tisch ihrer Küche und hat so einen hohen Wiedererkennungswert in der Community. Fast 340.000 Instagrammer folgen ihr bereits.

Marken

Zu den erfolgreichsten Instagrammern zählen laut *Socialbakers.com* vor allem auch Marken, darunter Starbucks Coffee (@starbucks, *http://instagram.com/starbucks*), Nike (@nike, *http://instagram.com/nike*), Victoria's Secret (@victoriassecret, *http://instagram.com/victoriassecret*) adidas Originals (@adidasoriginals, *http://instagram.com/adidasoriginals*) oder H&M (@hm, *http://instagram.com/hm*). Jede dieser Marken zieht mehrere Millionen Follower an und begeistert mit inspirierenden Fotos und Videos. Der Hashtag #nike wurde inzwischen über 26 Millionen Mal in Posts verwendet und gehört damit zu den meist genutzten Markentags auf Instagram.

Doch nicht nur große Unternehmen sind auf Instagram erfolgreich, auch kleinere, wie der Kamerahersteller Woodman Labs aus Kalifornien mit seiner Videokamera GoPro (@gopro, *http://instagram.com/gopro*), die an Sportequipment, einem Helm oder Baseballkappe befestigt werden kann, zieht über 2,5 Millionen Instagrammer an.

Abb. 4.37: *Fotos von @starbucks und @hm*

Kapitel 5

Videos auf Instagram

Der anhaltende Bewegtbild-Trend im Internet, insbesondere getrieben durch mobile Endgeräte und der damit verbundene Erfolg der Video-App Vine hat auch Instagram im Jahr 2013 dazu veranlasst, eine Video-Funktion einzuführen. Laut dem Cisco Visual Networking Index 2013–2018 werden schon im Jahr 2017 90% aller Inhalte, die über das Internet konsumiert werden, bewegte Bilder sein. Ein wesentlicher Einflussfaktor dafür ist die steigende Bandbreite der mobilen Datennetze, die es schon jetzt ermöglichen, größere Datenmengen auf mobile Endgeräte zu laden. Mit dem LTE-Standard, der auf den Standard 3G folgt, ist es beispielsweise möglich, 300 Megabit pro Sekunde downzuloaden. Damit können Sie ganze Kinofilme in nur wenigen Minuten auf Ihr Smartphone laden.

Diese Entwicklung wird sich auch auf die Verbreitung nutzergenerierter Videos auswirken. Ein Video selbst zu kreieren und mit seinen Mitmenschen zu teilen, wird in wenigen Jahren genauso normal werden, wie es das Aufnehmen und Teilen von Fotos bereits heute ist.

Zum jetzigen Zeitpunkt sind Videos im Vergleich zu Fotos noch eine junge Disziplin auf Instagram. Gemäß der Agentur We are Social sind nur 6% der Markeninhalte auf Instagram Videos. Damit repräsentieren Marken insgesamt 40% aller Videos auf Instagram. Doch das wird sich bald ändern.

Abb. 5.1: *Video-Symbol im einzelnen Video-Beitrag*

Videos erscheinen auf Instagram im Homefeed der Abonnenten in der gleichen quadratischen Form wie Fotos. Einziger Unterschied: sie sind mit einem kleinen Video-Symbol in der rechten oberen Ecke markiert. Mit maximal 15 Sekunden Länge sind sie ideal auf die heutigen Sehgewohnheiten im Web abgestimmt. Jetzt ist es Nutzern auch möglich, schöne Momente wie ein Feuerwerk, oder die Zubereitung eines leckeren Essens, eine Fitness-Übung oder das Spiel ihrer Kinder über Instagram einzufangen und zu teilen.

5.1 Videoeinstellungen und Privatsphäre

Videos starten im Homefeed der Nutzer sofort automatisch, es sei denn, der automatische Start, auch Video-Buffering genannt, wurde in den Kontoeinstellungen deaktiviert. Damit die Videos direkt im Homefeed erscheinen können, werden sie im Vorhinein geladen, was einen erhöhten Datenverbrauch nach sich zieht. Sie können über die Einstellungen der App jedoch veranlassen, dass Videos nur dann im Vorfeld geladen werden, wenn Sie mit einem WLAN-Netzwerk verbunden sind.

Um diese Einstellung vorzunehmen, tippen Sie auf Ihrer Profil-Seite auf das Rädchen-Symbol (iOS) bzw. die drei Punkte (Android), um wieder auf die Seite »Optionen« zu gelangen. Anschließend scrollen Sie bis zum Punkt »Video« sowie IM VORAUS LADEN (iOS) bzw. DATENNUTZUNG (Android) und aktivieren NUR WLAN bzw. NUR ÜBER WLAN IM VORAUS LADEN.

Eine weitere Einstellungsmöglichkeit im Bereich Video ist die Option STUMM SCHALTEN. Hier können Sie den Punkt MIT KLINGELTONSCHALTER auswählen, wenn Sie möchten, dass Videos mit Ton ablaufen, sobald Sie Ihren Klingelton auf laut stellen und ohne Ton, wenn Sie Ihr Telefon leise stellen. IMMER AKTIV bedeutet, dass Videos zunächst grundsätzlich ohne Ton abgespielt werden. In beiden Fällen können Sie in den Videos jedoch auf das Lautsprecher-Symbol tippen, um den Ton zu aktivieren.

Alle Privatsphäre- und Teilen-Einstellungen, die Sie für Fotos vorgenommen haben, gelten auch für Videos. Ausführliche Informationen dazu finden Sie in den Abschnitten 3.6.1 und 3.6.2.

5.2 Videos aufnehmen, bearbeiten und teilen

Das Aufnehmen, Bearbeiten und Teilen von Videos mit Instagram erfolgt nach den gleichen äußerst einfachen Prinzipien, die die App auch in Bezug auf Fotos bietet. Vor dem Hintergrund, dass das Erstellen von Videos an sich eine deutlich größere schöpferische Hürde darstellt, als der Schnappschuss eines Fotos, macht es Instagram dem Nutzer besonders leicht, sich auch an das Genre Video heranzuwagen.

Im Folgenden erfahren Sie, wie Sie mit Instagram ein Video aufnehmen, bearbeiten und mit der Community teilen können.

5.2.1 Videos aufnehmen

Durch die maximale Länge von 15 Sekunden sind Videos auf Instagram auf den ersten Blick hinsichtlich ihres Inhalts begrenzt. Doch in 15 Sekunden lässt sich durchaus eine gute Geschichte erzählen. Es ist daher empfehlenswert, sich ein kurzes »Drehbuch« für Ihr Video zu überlegen, damit Ihre Aussage auch beim Betrachter ankommt. Im Abschnitt 5.4 »Tipps und Tricks zum Aufnehmen und Bearbeiten von Videos« finden Sie einige Anregungen dazu. Natürlich können Sie auch ein spontanes Video erstellen, das keiner großen Vorüberlegungen bedarf, zum Beispiel in der Achterbahn oder bei einem Konzert.

Um Ihr Video aufzunehmen, rufen Sie zunächst über das Kamera-Symbol in der Menüleiste der Instagram App die Kamera-Ansicht auf. Rechts neben dem Auslöser befindet sich das Video-Symbol. Tippen Sie auf dieses Symbol und wechseln Sie damit in den Video-Modus der App.

In der Mitte der Video-Ansicht befindet sich der große rote Auslöser bzw. Aufnahmeknopf für Ihr Video. Rechts daneben sehen Sie eine Miniaturansicht des letzten Videos, dass Sie in Ihrer Bibliothek gespeichert haben bzw. in der Android-Version ein Rastersymbol. Analog zur Foto-Ansicht können Sie durch Antippen dieses Vorschaubildes auf Ihre Bibliothek zugreifen bzw. in der Android-Version auf weitere Quellen, wie Ihre Dropbox, Ihre Fotos und Ihre Galerie. Im Unterschied zum Video-Netzwerk Vine ist es damit auf Instagram auch möglich, bestehende Videos, die Sie mit Ihrem Smartphone, Tablet-PC oder auf andere Art und Weise vorab erstellt haben, via Instagram zu bearbeiten und zu veröffentlichen.

Links neben dem Aufnahmeknopf sehen Sie das Kamera-Symbol mit dem Sie in den Foto-Modus zurückwechseln können. Ein weiteres Kamera-Symbol, das von zwei Pfeilen flankiert ist, ermöglicht Ihnen den Wechsel von der rückseitigen Kamera Ihres Smartphones oder Tablet-PCs zur Frontkamera.

Um ein neues Video zu erstellen, richten Sie Ihr Smartphone oder Ihren Tablet-PC auf das Motiv, das Sie filmen wollen. Halten Sie die Arme dabei möglichst nah am Körper, um größtmögliche Stabilität zu erreichen. Hilfreich kann auch der Einsatz eines Stativs sein.

Starten Sie Ihre Aufnahme, indem Sie auf den roten Aufnahmeknopf tippen und halten Sie diesen fest. Unterhalb Ihres Videos sehen Sie nun eine schmale Statusanzeige, mit deren Hilfe Sie Ihre verbleibende Zeit im Auge behalten können. Instagram bietet Ihnen nun die Möglichkeit, einzelne Sequenzen aufzunehmen. Heben Sie dazu den Finger vom Aufnahmeknopf an, um Ihre Aufnahme zu stoppen und legen Sie ihn wieder auf, um mit der nächsten Sequenz fortzufahren bis Sie maximal 15 Sekunden Videolänge erreicht haben. Auf diese Weise erstellen Sie einen Stop-Motion-Film.

Sie können zwischendurch auch zwischen Ihrer Front- und Rückkamera wechseln und somit auch eine überraschende »Selfie-Sequenz« einbringen. Mit Hilfe von Sequenzen bzw. Schnitten bringen Sie mehr Abwechslung in Ihr Video, was beim Betrachter später für mehr Spannung sorgt. Gefällt Ihnen die letzte Sequenz Ihres Videos nicht, tippen Sie das x-Symbol links neben dem Aufnahmeknopf an und verschieben sie sie in den Papierkorb. Der Instagrammer (@hamadahideaki, *http://instagram.com/hamadahideaki*), den ich später noch näher vorstelle, wählt für seine Videos beispielsweise immer drei, idealerweise vier Sequenzen, um seine Geschichten zu erzählen, wie zum Beispiel hier *http://www.enjoygram.com/m/691195846553602601_195865*.

Es ist leider nicht möglich, nach Fertigstellung Ihres Videos einzelne Sequenzen am Anfang oder der Mitte zu löschen sondern immer nur die letzte Sequenz. Wollen Sie Ihr Video generell verwerfen, tippen Sie auf das Schließen-Symbol oben links in dieser Ansicht. Anders als bei der Fotoerstellung über Instagram, werden Ihre verworfenen Videos nicht in Ihrer Bibliothek gespeichert.

Ein weiterer wichtiger Punkt ist die Vertonung Ihres Videos. Die Video-Funktion auf Instagram funktioniert nur, wenn Sie der App Zugriff auf Ihr Mikrofon erlauben. Dadurch wird jedes Video über Instagram automatisch mit Ton erstellt. Achten Sie deshalb in der Video-Vorschau auf die Geräuschkulisse in Ihrem Film.

Sobald Sie Ihre Aufnahme beendet haben, tippen Sie auf WEITER bzw. den Pfeil oben rechts in dieser Ansicht.

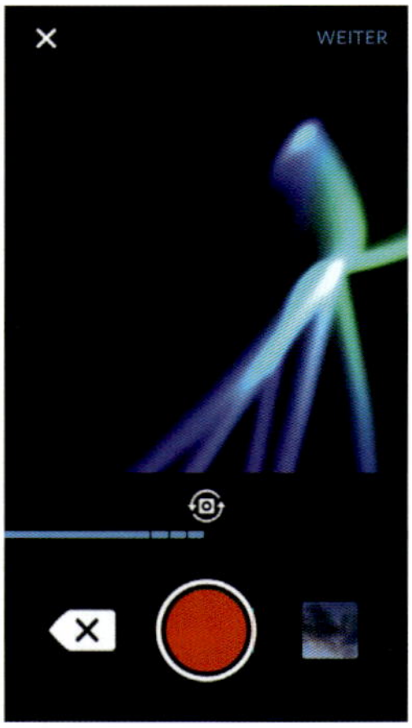

Abb. 5.2: *Aufnahme-Modus der Video-Funktion (iOS-Version)*

5.2.2 Verwendung von Filtern

In der nächsten Ansicht »Filter« (iOS) bzw. »Bearbeiten« (Android) stehen Ihnen, ähnlich wie bei der Foto-Bearbeitung auf Instagram, eine Reihe von Filtern zur Verfügung mit denen Sie Ihren Videos eine verträumte oder auch eine dramatische Note geben können.

Die insgesamt 13 Filter wurden mit dem amerikanischen Film-Coloristen Denver Riddle entwickelt, der mit seinen Farbkreationen in Kinofilmen oder auch Werbespots für die richtige Stimmung und Ästhetik sorgt. Seine Erfahrungen sind in die Instagram-Video-Filter eingeflossen. Im Folgenden erfahren Sie mehr darüber, wie sich diese auf die Darstellung Ihres Videos auswirken.

Stinson schwächt Kontraste in Ihrem Video ab und fügt gleichzeitig einen Vanille-Ton hinzu. Dadurch bekommt Ihr Video eine nostalgische Note. Der Name Stinson stammt von Stinson Beach, einem kleinen Ort mit herrlichem Strand in Kalifornien, der direkt am Highway Number One liegt. Der gleichnamige Filter spiegelt die Stimmung und die manchmal diesige Sicht an diesem Strand wieder.

Vesper ähnelt Stinson insofern, als dass er Ihrem Video ebenfalls einen leichten Vanille-Ton vermittelt, dabei aber gleichzeitig die Kontraste in Ihrem Bild verstärkt. Vesper ist übrigens der Name des Hundes eines Instagram-Mitarbeiters und gleichzeitig Namensgeber für diesen Filter.

Clarendon verstärkt die Farbkontraste und taucht Ihr Video in leicht blaugrünes Licht. Der Name Clarendon stammt von der Clarendon Avenue, die sich am Fuße der Twin Peaks Hügel durch San Fransisco schlängelt.

Maven gibt Ihrem Video einen satten Sepia-Ton. Damit bekommt Ihr Video einen ultimativen Retro-Charakter. Es erinnert gleichzeitig an das warme Licht eines Sommerabends. Maven eignet sich besonders gut für romantische Szenen, die das Herz Ihres Zuschauers erwärmen sollen.

Gingham hellt Ihr Video auf und reduziert leicht die Kontraste. Gleichzeitig überzieht Gingham Ihr Video mit einem leichten Pinkton.

Ginza verstärkt den Kontrast und hellt die Farben auf. Damit erhält Ihr Video einen regelrechten »Fashion Magazin Look«. Denver Riddle hat hier schöne Farbkontraste mit Farbharmonien kombiniert, die gleichzeitig die Hauttöne in Ihrem Video herausstellen.

Skyline taucht Ihr Video in einen hellen Goldton und verstärkt die Kontraste. Besonders Grüntöne kommen hier sehr gut zum Vorschein.

Dogpatch verstärkt den Kontrast und dämpft gleichzeitig die Farben. Auf diese Weise können Sie Ihrem Video etwas Dramatisches hinzufügen. Denver Riddle fühlte sich hier nach eigenen Angaben von postapokalyptischen Thrillern inspiriert.

Brooklyn überzieht Ihr Video mit einem Vanille-Ton kombiniert mit einer leicht blaugrünen Farbgebung. Dadurch bekommt Ihr Video eine coole und szenige »Streetstyle«-Note.

Moon ist der Schwarz-Weiß-Modus unter den Filtern. Er schwächt zusätzlich die Kontraste in Ihrem Video ab, so dass die Übergänge zwischen hellen und dunklen Flächen eher weich sind und das perfekte Retro-Feeling inszeniert wird.

Helena ahmt mit einer Farbmischung aus orange und blaugrün die Stimmung der »Goldenen Stunde« vor dem Sonnenaufgang oder dem Sonnenuntergang nach. Es eignet sich besonders gut dazu, Hauttöne vom Hintergrund abzuheben. In Hollywood wird diese Farbmischung dazu verwendet, das Auge des Betrachters auf den Schauspieler zu lenken, der in einem leichten Orangeton erscheint, während der Hintergrund in blaugrüne Farben getaucht wird.

Ashby schwächt die Kontraste in Ihrem Bild ab und hellt es gleichzeitig mit einem warmen Farbgemisch aus Vanille und Orange auf.

Charmes verstärkt die Farbkontraste und bringt durch eine Farbmischung aus Lila und Gold vor allem die warmen Farben in Ihrem Video zur Geltung.

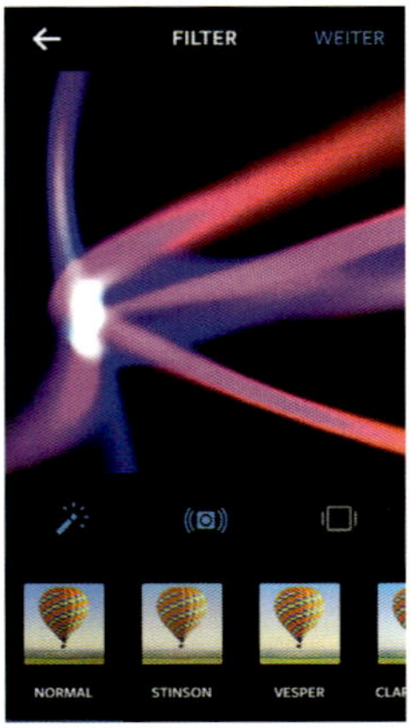

Abb. 5.3: *»Filter«-Ansicht der Video-Funktion (iOS-Version)*

Es ist leider nicht möglich, mehrere Filter in Ihrem Video miteinander zu kombinieren oder analog zu den Fotos die Intensität des Filters zu regulieren.

In der Ansicht »Filter« bzw. »Bearbeiten« können Sie sich Ihr Video auch noch einmal in voller Länge anschauen. In der iOS-Version erscheint unterhalb des Videos zusätzlich ein Kamerasymbol. Es handelt sich hierbei um die sogenannte Kino-Funktion, die allerdings nur für das iPhone 4S und das iPhone 5 verfügbar ist. Damit können verwackelte Videos nach der Aufnahme leicht korrigiert werden.

5.2.3 Videos teilen

Bevor Sie Ihr Video auf Instagram teilen, bietet die App Ihnen die Option, ein Titelbild für die Darstellung Ihres Videos auf Instagram auszuwählen.

Dazu werden Sie aus dem Bearbeiten-Modus in die Ansicht »Titelbild« geleitet. Oberhalb des Bildschirms erscheint ein Standbild Ihres Videos. Darunter sehen Sie Bilder der einzelnen Sequenzen Ihres Videos. Sie können nun aus den einzelnen Standbildern das auswählen, das Ihnen am besten gefällt. Dabei ist es empfehlenswert, eine Szene zu wählen, die Ihre Follower sowie weitere Nutzer auf Instagram neugierig auf den Inhalt Ihres Videos macht. Das Titelbild wird Ihrem Video lediglich vorangestellt, das heißt, Ihre zuvor eingestellte Startszene bleibt bestehen.

Abb. 5.4: *Auswahl eines Titelbildes*

Nachdem Sie Ihr Titelbild ausgewählt haben, tippen Sie auf WEITER bzw. den Pfeil oben rechts auf Ihrem Bildschirm. Sie gelangen nun wieder in die bekannte TEILEN AUF-Ansicht der Instagram App. Analog zu Fotos können Sie Ihrem Video, wie in Kapitel 4 beschrieben, eine Bildunterschrift und auch einen Ort hinzufügen. Weiterhin ist es möglich, Ihr Video in Ihrem

Profil und damit im Homefeed Ihrer Abonnenten zu teilen oder aber via Instagram Direct an ausgewählte Instagram-Kontakte zu senden. Eine genaue Beschreibung dazu finden Sie in Kapitel 4.

Im Unterschied zu Fotos, gibt es die Funktion »Nutzer markieren« für Videos bisher nicht.

Wie auch beim Teilen von Fotos, können Sie Ihr Video gleichzeitig mit der Veröffentlichung auf Instagram auch auf Facebook, Twitter, Foursquare oder Tumblr teilen. Flickr fehlt hier als Teilen-Option, da es als reine Foto-Plattform keine Videos unterstützt.

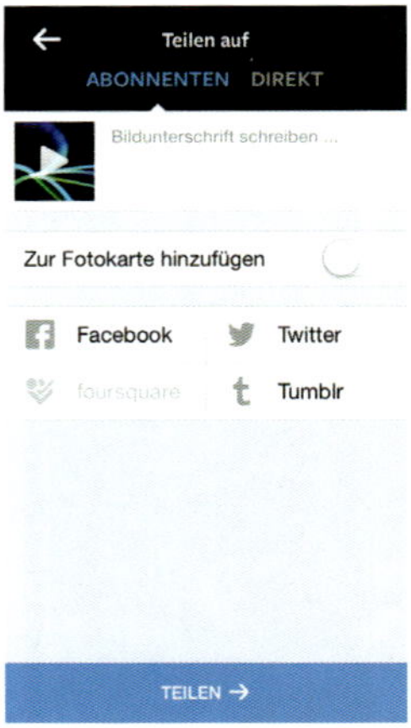

***Abb. 5.5:** »Teilen auf«-Ansicht der Video-Funktion*

5.2.4 Externe Videos

Sofern Sie ein bestehendes Video von Ihrem Smartphone oder Tablet-PC auf Instagram veröffentlichen wollen, tippen Sie auf die Miniaturansicht Ihrer Bibliothek (iOS) bzw. das Menü-Symbol (Android) rechts neben dem Aufnahmeknopf in der Video-Ansicht. Das letzte zu Ihrer Bibliothek hinzugefügte Video wird in der iOS-Version nun direkt im oberen Bereich Ihres Bildschirms angezeigt. Im unteren Bereich des Bildschirms können Sie Ihre Aufnahme nach einem passenden Video durchstöbern. In der Android-Version gelangen Sie auf ein Auswahl-Menü WÄHLE EINE QUELLE und können Ihr Video aus Ihrer Dropbox oder Ihrer Galerie auswählen.

Sobald Sie Ihr Video ausgewählt haben, tippen Sie auf WEITER bzw. den Pfeil oben rechts auf Ihrem Bildschirm. Sie gelangen nun in die Ansicht »Kürzen«. Wenn Ihr Video länger als 15 Sekunden dauert, haben Sie hier die Möglichkeit, das Video zu kürzen, indem Sie den Regler unterhalb Ihres Videos nach links ziehen. Darüber hinaus können Sie die Startzeit Ihres Videos bestimmen.

Am unteren Bildschirmrand sehen Sie dazu Ihr Video in Form von aneinandergereihten Videosequenzen. Tippen Sie mit Ihrem Finger darauf und bewegen Sie ihn nach links oder rechts, bis Sie die gewünschte Startsequenz erreicht haben. Es ist leider nicht möglich, die Sequenzen Ihres Videos über Instagram neu zu arrangieren. Das heißt »Schneiden« steht hier lediglich für die Auswahl der Startszene Ihres Videos.

In den Abschnitten 5.3 »Begleitende Tools und Video-Apps « sowie 5.4 »Tipps und Tricks zum Aufnehmen und Bearbeiten von Videos« erfahren Sie mehr darüber, wie Sie ein Video außerhalb von Instagram erstellen und bearbeiten können.

Sind Sie mit Ihrem Video zufrieden, tippen Sie auf WEITER oben rechts auf Ihrem Bildschirm. Sie gelangen nun wieder in die Filter- bzw. Bearbeiten-Ansicht und können Ihr Video, wie bereits beschrieben, mit Hilfe von Filtern verfremden, ein Titelbild auswählen und Ihr Video teilen.

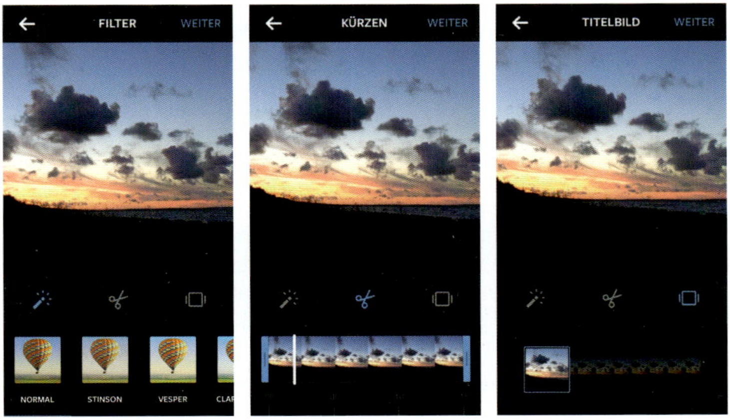

Abb. 5.6: *Bearbeitung von bestehenden Videos über Instagram (iOS-Version)*

5.3 Begleitende Tools und Video-Apps

Analog zu Fotos, ist es auf Instagram ebenfalls eine gängige Methode, Videos zuerst mit der Smartphone- oder Tablet-PC-Kamera oder auch einer klassischen Digitalkamera zu erstellen, sie danach mit weiteren Tools zu bearbeiten und erst dann auf Instagram zu teilen.

Im Folgenden finden Sie einige Tools, Effekte und Apps, die Sie sehr gut in Kombination mit Instagram verwenden können, die direkt mobil verfügbar sind und für die Sie keine Vorkenntnisse benötigen.

Replay für iOS ist eine sehr einfach zu bedienende kostenlose App, mit der Sie in wenigen Minuten ein tolles Video aus Ihren vorhandenen Fotos und Videos erstellen oder aber aus der App heraus aufnehmen und bearbeiten können. Die App verfügt unter anderem über einen Instagram-Modus, der Ihr Video direkt auf 15 Sekunden Länge und die quadratische Form abstimmt. Sie können Ihr Video dabei kreativ gestalten, indem Sie ein passendes Video-Design auswählen, von denen Ihnen allerdings nur drei von 15 kostenlos zur Verfügung stehen, des Weiteren können Sie Filter und Schnitte hinzufügen, die Musik ändern oder Texte integrieren.

Abb. 5.7: *App Icon Replay App*

Abb. 5.8: *App Icon Magisto App*

Magisto für iOS und Android ist eine kostenlose App zur Videobearbeitung, die Ihnen die Arbeit komplett abnimmt. Sie müssen dazu lediglich Videos und Fotos aus Ihrer Bibliothek auswählen oder ein Video aus der App heraus aufnehmen, einen lizensierten Soundtrack aus der Magisto-Musikdatenbank für Ihr Video aussuchen, zum Beispiel aus den Genres Indie, Sentimental oder Straßenbeats, einen Titel für Ihren Film eingeben und anschließend dem Magisto Movie Maker die Arbeit überlassen. Passend zum Musikstil Ihres Videos schneidet dieser Ihre Fotos und Videos zusammen, baut weiche Übergänge ein und betont sogar Gesichter.

Dieser Vorgang findet jedoch nicht auf Ihrem Smartphone, sondern auf dem Magisto-Webserver statt. Nach einigen Minuten erhalten Sie über die App die Nachricht, dass Ihr Film fertiggestellt ist. Ihr Video ist damit auch öffentlich auf dem Magisto-Server zugänglich. Es ist jedoch möglich, den Film wieder zu löschen. Sie können sich das Video nun auf Ihr Smartphone herunterladen und zur Veröffentlichung auf Instagram verwenden.

Game Your Video ist eine kostenlose Video-App für iOS mit der Sie äußerst kreativ und gleichzeitig einfach Videos in hoher Auflösung erstellen und bearbeiten können. Schon bei der Aufnahme Ihres Videos stehen Ihnen eine Vielzahl von Filtern und Effekten direkt im Paket zur Verfügung, zum Beispiel ein Chaplin-, Zombie- oder HipHop-Paket, das jeweils gleich passend zum Thema die richtigen Filter, Effekte sowie lizenzfreie Musik zur Untermalung mitliefert.

Abb. 5.9: *App Icon Game Your Video App*

Darüber hinaus können Sie mit der App Slow Motion oder Fast Forward Effekte in Ihr Video integrieren, es rückwärts oder gemeinsam mit einem weiteren Video im Split Screen abspielen lassen. Ein zusätzlicher Spaß sind die Audiotransformationen, mit denen Sie Ihre Stimme verstellen können.

Flipagram für iOS und Android erstellt aus Ihren Instagram-Bildern oder Ihren Aufnahmen ein Kurzvideo, das Sie mit individueller Musik unterlegen können. Hier besteht allerdings die Herausforderung, dass die Musik, die Sie für Ihr Video auswählen für das soziale Web lizensiert sein muss.

Abb. 5.10: *App Icon Flipagram App*

GEMA- versus CC-lizensierter Musik

Das Gros der bekannten Musikstücke ist GEMA-geschützt (Gesellschaft für musikalische Aufführungs- und mechanische Vervielfältigungsrechte) und darf nur mit Genehmigung und dann in der Regel kostenpflichtig genutzt werden.

Darüber hinaus gibt es jedoch auch freie Musik im Netz, die seitens der Künstler unter den Bedingungen des Lizenzmodells der Organisation Creative Commons (CC) kostenfrei genutzt werden darf. Dieses Lizenzmodell beinhaltet vier Genehmigungsarten, die im Folgenden näher erläutert werden.

Namensnennung: Die Musik darf nur für das Video genutzt werden, wenn der Urheber der Musik genannt wird.

Keine Bearbeitung: Die Musik darf nicht verändert werden, zum Beispiel durch einen Remix.

Keine kommerzielle Nutzung: Die Musik darf nicht für Werbespots oder generell werbliche Zwecke genutzt werden.

Weitergabe unter gleichen Bedingungen: Sofern Sie einen Remix von einer Musik hergestellt haben, müssen Sie Ihr Werk unter die gleiche CC-Lizenz stellen, die auch der Künstler für die Musik, die Sie für Ihren Remix verwandt haben, genutzt hat. Wird Ihr Remix von einem anderen Internet-Nutzer weiterverarbeitet, muss dieser beispielsweise ebenfalls den Urheber des Original-Songs nennen.

CC-Musik finden Sie beispielsweise auf folgenden Portalen:

Jamendo: Auf *jamendo.com* finden Sie Songs, die Sie nach dem CC-Rechtemodell auf Ihr Smartphone oder PC herunterladen und für Ihr Video nutzen können.

Free Music Archive: Auf *freemusicarchive.org*, einer CC-Download-Plattform aus den USA finden Sie ähnlich wie bei *jamendo.com* CC-lizensierte Musik zur Weiterverarbeitung.

ccMixter: Auf *ccmixter.org* können Sie Ihrer Kreativität freien Lauf lassen und CC-lizensierte Musik remixen, mit anderen Nutzern teilen oder für Ihr Video weiterverarbeiten.

Weitere Tools und Apps:

Lapse it für iOS und Android ist eine App mit der Sie hochwertige Zeitrafferfilme zum Beispiel von einem Sonnenuntergang, über den Himmel ziehende Wolken, das zarte erste Grün an den Bäumen im Frühling oder auch das Kommen und Gehen von Ebbe und Flut mit Ihrem Smartphone erstellen können. Die App zaubert aus diesen normalerweise langsamen Bewegungen ein kurzes Video, das Sie auf Instagram teilen können. Tolle Lapse-it-Effekte gibt es beim New Yorker Instagrammer Kevin Lu (@sweatengine) zu bewundern.

Abb. 5.11: *App Icon Lapse it App*

Hyperlapse

Instagram selbst überraschte die Öffentlichkeit im August 2014 mit seiner kostenlosen App Hyperlapse, die zunächst nur für das Betriebssystem iOS verfügbar ist. Mit Hyperlapse können in der für Instagram typischen benutzerfreundlichen sehr einfachen Art und Weise hochwertige Zeitrafferfilme mit dem Smartphone erstellt und anschließend direkt via Instagram oder Facebook geteilt werden. Dabei kann die Geschwindigkeit der aufgenommenen Videos bis auf das 12-fache beschleunigt werden. Das für Smartphone-Aufnahmen typische Verwackeln der Videos wird durch einen eingebauten Stabilisator reduziert und damit eine beachtliche Qualität der Zeitrafferfilme erzielt.

Stop Motion Studio für iOS (kostenlos) und **Clayframes** für Android (2,39 Euro) sind die perfekten Apps, um Trickfilme zu produzieren. Sie können damit beispielsweise Spielzeugfiguren zum Leben erwecken. Die Apps bieten zusätzliche Bild-, Ton- und Spezialeffekte.

Abb. 5.12: *App Icons Stop Motion Studio und Clayframes*

8mm Vintage Camera (iOS) bzw. Vintage 8mm Video Camera (Android) sind kostenpflichtige Apps (Android 1,48 Euro) und iOS (1,79

Euro) mit denen Sie Videos in unterschiedlichen Retro-Stilen, zum Beispiel der Zwanziger, Sechziger oder Siebziger Jahre aufnehmen können. Unter anderem ahmt die App die Geräusche und Effekte der 8mm-Kamera nach.

Abb. 5.13: *App Icons 8mm Vintage Camera App und Vintage 8mm Video Camera*

5.4 Tipps und Tricks zum Aufnehmen und Bearbeiten von Videos

Die folgenden Tipps und Tricks sollen Sie dabei unterstützen, Ihre ersten Schritte zur Erstellung Ihrer eigenen Videos mit Ihrem Smartphone oder Tablet-PC und via Instagram zu unternehmen.

Die Drittel-Regel bei Videos

Analog zu Fotos können Sie die in Kapitel 4 beschriebene Drittel-Regel auch auf Ihr Video anwenden. Das gelingt am besten, indem Sie Ihren Protagonisten, zum Beispiel einen Menschen, ein Tier oder auch einen beweglichen Gegenstand im rechten Drittel Ihres Videos platzieren. Sobald sich Ihr Akteur in Bewegung setzt und Sie ihm mit Ihrer Kamera folgen, läuft er auf diese Weise nicht aus dem Bild. Sie können diese Regel zum Beispiel sehr gut bei der Fernseh-Übertragung eines Fußballspiels verfolgen.

Unabhängig davon wirkt die Positionierung der wichtigsten Elemente Ihres Videos am äußeren Rand für den Zuschauer deutlich spannender. Sie können auch damit spielen, indem Sie Ihren Protagonisten eine Sequenz lang im rechten Drittel Ihres Videos filmen und in der nächsten Sequenz die Perspektive wechseln und ihn auf der linken Seite platzieren.

Näher dran

Auch für Videos gilt, je näher Sie an Ihre Szene herantreten, desto intensiver und involvierender wird Ihr Film für den Betrachter sein. Ein Zoomen führt zudem eher zu unscharfen Bildern in Ihrem Video, was die Qualität Ihres Films maßgeblich beeinflusst.

Perspektive

Analog zu Fotos ist ein wichtiges Gestaltungselement für Videos Ihr Blickwinkel auf die Szenerie. Je nachdem, was die Geschichte Ihres Films ist, macht es Sinn, sich auf einen erhöhten Punkt zu begeben oder aber auf die Knie zu gehen oder sogar im Liegen zu filmen.

Die Bewegung eines Skateboard-Fahrers beispielsweise, könnten Sie in einer Sequenz frontal im Stand filmen und in der nächsten vom Boden aus. Damit bekommt der Betrachter das Gefühl, direkt dabei zu sein. Diesen häufigen Perspektivwechsel und seine Wirkung kann man auch sehr gut in vielen Videos des Instagrammers Hideaki Hamada (@hamadahideaki, *http://instagram.com/hamadahideaki*) beobachten.

Zudem ist es wichtig, Ihrem Zuschauer einen Referenzpunkt zu geben bzw. Ihr Objekt in einen Kontext zu setzen. Filmen Sie beispielsweise einen Snowboarder in der Halfpipe bei einem Sprung, will der Zuschauer gerne wissen, von wo aus der Sprung startete oder wo er endete. Ein Snowboarder in der Luft wirkt aus dem Zusammenhang gerissen.

Abb. 5.14: *Mehr Spannung durch die richtige Perspektive.*

Stabilität

Die wichtigste Voraussetzung für das Gelingen Ihres Videos ist eine möglichst wackelfreie Aufnahme. Gerade das Smartphone ist auf Grund seiner geringen Größe leicht anfällig für Erschütterungen. Machen Sie Ihre Aufnahme deshalb am besten, indem Sie Ihr Smartphone oder auch Tablet-PC quer und mit beiden Händen vor sich halten. Die Arme sollten dabei eher nicht ausgestreckt sein, sondern möglichst nah an Ihrem Körper. Sofern Sie einen Schwenk vornehmen wollen, drehen Sie nicht nur Ihr Gerät auf die entsprechende Szene, sondern Ihren ganzen Körper. Hilfreich ist auch das schon zuvor erwähnte Tripod-Stativ. Sie können sich auch mit einem normalen Stativ behelfen, an dem Sie Ihr Smartphone oder Ihren Tablet-PC mit Gummiband befestigen.

Szenenauswahl

Wenn Sie Ihr Video vorab und nicht direkt über Instagram erstellen, bietet es sich an, von einer Szene gleich mehrere Aufnahmen zu machen, die Sie später über die oben genannten Apps oder auch einem Schnittprogramm auf Ihrem PC zu einem neuen Ganzen zusammenfügen können. Je mehr Aufnahmen Sie erstellt haben, desto höher ist die Wahrscheinlichkeit, später eine passende Szene zu finden. Nehmen Sie auch noch zusätzlich Fotos auf, um Sie später in Ihr Video einzustreuen.

Geschichten entwickeln

Wie schon am Anfang dieses Kapitels erwähnt, ist es von Vorteil, wenn Sie sich selbst für ein kurzes Video eine kleine Geschichte mit einem Anfang, einem Mittelteil und einem Schluss überlegen. Sie können auch eine Video-Serie erstellen und Ihre Geschichte über mehrere Teile erzählen. Das könnte sogar besonders spannend für Ihre Zuschauer sein, die dann schon ganz gespannt auf die Fortsetzung sind.

Empfehlenswert ist zudem eine spezielle Startszene, die den Zuschauer auf Ihre Geschichte einstimmt. Das kann ein Schwenk über die Landschaft oder den Ort an dem Sie Ihr Video aufnehmen sein oder eine Großaufnahme Ihres Protagonisten.

Tempo

Die Qualität Ihres Videos steigt enorm, wenn Sie unterschiedliche Geschwindigkeiten darin verarbeiten. Schnelligkeit erlangen Sie zum Beispiel durch kurze Sequenzen direkt nacheinander. Dabei ist es sehr wichtig, dass sich die Sequenzen voneinander unterscheiden, etwa durch einen Perspektivwechsel. Langsamkeit erzielen Sie, indem Sie bewusst, analog zum Still-Leben in der Fotografie, eine Szene filmen, in der sich nicht viel bewegt. Durch sich abwechselnde dynamische und statische Sequenzen erreichen Sie mehr Tiefe für Ihren Film. Das ist auch besonders schön bei @hamadahideaki (*http://www.enjoygram.com/tag/hamadafilm*) zu sehen.

Beliebt ist auch der Slow-Motion-Effekt, den Sie mit einer zusätzlichen App, zum Beispiel SloPro für iOS oder VivaVideo für Android, erzeugen können. Das iPhone 5 bietet den Slow-Motion-Effekt direkt über die eigene Smartphone-Kamera als »Slo-Mo«-Modus an.

Ton

Grundsätzlich ist es empfehlenswert, den Inhalt Ihres Videos für sich sprechen zu lassen und Ihre eigene Stimme nur dosiert einzusetzen. Für diesen Fall können Sie die Audio-Qualität deutlich verbessern, wenn Sie Ihre Smartphone-Kopfhörer benutzen, die ein eingebautes Mikrofon haben. Inzwischen gibt es auch Windschutze für Smartphones, die Sie über das Mikrofon Ihres Handys ziehen können.

Ausrüstung

Schützen Sie die Kamera Ihres Smartphones oder Tablet-PCs mit einer wasserdichten Schutzhülle. Das kann auch eine wiederverschließbare Gefriertüte sein. Insbesondere Feuchtigkeit schadet Ihrem Smartphone oder Tablet-PC auf Dauer.

Videos markieren

Um Ihre Videos später schnell in Ihrem Instagram Account wiederzufinden oder über Instagram hinaus zu promoten, bietet es sich an, ein eigenes Hashtag dafür zu kreieren. Die Videos von @hamadahideaki sind zum Beispiel unter dem Hashtag #hamadafilm auf Instagram zu finden. Sie können sich seine Videos auch im Web über einen der zahlreichen Webviewer, die in Abschnitt 2.2.2 »Weitere Funktionen des Webprofils für Instagram-Mitglieder« bereits erwähnt wurden, anschauen, beispielsweise über Enjoygram (*http://www.enjoygram.com/tag/hamadafilm*) oder Iconosquare (*http://iconosquare.com/viewer.php#/tag/hamadafilm/*). Letzteres wird in Kapitel 12 noch einmal näher vorgestellt.

Experimentieren

Wie auch bei Fotos können Sie durch das Nachstellen von Videos, die Ihnen auf Instagram gefallen sowie das Experimentieren mit zusätzlichen Apps, eine Menge lernen und entdecken. Schon bald wird das Genre Video Ihnen genauso viel Spaß bereiten, wie das Erstellen und Bearbeiten von Fotos.

5.5 Beispiele für erfolgreiche Videos auf Instagram

Zu den erfolgreichen und inspirierenden Instagrammern im Bereich Video zählt zum Beispiel der Niederländer Bart van Olphen. Er betreibt auf seinem Instagram Account @bartsfishtales (*http://instagram.com/bartsfishtales*) »Die kürzeste Kochshow der Welt«. In nur 15 Sekunden erklärt er seinen Zuschauern, wie man leckere Muschel- und Fischgerichte herstellt. Dabei ist die Art und Anordnung der einzelnen Filmsequenzen seiner Videos besonders nachahmenswert. Die Videos starten mit einer Sequenz des fertigen duftenden Essens sowie der Einblendung seines Logos, zeigen dann eine kurze Frontal-Einstellung von ihm und anschließend kurze Sequenzen von den frischen Zutaten, die in die Pfanne oder den Topf wandern.

Der zuvor schon erwähnte japanische Fotograf und Instagrammer Hideaki Hamada (@hamadahideaki, *http://instagram.com/hamadahideaki*) filmt das alltägliche Leben der Menschen in Osaka mit seinem iPhone und direkt über Instagram. Häufig dienen ihm seine beiden Söhne Haru und Mina dabei als Protagonisten. Trotz der Kürze der Videos, sind seine Filme sehr intensiv und vermitteln dem Zuschauer das Gefühl, direkt vor Ort zu sein.

Laura Kasperzak (@laurasykora) aus New Jersey ist ein Instagram-Star. Ihre Fotos und Videos zeigen sie in atemberaubenden Yogaposen (zum Beispiel hier *http://instagram.com/p/qktEA1Fj5Z/?modal=true*) und in farbenfrohen Yoga-Outfits, die inzwischen genauso begehrt sind wie ihre Yoga-Kurse. Das Setting für ihre Fotos und Videos sind sowohl im Sommer als auch Winter fast immer ihr Garten und manchmal ihre kleine Tochter *http:/ /instagram.com/p/oQwKx5lj3m/?modal=true*. Letztere versucht die schwierigen Yoga-Posen nachzuahmen oder tanzt fröhlich um ihre Mutter herum. Was ursprünglich nur ein Hobby war, ist inzwischen Geschäftsgrundlage für Laura Kasperzak. Mit Hilfe ihres Erfolgs auf Instagram konnte sie gemeinsam mit ihrer Schulfreundin Masumi Goldman (@masumi_g, *http://instagram.com/masumi_g*) ein eigenes Unternehmen, »TwoFit-Moms«, gründen.

Zu den erfolgreichen Videos auf Instagram zählen definitiv die Videos von Marken. Burberry beispielsweise zeigt auf seinem Profil @burberry Videos von seinen Fashion-Events (*http://instagram.com/p/pWIPtERJCA/ ?modal=true*) oder die für Burberry exklusive Aufnahme von Musikstücken aufstrebender britischer Musiker (*http://instagram.com/p/qwCkDTxJPr/ ?modal=true)*. Adidas Originals (@adidasoriginals) inszeniert seine neuen Sportschuhe über Videos im Instagram-Stil (*http://instagram.com/p/ m8McrCLiT3/?modal=true*) und Starbucks (@starbucks) zeigt die Zubereitung seiner Getränke (*http://instagram.com/p/nBH3G6xc31/?modal=true)*.

Abb. 5.15: *Videoposts von @burberry und @adidasoriginals*

Kapitel 6

Backup Ihrer Fotos und Videos

Eine Frage, die sich häufig stellt, ist, wie Instagram-Fotos und -Videos gespeichert werden können. Instagram selbst weist in seinen Nutzungsbedingungen ausdrücklich darauf hin, kein Speichermedium oder Sicherungsdienst zu sein. Instagrammer sind somit selbst für die Sicherung Ihrer Daten verantwortlich.

Wie Sie Ihre Instagram-Beiträge zunächst einmal in der Bibliothek Ihres Smartphones oder Ihres Tablet-PCs standardmäßig speichern können, habe ich in Kapitel 4 im Abschnitt 4.1.2 »Originalfotos speichern« näher erläutert. Sollten Sie Ihre Inhalte dort bisher nicht gespeichert haben, können Sie dies mit Hilfe von Drittanbieter-Apps nachholen, die ich Ihnen in diesem Kapitel näher vorstelle. Es geht dabei um einige Tipps zur Sicherung Ihrer Fotos und Videos über Ihr Smartphone hinaus. Weiterhin soll hier die Frage geklärt werden, wie Sie auch jederzeit von anderen Geräten, beispielsweise Ihrem PC oder Laptop auf Ihre Instagram-Fotos und -Videos zugreifen können.

6.1 Sicherung in der Cloud

Die in der heutigen Zeit moderne Variante der Datenspeicherung ist die Ablage Ihrer Daten in einer sogenannten Cloud im Internet. Der englische Begriff Cloud, zu Deutsch Wolke, steht dabei für Speicherplatz im Web und wird von einer Vielzahl von Firmen, darunter auch Apple, Google oder sogar Amazon, angeboten. Als Nachteil der Clouds wird die Tatsache angesehen, dass private Daten auf den Servern fremder Firmen gespeichert werden.

Im Folgenden finden Sie eine Auswahl von Clouds, die sich zur Speicherung oder Synchronisierung Ihrer Instagram-Inhalte eignen.

6.1.1 Google Drive

Google Drive ist eine App, die Sie sich sowohl über Ihr Smartphone oder Tablet-PC für die Betriebssystme iOS, Android und Windows Phone als auch Ihren stationären Mac, PC oder Laptop für die Betriebssyteme Mac OS X, Microsoft oder Windows herunterladen können.

Abb. 6.1: *App Icon Google Drive*

Die Nutzung von Google Drive ist an die Einrichtung eines Google-Kontos bzw. die Einrichtung einer E-Mail-Adresse bei Gmail geknüpft. Sobald Sie Google Drive auf Ihrem PC installieren, wird ein Ordner »Google Drive« in Ihre Explorer-Ansicht auf Ihrem Computer integriert, in den Sie nun all Ihre Daten unabhängig vom Dateiformat hochladen können. Darüber hinaus können Sie Fotos und Videos, die Sie über andere Geräte auf Google Drive hochgeladen haben, hier abzurufen. Die Synchronisation Ihrer Daten findet dabei automatisch bei einer Internetverbindung Ihres PCs oder Laptops statt.

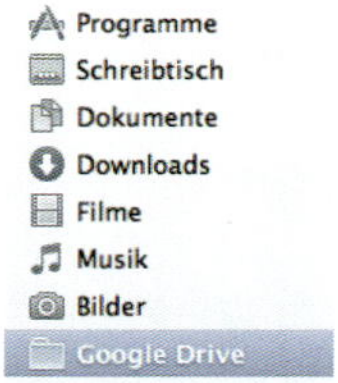

Abb. 6.2: *Google Drive Ordner im Explorer auf dem PC oder Laptop (Mac-Version)*

Darüber hinaus können Sie jederzeit über Ihr Gmail-Konto bzw. den Google-Drive-Webdienst auf Google Drive zugreifen.

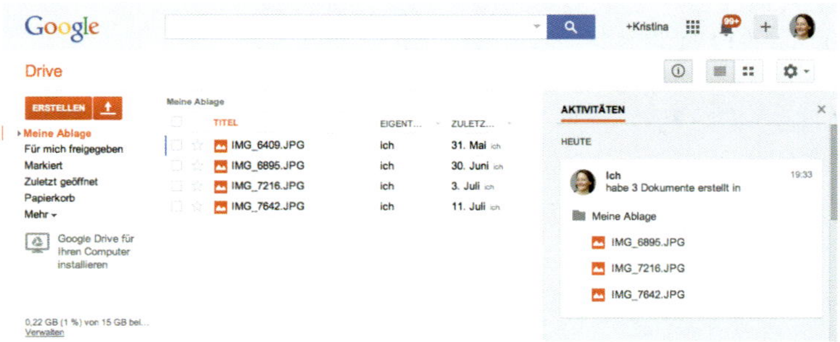

Abb. 6.3: *Google-Drive-Webdienst*

Abb. 6.4: *Einzelansicht eines Fotos über den Google-Drive-Webdienst*

Um Ihre Instagram-Fotos und -Videos über Ihr Smartphone in Ihrer Google Drive Cloud zu sichern, laden Sie sich zunächst die Goolge Drive App auf Ihr Smartphone oder Ihren Tablet-PC. Melden Sie sich in der App mit Ihrer Gmail-Adresse an und tippen Sie in der Ansicht »Meine Ablage« oben rechts auf das Plus-Symbol. Wählen Sie nun den Menüpunkt FOTOS ODER VIDEOS HOCHLADEN aus. Sie gelangen nun in Ihre Bibliothek und können aus dem dortigen Instagram-Album ein oder mehrere Fotos und Videos auswählen und in die Google Drive Cloud hochladen. Ihr Foto oder Video ist nun in der Cloud gespeichert und auch über andere Geräte auf denen Google Drive installiert ist sowie im Web abrufbar. Weiterhin wird mit dem Upload Ihrer Fotos oder Videos ein Link generiert, den Sie anderen zur Ansicht im Web zur Verfügung stellen können. Insgesamt stehen Ihnen über Google Drive 15 Gigabyte kostenloser Speicherplatz zur Verfügung.

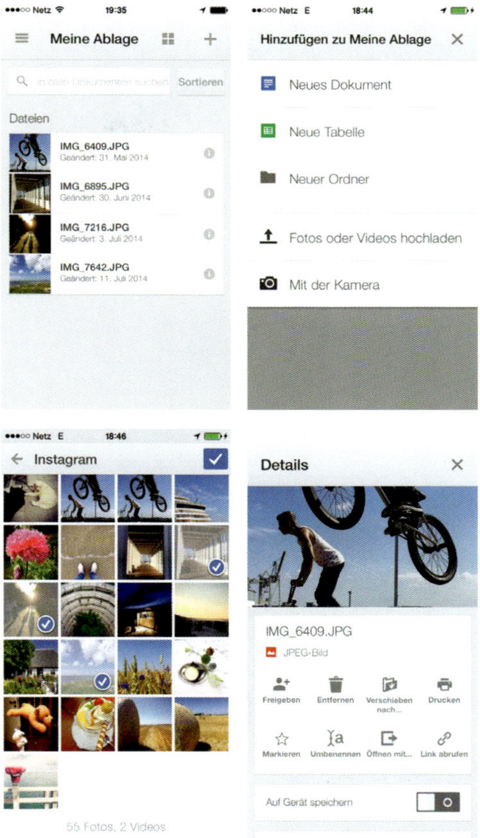

Abb. 6.5: *Instagram Foto-(bzw. Video) Upload über die Google Drive Smartphone App (Beispiel iOS-Version)*

6.1.2 Dropbox

Dropbox nutzt einen über Amazon angebotenen Speicherplatz im Netz, an dem Sie Ihre Daten von all Ihren damit verbundenen Geräten ablegen können.

Abb. 6.6: *App Icon Dropbox*

Auch hier wird nach dem Download der Anwendung von der Dropbox-Website ein Ordner auf Ihrem Computer angelegt, in den Sie Ihre Daten unkompliziert verschieben können und der sich kontinuierlich mit der Cloud synchronisiert.

Abb. 6.7: *Dropbox-Ordner im Explorer (Mac-Version)*

Über die Dropbox Website können Sie darüber hinaus Ihre Fotos und Videos (sowie weitere Dokumente) mit anderen Personen teilen. So ist Dropbox insbesondere auch bei Unternehmen zum Austausch größerer Dateien beliebt.

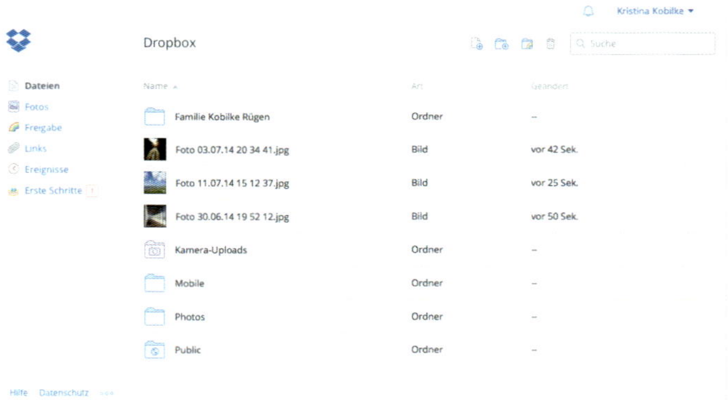

Abb. 6.8: *Dropbox-Webdienst*

Für die Einrichtung einer Dropbox, benötigen Sie lediglich eine gültige E-Mail-Adresse.

Um Ihre Instagram-Inhalte in der Dropbox zu speichern, können Sie die Dropbox App auf Ihrem Smartphone oder Tablet-PC installieren und in der Ansicht »Dateien« auf das Punkte-Symbol am oberen rechten Seitenrand tippen. Wählen Sie anschließend UPLOAD aus. Sie gelangen nun in Ihre Bibliothek und können die entsprechenden Fotos oder Videos zur Speicherung in der Dropbox auswählen.

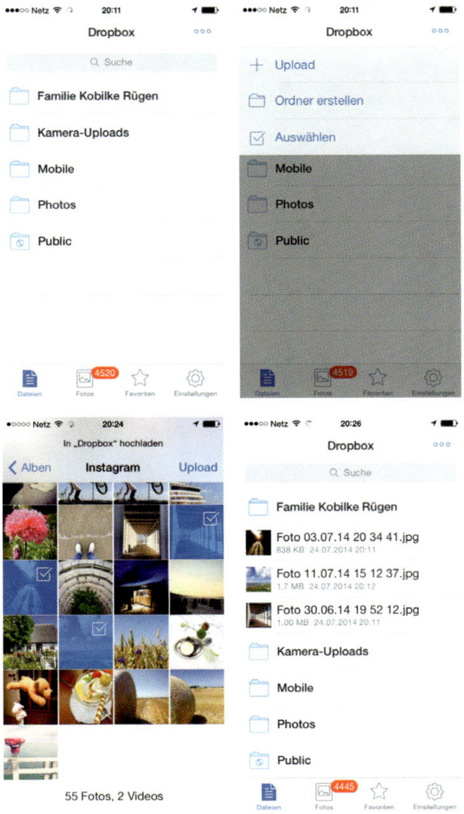

***Abb. 6.9:** Instagram Foto-(bzw.Video)Upload über die Dropbox Smartphone App (Beispiel iOS-Version)*

Dropbox bietet Ihnen direkt nach Ihrer Anmeldung in der App auch einen automatischen Kamera-Upload an. Das heißt, immer dann, wenn sich Ihr Smartphone oder Ihr Tablet-PC mit dem Internet verbindet, werden Ihre Fotos und Videos, die Sie mit dem Smartphone oder Tablet-PC erstellt haben, in die Dropbox geladen und erscheinen zeitgleich auf Ihrem Computer. Voraussetzung dafür ist, dass Sie die Desktopversion von Dropbox dort installiert haben. In den Einstellungen der App können Sie über den Menüpunkt KAMERA-UPLOAD zusätzlich die Option MOBILFUNKNETZ aktivieren. Auf diese Weise vermeiden Sie, dass die Fotos und Videos über Ihren Datentarif hochgeladen werden.

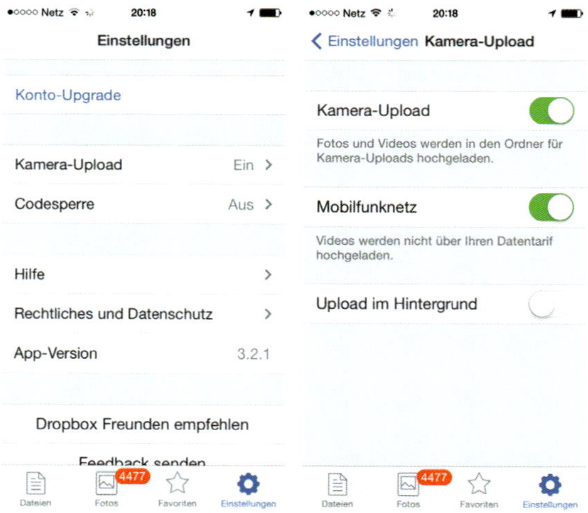

Abb. 6.10: *Ansicht »Einstellungen« zum automatischen Kamera-Upload über die Dropbox App (Beispiel iOS-Version)*

Sofern Sie die Dropbox nur auf Ihrem Computer nutzen, können Sie Ihre Instagram-Fotos auch mit Hilfe eines USB-Kabels von Ihrem Smartphone oder Tablet-PC in Ihre Dropbox übertragen. Aktivieren Sie dazu in den Einstellungen Ihrer Dropbox unter dem Menüpunkt IMPORTIEREN »Kamera-Upload aktivieren«. Sie können dabei auch noch einmal zwischen »Fotos und Videos« oder »Nur Fotos« unterscheiden. Sobald Sie Ihr Smartphone oder Ihren Tablet-PC an Ihren Computer anschließen, erscheint ein Popup-Fenster über das Sie den Import Ihrer Inhalte starten können.

Abb. 6.11: *Popup-Fenster zum Foto- und Video-Upload auf Ihren PC via USB-Kabel*

Über die Dropbox stehen Ihnen 2 Gigabyte kostenloser Speicherplatz zur Verfügung.

6.1.3 Apple iCloud

Sofern Sie Nutzer von Apple-Geräten, wie dem iPhone, iPod touch oder iPad sind, stehen Ihnen über Ihre Apple-ID ab dem Betriebssystem iOS 5 oder höher 5 Gigabyte Speicherplatz in der Apple iCloud zur Verfügung. Die iCloud kann auch mit einem Windows Rechner verbunden werden, und zwar über das kostenlose Tool »iCloud Control Panel«.

Abb. 6.12: *iCloud-Logo*

Teil der iCloud ist der Fotostream über den Sie Ihre Fotos und Videos, die Sie mit dem iPhone, iPod oder iPad aufgenommen haben mit bis zu zehn mit der iCloud verbundenen Geräten synchronisieren können. Um den

Fotostream zu aktivieren, tippen Sie, nachdem Sie sich einmalig in der iCloud mit Ihrer Apple-ID angmeldet haben, in den Einstellungen Ihres Geräts auf ICLOUD und danach auf den Punkt FOTO. Aktivieren Sie anschließend MEIN FOTOSTREAM.

Ab sofort wird jedes Foto, jedoch keine Videos, in Ihrem Fotostream gespeichert, sobald Sie über WLAN mit dem Internet verbunden sind mit der folgenden wichtigen Einschränkung. Es werden immer nur die Fotos der letzten 30 Tage im Fotostream mit einem Limit bis zu 1000 Bilder sowie dem jeweiligen Speicherlimit Ihrer iCloud gespeichert und mit weiteren Geräten synchronisiert. Das bedeutet, dass der Fotostream kein geeigneter Ort ist, um Ihre Bilder langfristig zu speichern, sondern lediglich um Ihre aktuellen Fotos mit anderen Geräte zu teilen.

Um den Fotostream auf Ihrem Mac zu aktivieren, gehen Sie zunächst auf den Bereich EINSTELLUNGEN, anschließend auf ICLOUD und setzen ein Häkchen bei »Fotostream«. Über iPhoto haben Sie nun Zugriff auf Ihren Fotostream.

Um Ihre Instagram-Fotos und -Videos über den Fotostream verfügbar zu machen, müssen Sie derzeit leider noch einen weiteren Schritt unternehmen und Ihre Instagram-Inhalte, die standardmäßig in einem separaten Album in Ihrer Bibliothek abgespeichert werden, zusätzlich in Ihren »Aufnahmen« sichern. Das funktioniert am besten mit den nachstehend vorgestellten Drittanbieter-Apps, wie beispielsweise Instaport.

Mit der neuen iOS-Betriebssystem-Version 8, die im Herbst 2014 erscheint, wird die iCloud jedoch deutlich verbessert. Unter dem Namen iCloud Drive ist es dann möglich, sämtliche Alben, Fotos und auch Videos in der iCloud zu speichern und über alle Applegeräte darauf zuzugreifen.

6.2 Apps zum Download Ihrer Instagram-Inhalte

Um Ihre Fotos und Videos von Instagram speichern zu können, stehen Ihnen eine Reihe von Drittanbieter-Apps zur Verfügung.

6.2.1 Instaport Webanwendung

Eine gute webbasierte kostenlose Anwendung ist Instaport, die Sie unter *http://instaport.me/export* im Web finden. Über diese Seite können Sie

Ihre Instagram-Fotos direkt auf Ihren Computer herunterladen. Hier besteht eine Wahlmöglichkeit zwischen dem Download aller Fotos, der letzten Fotos (hier können Sie eine Anzahl einstellen), oder Fotos, die Sie in einem bestimmten Zeitraum gemacht haben. Darüber hinaus bietet Ihnen die App den Download von Fotos an, die Sie mit einem »Gefällt mir« markiert haben und die mit einem bestimmten Hashtag versehen wurden (maximal 500 Fotos). Der Download von Videos befindet sich noch im Betastadium, kann aber bereits zusätzlich aktiviert werden.

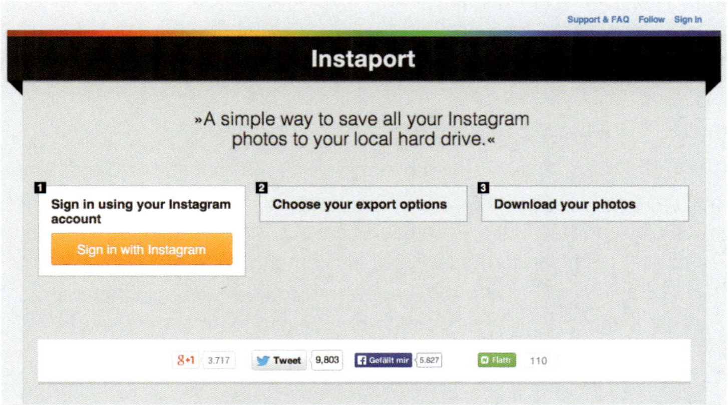

***Abb. 6.13:** Website von Instaport*

Die Option, fremde Inhalte auf Ihren Computer zu laden und damit zu speichern, ist laut der Nutzungsbedingungen von Instagram verboten und somit nicht empfehlenswert.

6.2.2 Instaport Mobile App

Die mobile App Instaport bietet eine kostenlose sowie eine kostenpflichtige App zum Download Ihrer Instagram-Inhalte an. In der kostenlosen Variante können Sie jeweils 2 Fotos oder Videos am Stück herunterladen, nachdem Sie sich zuvor mit Ihren Instagram-Zugangsdaten in der App angemeldet haben. In der 1,79 Euro teuren Version ist die Auswahl der Fotos und Videos, diesbezüglich unbegrenzt. Zudem ist in der kostenpflichtigen Variante ein Download aller Instagram-Inhalte mit einem Klick möglich.

Abb. 6.14: *App Icon InstaPort App*

Auch in dieser App sowie vielen Weiteren wird Ihnen die Speicherung von Daten Dritter angeboten, was jedoch, wie schon erwähnt, gegen die Nutzungsbedingungen von Instagram verstößt. Auch wenn die App diesen Service bietet, sollten Sie davon Abstand nehmen.

6.2.3 InstaSave Mobile App

Die Android App InstaSave vom Hersteller Bml Productions bietet Ihnen eine unkomplizierte und sehr schnelle Variante, Ihre Instagram-Fotos herunterzuladen. Nach der Anmeldung in der App mit Ihren Instagram-Zugangsdaten gelangen Sie auf eine an Instagram erinnernde Nutzeroberfläche. Sie können hier unter anderem zwischen einer Explore-Ansicht wählen, einer Home-Ansicht mit Ihren eigenen Inhalten, sowie einer Ansicht mit Inhalten, die Sie mit einem »Gefällt mir« markiert haben.

Abb. 6.15: *App Icon InstaSave App*

Zum Download genügt es, das oder die betreffenden Bilder anzutippen und damit auszuwählen oder auf den Button SELECT ALL zu tippen und damit die letzten 20 Bilder auf einmal zu selektieren. Anschließend tippen Sie nur noch auf das Disketten-Symbol am oberen Bildschirmrand und speichern Ihre Auswahl damit automatisch in Ihren Fotos. Videos können in der kostenlosen Version jedoch nicht heruntergeladen werden, zu diesem Zweck ist das Upgrade auf die »Pro Version« notwendig.

Kapitel 7

Die Instagram-Community

Wie schon in Kapitel 1 beschrieben, ist das Außergewöhnliche an Instagram seine lebhafte, multikulturelle und wertschätzende Community. Wie diese Gemeinschaft funktioniert, was die wichtigsten Regeln der Community sind und wie Sie nachhaltig auf Ihre Foto- und Videobeiträge aufmerksam machen, erfahren Sie in den folgenden Ausführungen.

7.1 Wie funktioniert die Instagram-Community?

Die Instagram-Community funktioniert zunächst einmal über ansteckende Kreativität. Eine wichtige Rolle fällt dabei den schon vielfach erwähnten erfolgreichen Instagrammern zu. Sie bilden die Gruppe der Influencer, die andere Nutzer mit Ihren Beiträgen auf Instagram maßgeblich beeinflussen. Mit den Mechanismen eines sozialen Netzwerks und vor allem mittels Hashtags verbreitet sich dieser Einfluss auf Instagram in kürzester Zeit von Nutzer zu Nutzer über den gesamten Erdball. Phil Gonzalez, der Gründer von *Instagramers.com*, eine der bekanntesten Communities auf Instagram, bezeichnete dieses Phänomen als »Social Mass Creativity« oder auch Massenkreativität.

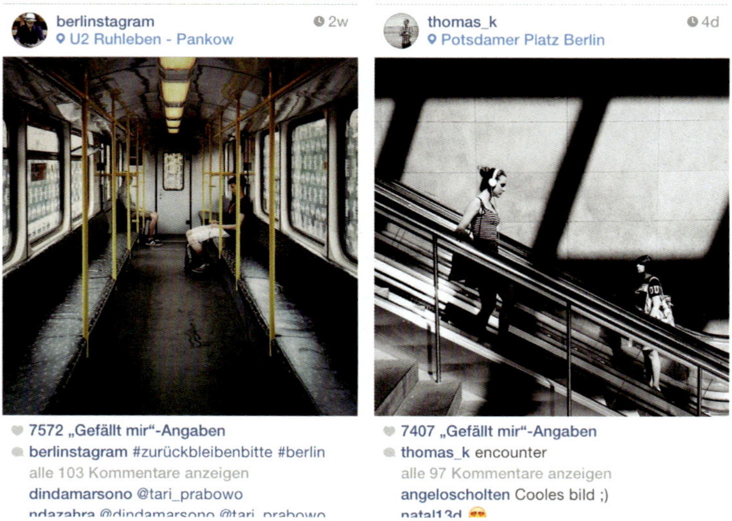

Abb. 7.1: *Inspirierende Momentaufnahmen von @berlinstagram und @thomas_k*

Die wertschätzende Art der Community-Mitglieder trägt zusätzlich dazu bei, dass Menschen sich auf der Plattform kreativ entfalten können. Früher oder später beginnt fast jeder Nutzer, der sich auf Instagram angemeldet hat, mit dem Posten von Fotos oder Videos. Der Anteil der reinen Voyeure ist damit auf Instagram deutlich geringer, als in anderen Netzwerken.

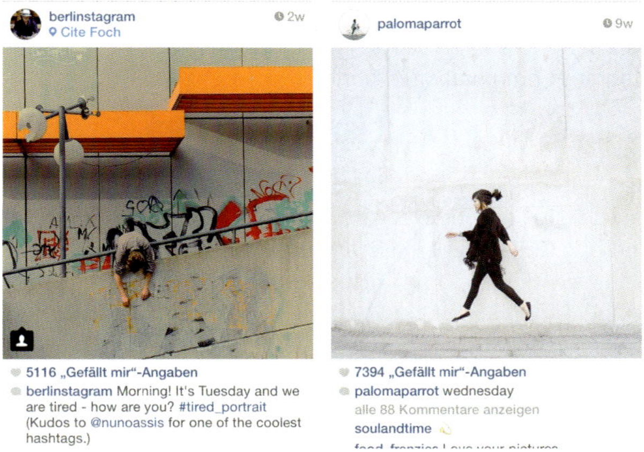

Abb. 7.2: *Ansteckende Kreativität by @berlinstagram und @palomaparrot*

Wie schon zu Beginn dieses Buches erwähnt, ist Instagram mit seinem Fokus auf Fotos und Videos zudem deutlich weniger komplex als andere Plattformen. Die sozialen Interaktionsmöglichkeiten konzentrieren sich auf das Folgen von anderen Nutzern sowie liken und kommentieren von Beiträgen. Im Gegensatz zu den übrigen sozialen Netzwerken erfolgen diese jedoch deutlich schneller, häufiger und positiver.

Das ist auch der Grund dafür, dass Instagram so intensiv genutzt wird. Die schnelle und positive Reaktion der Gemeinschaft auf die eigenen Beiträge, »lässt das Herz kurzzeitig höher schlagen«.

Der Real-Time Effekt

Instagram ähnelt in vielerlei Hinsicht Twitter, unter anderem weil es wie der Kurznachrichtendienst die Möglichkeit bietet, in Echtzeit mit der Community zu kommunizieren. Nur tauschen Nutzer anstelle der Tweets Momentaufnahmen in Form von Fotos und Videos von unterwegs aus. Das ist auch der Grund, warum einige Fotos und Videos auf Instagram mit dem Hashtag

»latergram« versehen werden. Die Mitglieder der Community gehen demnach davon aus, dass ein Foto oder Video gerade in dem Moment geteilt wird, in dem es auch entstanden ist. Das heißt, es könnte auf Ihre Follower irritierend wirken, wenn Sie ohne weitere Erklärung ein Foto von einem weit zurückliegenden Urlaub oder ein Winterfoto im Frühling posten. Es empfiehlt sich daher, Fotos oder Videos, die einen offensichtlichen zeitlichen Bezug haben, möglichst zeitnah nach Ihrer Entstehung zu posten oder andernfalls mit dem Hashtag #latergram zu versehen.

7.2 Fotos liken und kommentieren

Um einen Beitrag mit einem »Gefällt mir« zu markieren, tippen Sie einfach zweimal nacheinander auf das Foto oder Video. Es erscheint für einige Millisekunden ein weißes Herz in dessen Mitte. Alternativ können Sie den Button GEFÄLLT MIR unterhalb des Fotos oder Videos antippen (iOS) oder das Herz-Symbol (Android, Windows Phone). Das zuvor weiße Herz innerhalb des Buttons färbt sich rot. Das ist auch das Erkennungsmerkmal dafür, dass Sie ein Foto oder Video bereits gelikt haben. Sobald ein Instagrammer Ihren Foto- oder Video-Beitrag markiert, erscheint eine kleine Sprechblase mit der Anzahl neuer Likes über dem Reiter NEUIGKEITEN (iOS) bzw. NACHRICHTEN (Android).

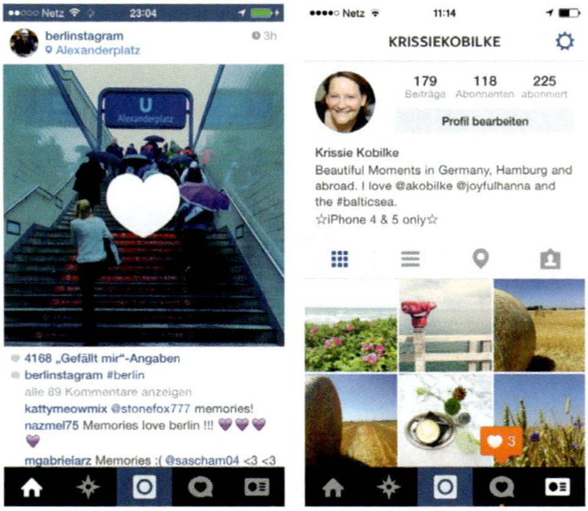

Abb. 7.3: *»Gefällt mir«-Vergabe im Homefeed und Anzeige von »Gefällt mir«-Markierungen über die Neuigkeiten*

Um ein »Gefällt mir« rückgängig zu machen, tippen Sie wieder zweimal auf das Bild bzw. Video oder erneut auf den GEFÄLLT MIR-Button bzw. das »Gefällt-mir«-Symbol. Ihre gesamten »Gefällt-mir«-Angaben können Sie im Bereich »Optionen« auf Ihrem Instagram-Profil einsehen, indem Sie das Rädchen-Symbol (iOS) bzw. die drei Punkte (Android, Windows Phone) antippen und auf BEITRÄGE, DIE DIR GEFALLEN tippen.

Wie schon erwähnt, wird ein »Gefällt mir« auf Instagram von den Nutzern sehr spontan und teilweise in Windeseile vergeben, während sie durch ihren Bilderstream bzw. Homefeed scrollen oder Ihr Foto oder Video in der »Explore«-Ansicht entdeckt haben.

Um mehr »Gefällt mir«-Angaben für Ihre Beiträge zu erhalten, ist es neben der Qualität Ihrer Fotos und Videos entscheidend, welche Hashtags Sie Ihrem Beitrag hinzufügen. Anregungen dazu finden Sie auch im nachfolgenden Kapitel 8.

Kommentare lassen sich sowohl Ihren eigenen als auch fremden Beiträgen hinzufügen, indem Sie auf KOMMENTIEREN (iOS) bzw. die Sprechblase (Android) unterhalb des Fotos oder Videos tippen. In der Regel sind die Kommentare, die Nutzer hinterlassen eher kurz und drücken spontane Begeisterung für Ihren Beitrag aus. Natürlich gibt es hier auch Ausnahmen, indem Nutzer ihre Abneigung zu Ihrem Bild ausdrücken, was jedoch nicht der Etikette auf Instagram entspricht und eher sehr selten vorkommt. Weiterhin werden Kommentare dazu genutzt, Fragen zu dem Beitrag zu stellen, etwa mit welcher App das Bild oder Video bearbeitet wurde, wo sich der Ort auf dem Bild befindet oder Ähnliches.

Die meisten Instagrammer nutzen für Kommentare Emoticons oder Emojis, die in Kapitel 3 näher beschrieben wurden. Beliebt sind neben Smileys Symbole, die den Inhalt des Fotos wiedergeben oder unterstreichen. Wenn auf dem Foto beispielsweise eine Blüte zu sehen ist, werden Kommentare dazu häufig mit Emojis von Blumen ergänzt. Dies ist eine spielerische Art, Sympathie unter Gleichgesinnten auszudrücken.

Darüber hinaus fügen Nutzer Ihren Beiträgen über Kommentare zusätzliche Hashtags hinzu, die Sie bei der Beschreibung Ihres Fotos oder Videos gar nicht im Kopf hatten oder die Sie noch nicht kannten. Auf diese Weise wird Ihr Beitrag einer noch breiteren Öffentlichkeit zugeführt. Auch diese Form der Kommunikation zeigt die Wertschätzung der Community-Mitglieder. Darüber hinaus stellt der Nutzer, der ein Hashtag ergänzt, unter Beweis, dass er sich auf der Plattform auskennt und gewinnt die Aufmerksamkeit Ihrer Follower sowie der Nutzer, die sich Ihren Beitrag auf Instagram anschauen.

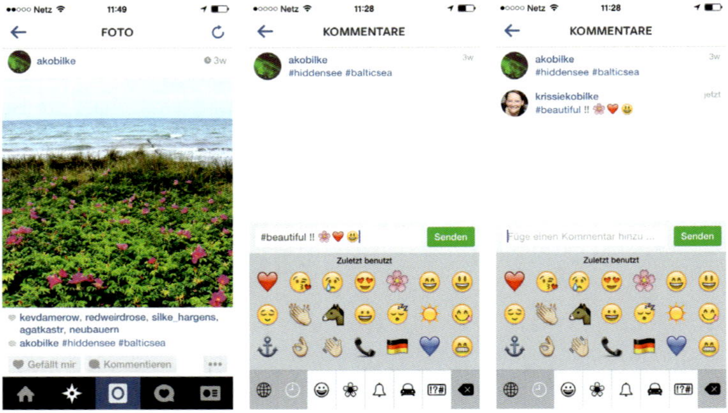

Abb. 7.4: *Foto- oder Videobeiträge kommentieren*

Kommentare löschen

Um einen Kommentar, den Sie bei einem anderen Nutzer hinterlassen haben, zu löschen, tippen Sie unterhalb des betreffenden Fotos oder Videos auf den Button KOMMENTIEREN (iOS) bzw. die Sprechblase (Android). Es erscheinen nun alle Kommentare zu diesem Beitrag. Tippen Sie Ihren eigenen Beitrag an und wischen Sie mit dem Finger nach links (iOS-Version). Ganz rechts in Ihrem Kommentar erscheint nun ein Papierkorb-Symbol, das Sie antippen können, um Ihren Kommentar zu löschen. In der Android-Version erscheint nachdem Sie auf Ihren Kommentar getippt haben wieder das Auswahlmenü, aus dem Sie KOMMENTAR LÖSCHEN wählen können.

Auf die gleiche Weise löschen Sie einen Kommentar eines anderen Nutzers zu Ihren eigenen Beiträgen. Hierbei ist jedoch Vorsicht geboten, da das Löschen von Kommentaren in der Community oder generell in sozialen Netzwerken nicht unbemerkt vonstattengeht und gegebenenfalls einen weiteren negativen Kommentar nach sich zieht. Dies ist auf Instagram jedoch äußerst selten der Fall.

Auf Kommentare antworten

Zur Etikette auf Instagram zählt auch die dankende Reaktion auf wertschätzende Kommentare. Damit der Nutzer von Ihrer Reaktion erfährt, ist es wichtig, dass Sie ihn in Ihrem Kommentar markieren. Das funktioniert auf zweierlei Wegen. Sie schreiben ein @ vor seinen Instagram-Nutzernamen. Schon nach den ersten Buchstaben, schlägt Instagram Ihnen eine Reihe Nutzernamen vor, aus denen Sie nur noch den richtigen auswählen müssen. Sobald Sie Ihren Kommentar gesendet haben, erhält der Nutzer eine entsprechende Nachricht in seinen Neuigkeiten. Die zweite Variante ist, dass Sie den Kommentar des Nutzers direkt antippen und in der iOS-Version mit dem Finger nach links wischen und auf das Antworten-Symbol tippen. In der Android-Version tippen Sie auf den Kommentar und erhalten wieder das Auswahlmenü aus dem Sie die Option ANTWORTEN wählen können.

Ungeschriebene Regel in der Community ist es auch, dass Sie sich bei jedem Instagrammer, der Ihren Post kommentiert hat, mit einem separaten Kommentar bedanken. Das erfordert zwar Fleiß, zeigt jedoch Ihre Wertschätzung.

7.3 Kommunikation über Messenger-Apps

Um über die bewusst reduzierten Interaktionsmöglichkeiten der Instagram App hinaus miteinander kommunizieren zu können, hat sich in der Instagram-Community die Verwendung von Smartphone-Messengern etabliert. Der Messenger, der derzeit am häufigsten parallel zu Instagram genutzt wird, ist die sowohl mit iOS, Android und Windows Phone kompatible App Kik. Analog zu WhatsApp können über Kik in Echtzeit Textnachrichten, Fotos und Videos ausgetauscht werden, allerdings ist dazu nicht die Bekanntgabe der eigenen Telefonnummer notwendig.

Abb. 7.5: *App Icon Kik App*

Nutzer, die über diesen Messenger erreichbar sind, schreiben ihren Kik-Namen in der Regel direkt in die Biographie Ihres Profils. Darüber hinaus haben sich einige weitere Messenger Apps auf Instagram spezialisiert, beispielsweise InstaChat (Android) oder InstaMessage (iOS). Das in Abschnitt 4.5.5 beschriebene Instagram Direct geht ebenfalls in die Richtung, einen individuelleren Austausch zwischen einzelnen Nutzern zu ermöglichen.

7.4 Follower generieren

Für einen großen Teil der Instagram-Mitglieder, wenn auch nicht für alle, ist ihr sozialer Einfluss, auch »Social Clout« genannt, wichtiger Antrieb, auf Instagram aktiv zu sein. Dabei ist in erster Linie die Anzahl der Abonnenten, die dem eigenen Profil folgen, das wichtigste soziale Statussymbol. Aber auch viele »Gefällt mir«-Angaben pro Beitrag sind für die Nutzer erstrebenswert und ein Äquivalent für einen hohen sozialen Einfluss.

7.4.1 Soziale Interaktion

Um mehr Follower auf Instagram zu generieren, müssen Sie vor allem ausdauernd und regelmäßig sozial aktiv sein. Das bedeutet konkret: idealerweise täglich ein bis zwei Fotos oder Videos posten, möglichst viele Beiträge anderer Nutzer liken, Kommentare hinterlassen und anderen Instagrammern folgen.

Warum ist das wichtig? Über das regelmäßige Liken und Kommentieren von Beiträgen sowie das Abonnieren spannender Profile erhöhen Sie Ihre Sichtbarkeit in der Community. Nutzer werden auf Sie aufmerksam, schauen sich gegebenenfalls Ihr Profil an und folgen Ihnen dann.

Kommentieren

Insbesondere Kommentare haben diesbezüglich eine große Wirkung. Denn die Follower des Profils, dessen Beitrag Sie kommentiert haben, lesen sich gerne die einzelnen Kommentare unter Fotos und Videos durch, insbesondere wenn sie sie selbst mit einem »Gefällt-mir« oder einem Kommentar versehen haben. Werden Sie in Ihrem Kommentar jedoch nicht zu persönlich, sondern zeigen Sie lediglich Ihr aufrichtiges Interesse oder Gefallen an dem Foto.

Anderen Nutzern folgen

Noch effektiver ist allerdings das Folgen anderer Nutzer. Wenn Sie einem Instagrammer folgen, wird dieser im Gegenzug gegebenenfalls auch Ihnen folgen, vorausgesetzt ihm gefällt Ihr Profil. Wie schon in Kapitel 3 erläutert, ist hier neben Ihren ansprechenden Fotos und Videos, Ihre Biographie und Ihr Profilfoto ein entscheidender Faktor. Instagrammer, die bereits eine hohe Anzahl an Abonnenten haben und selbst nur wenigen anderen Community-Mitgliedern folgen, werden Ihnen allerdings sehr wahrscheinlich nicht zurückfolgen. Deshalb macht es Sinn, sich Profile zu Ihrem Thema suchen, die selbst eine Vielzahl von Abonnements haben.

Nachteil an dieser Follower-Strategie ist, dass Sie einer Vielzahl von Profilen folgen müssen, um selbst signifikant Abonnenten zu generieren. Das kann zu einem ungünstigen Verhältnis zwischen Ihren Abonnenten und Ihren Abonnements führen und Sie schlimmstenfalls unseriös wirken lassen, sofern zwischen beiden Zahlen eine große Lücke klafft. Am Anfang wird es sich natürlich nicht vermeiden lassen, dass Sie mehr Instagrammern folgen als umgekehrt. Auch wenn es dafür keine festgeschriebene Regel gibt, die Zahl der Profile, die Sie abonnieren, sollte zu Beginn maximal dreimal so hoch sein, wie die Anzahl der Abonnenten, die Ihnen folgen. Langfristiges Ziel ist es in der Regel, dieses Verhältnis mindestens umzukehren.

»Gefällt mir«-Angaben

Auch »Gefällt mir«-Angaben sind nicht darin zu unterschätzen, neue Follower für Sie zu begeistern. Der Vorteil besteht hier darin, dass »Gefällt mir«-Angaben schnell vergeben sind und Ihre »Folgen-Follower«-Bilanz nicht belastet wird. Liken Sie gleich mehrere Beiträge eines Nutzers, wird dieser mit großer Wahrscheinlichkeit auf Sie aufmerksam und sich mit Ihrem Profil auseinandersetzen.

Um mehr »Gefällt mir«-Angaben für Ihre eigenen Beiträge zu generieren, ist vor allem der Einsatz passender Hashtags entscheidend. Dabei sollten Sie eine gute Mischung aus häufig gesuchten sowie passgenauen Hashtags auf Ihr Foto oder Video anwenden. Damit erhöhen Sie die Reichweite Ihres Beitrags und somit auch die Wahrscheinlichkeit für mehr Likes und potentiellen Followern. Nähere Anregungen zu einer erfolgreichen Hashtag-Strategie finden Sie in Kapitel 8.

Bleiben Sie sich selbst treu

Je mehr Abonnenten Sie generieren wollen, desto größer muss auch Ihr Aktivitätslevel auf Instagram sein. Dabei ist es gerade zu Beginn wichtig, täglich eine Kombination der genannten sozialen Interaktionen durchzuführen. Bleiben Sie dabei jedoch sich selbst treu und liken und kommentieren Sie nur Beiträge, die Sie wirklich interessant finden und die zu Ihrem Profil passen. Das gilt ebenso für die Profile, denen Sie folgen. Nur so zahlen sich Ihre ausdauernden Aktivitäten auf Instagram nachhaltig aus. Follower, die nicht zu Ihnen passen, springen früher oder später wieder ab und sind zudem wenig inspirierend für Sie. Darüber hinaus ist auch die Qualität der Profile, denen Sie folgen und die Ihnen folgen, ein Aushängeschild für Sie.

Suche passender Profile und Beiträge über Hashtags

Passende Beiträge und Profile finden Sie am schnellsten über Hashtags, die zu Ihrem Profil-Thema passen. Nutzer, die die Hashtags Ihres Themas nutzen, werden sich am ehesten für Ihr Profil interessieren, Ihre Beiträge mit einem »Gefällt mir« markieren oder Ihnen folgen. Die Abonnenten dieser Nutzer sind darüber hinaus eine interessante Zielgruppe für Sie, denn diese interessieren sich ebenfalls für Ihr Thema. Hier können Sie Ausschau nach geeigneten Profilen und Beiträgen halten, denen Sie folgen oder die Sie liken können. Zudem erfahren Sie bei dieser Recherche, welche Hashtags noch zu Ihrem Thema genutzt werden und können Ihren eigenen »Hashtag-Cocktail« stetig präzisieren. Nähere Ausführungen zur Suche und Verwendung von Hashtags finden Sie in Kapitel 8.

Systematischer Follower-Aufbau

Wollen Sie vergleichsweise aggressiv wachsen, beispielsweise täglich um 20 Follower, folgen Sie mindestens doppelt so vielen passenden Nutzern auf Instagram und schätzen Sie deren Beiträge durch mehrere »Gefällt mir«-Angaben oder einen aufrichtig lobenden Kommentar wert. Entfolgen Sie jedoch wiederum von Zeit zu Zeit den Nutzern, die Ihr Profil im Gegenzug nicht abonnieren.

Tool-Tipp Iconosquare (ehemals Statigram)

Ein sehr hilfreiches kostenloses Tool ist in diesem Zusammenhang das zuvor schon erwähnte Iconosquare (ehemals Statigram), das Sie im stationären Web unter *www.iconosquare.com* finden. Nachdem Sie sich mit Ihren Instagram-Zugangsdaten dort angemeldet haben, können Sie unter dem Menüpunkt STATISTIK nachvollziehen, wer Ihre neuen Follower sind und wer Ihnen wieder entfolgt ist. Sie können direkt aus dem Tool heraus, Profilen folgen oder entfolgen. Das Tool gibt Ihnen weiterhin Aufschluss darüber, wer Ihre engagiertesten Follower sind, welche Ihrer Beiträge besonders viele »Gefällt mir«-Angaben oder Kommentare erhalten haben und vieles mehr. (Eine ausführliche Vorstellung von Iconosquare folgt in Kapitel 12.)

Machen Sie es sich gerade zu Beginn Ihrer Strategie, mehr Follower zu generieren, zur Angewohnheit, täglich 70 bis 100 Likes für Beiträge, die mir Ihrem Thema zu tun haben, zu vergeben. Das hört sich nach einer sehr großen Menge an, ist jedoch vergleichsweise schnell umzusetzen.

7.4.2 follow4follow und like4like

Schon nach kurzer Zeit Ihrer Mitgliedschaft bei Instagram werden Ihnen gegebenenfalls die Hashtags #follow4follow oder #like4like auffallen. Sie gehören zu den beliebtesten Hashtags auf Instagram. Inzwischen gibt es eine Vielzahl von Abwandlungen dieser Tags, zum Beispiel #f4f, #l4l, #20likes, #followback, #likeback. Nutzer, die diese Hashtags einsetzen, signalisieren damit, dass sie Ihnen folgen werden, sobald Sie deren Profil folgen. Ebenso verhält es sich mit dem Prinzip »like for like«. Liken Sie die Beiträge dieser Nutzer, werden diese im Gegenzug auch Ihre Fotos und Videos mit einem »Gefällt mir« markieren.

Ausnahme bilden allerdings die Nutzer, die ihre Fotos und Videos mit #followforfollow oder #likeforlike versehen, ohne deren Bedeutung zu kennen oder aber ihrem Angebot doch nicht nachkommen. Daraufhin hat sich beispielsweise der Hashtag #followbackalways etabliert.

Grundsätzlich funktioniert dieses Geben und Nehmen zwar, ist aber wenig zielgerichtet, wenn es Ihnen darum geht, nachhaltig Follower aufzubauen, die Ihr Profil wirklich mögen und dauerhaft mit Ihnen interagieren. Auch der Betrachter Ihres Profils wird schnell erkennen, dass sich durch Ihre Abonnements kein roter Faden zieht. Zudem zeigen diese Hashtags eindeutig, dass Sie lediglich an »Masse statt Klasse« interessiert sind, was Ihrem Ansehen gegebenenfalls schadet.

7.4.3 Follower- und Like-Apps

Inzwischen gibt es eine Vielzahl von Apps, die das Prinzip »follow for follow« oder »like for like« automatisiert umsetzen. Dabei folgen sich die in der App angemeldeten Nutzer massenweise gegenseitig, in der Regel ohne sich mit dem Profil des anderen auseinanderzusetzen. Die App präsentiert Ihnen dazu im Sekundentakt willkürlich Profile, denen Sie folgen oder die Sie überspringen können. Nach dem gleichen Prinzip wird Ihr Profil anderen Nutzern in der App angezeigt. Je nach Ihrer eigenen Aktivität steigt die Anzahl Ihrer Abonnenten in nur wenigen Minuten zwei- oder sogar dreistellig. Die Apps incentivieren das Folgen anderer Nutzer noch zusätzlich mit Punkten oder »Coins«, die anschließend in weitere Follower getauscht werden können. Auch der Kauf von Followern ist darüber hinaus möglich.

Auf die gleiche Weise funktionieren Apps, die massenhaft »Gefällt-mir«-Angaben für Ihre Beiträge produzieren. Sie liken im Akkord Beiträge anderer Nutzer, im Gegenzug erhalten Ihre Beiträge mehr »Gefällt mir«-Angaben.

Auch wenn mit den Apps schnell quantitative Erfolge erzielt werden können, ist davon eindeutig abzuraten. Abgesehen davon, dass die wenigsten Ihrer neuen Follower zu Ihrem Profil passen werden, ist für den Außenstehenden mit einem Blick in Ihre Abonnenten- und Abo-Listen schnell klar, wie Sie zu Ihrer Popularität gelangt sind. Wenn Sie später wieder Nutzern entfolgen, werden diese sich auch im Gegenzug wieder von Ihrem Profil verabschieden. Ebenso verhält es sich mit den Likes. Ein ehrliches »Gefällt mir« von Instagrammern, die ganz bewusst Ihr Bild angesehen haben ist deutlich mehr wert, als tausende Likes von Nutzern, die nicht wirklich in Ihren Beitrag involviert sind.

7.4.4 Fan-Communities

Eine sehr gute und gleichzeitig bereichernde Variante, Abonnenten für Ihren Account zu finden, sind Fan-Communities zu Ihrem Thema. Wie schon in Kapitel 3 erwähnt, gründen einige engagierte Community-Mitglieder Sub-Communities innerhalb von Instagram. Sie richten dafür gezielt Accounts ein und etablieren passende Hashtags. Zum einen finden Sie in den Abonnenten-Listen dieser Communities schnell Gleichgesinnte, denen Sie folgen können und die Ihnen gegebenenfalls zurückfolgen. Zum anderen posten diese Communities häufig Fotos und Videos von Instagrammern, die ihre Beiträge mit dem jeweiligen Community-Hashtag versehen haben.

Ein Beispiel ist der Instagram-Account @welovehh (*http://instagram.com/welovehh*), der sowohl eigene als auch Fotos und Videos von Instagrammern, die diese mit dem Hashtag #welovehh markiert haben, postet. Letztere werden dabei namentlich erwähnt und damit der Community empfohlen.

7.4.5 Wettbewerbe

Foto- und Video-Wettbewerbe werden auf Instagram täglich ausgetragen und über die Accounts der Wettbewerbsveranstalter promotet bzw. »featured«. Die dahinter stehenden Community-Mitglieder kuratieren Fotos und Videos auf Instagram, um die Community auf besonders überraschende und kreative Instagrammer aufmerksam zu machen. Dabei wird ein Screenshot Ihres Fotos erstellt und unter Angabe Ihres Namens mit den Followern des Wettbewerbs-Accounts geteilt. Um von den Kuratoren gesichtet und ausgewählt werden zu können, müssen Sie Ihre Beiträge mit den Hashtags, die diese Accounts vergeben, markieren und ihrem Profil folgen. Zu den größten Wettbewerben auf Instagram zählen Photooftheday (@photooftheday, *http://instagram.com/photooftheday*) mit dem Hashtag #photooftheday sowie analog dazu Videooftheday (@videooftheday, *http://instagram.com/videooftheday*) mit dem Hashtag #videooftheday, Instagood (@instagood, *http://instagram.com/instagood*) mit dem Hashtag #instagood oder #featuremeinstagood, der Instagrammer Josh Johnson (@joshjohnson, *http://instagram.com/joshjohnson*) mit dem Hashtag #jj und All Shots (@all_shots, *http://instagram.com/all_shots*) mit dem Hashtag #allshots_.

Nutzer, die ihr Foto oder Video beispielsweise mit dem Hashtag #featuremeinstagood markieren, haben so eine Chance über den Instagood Account promotet zu werden. Bei über 350.000 Abonnenten ist eine Promotion via Instagood für die Nutzer extrem attraktiv, um die eigene Sichtbarkeit in der Community deutlich zu erhöhen. Allerdings ist die Wahrscheinlichkeit einer Promotion, auf Grund der Masse an Fotos und Videos, die täglich mit #instagood oder #featuremeinstagood versehen werden, eher gering.

Neben den großen Wettbewerbs-Accounts gibt es eine Reihe kleinerer hochwertiger Communities, wie beispielsweise Allunique (@allunique, *http://instagram.com/allunique*), Royal Snapping Artists (@royalsnapping-artists, *http://instagram.com/royalsnappingartists*), Shot Award (@shot-award, *http://instagram.com/shotaward*), Master Shots (@master_shots, *http://instagram.com/master_shots*), The_Visionaries (@the_visionaries, *http://instagram.com/the_visionaries*), IG_Shotz (@ig_shotz, *http://instagram.com/ig_shotz*), Capture Today (@capture_today, *http://instagram.com/capture_today*) und viele mehr, die regelmäßig Wettbewerbe zu bestimmten Themen unter ihren Followern ausrufen. Abgesehen vom Spaß, den die Teilnahme an solchen Wettbewerben bringt, ist die Chance, über kleinere Accounts promotet zu werden, schon größer. Voraussetzung ist jedoch in jedem Fall ein selbst erstelltes hochwertiges schönes Bild oder Video. Neben der Promotion als Gewinner des Wettbewerbs, darf sich der Nutzer in der Regel noch als Mitglied bzw. Member der jeweiligen Community bezeichnen und dies in seine Biographie aufnehmen.

Daneben tummeln sich immer mehr Marken auf Instagram, die ebenfalls Foto- und Video-Wettbewerbe veranstalten und damit als Promoter für Ihr Profil fungieren. Informationen zu aktuellen Wettbewerben, die Marken auf Instagram veranstalten, finden sich neben ihren Instagram Accounts häufig auf ihren Facebook-Profilen oder auch auf *iconosquare.com* unter dem Menüpunkt CONTEST. (*http://iconosquare.com/contests-open.php*)

7.4.6 Shoutouts

Eine beliebte Variante, neue Abonnenten zu gewinnen, ist ein Shoutout durch einen anderen Nutzer, der hinsichtlich seiner Reichweite auf Instagram ähnlich stark aufgestellt ist, wie Sie. »Shoutout« bedeutet dabei soviel wie »Ausruf«. Dabei postet der Nutzer einen Screenshot Ihres Profils oder auch eines einzelnen Fotos mit dem Verweis auf Ihren @Nutzernamen und der Bitte, Ihnen zu folgen. Im Gegenzug promoten Sie den Nutzer auf die gleiche Weise in Ihrem Account. Nutzer, die zu einem gegenseitigen Shoutout bereit sind, markieren Ihre Beiträge mit den Hashtags #shoutout, #shoutoutforshoutout, #s4s und Ähnlichem mehr. Wie auch schon in den vorangegangenen Ausführungen erwähnt, ist diese Variante nur bedingt hilfreich, um zielgerichtet Follower zu generieren. Zudem ist die Wahrscheinlichkeit, Ihre bestehenden Follower durch Shoutouts zu stören, sehr groß.

Ideal ist natürlich ein Shoutout eines Nutzers, der schon eine signifikante Reichweite und Reputation aufgebaut hat, der aus freien Stücken auf Ihr Profil verweist und ein ähnliches Thema wie Sie bespielt.

7.4.7 Promotion durch Instagram

Instagram selbst hat den größten Account auf seiner sozialen Plattform und zählt inzwischen über 56 Millionen Abonnenten, was mehr als einem Viertel seiner gesamten Mitglieder entspricht. Um die Nutzer zu involvieren, werden über diesen Account und den damit verbundenen frei zugänglichen Instagram Blog (*www.blog.instagram.com*) sowie den Instagram Account @instagram (*http://instagram.com/instagram*) regelmäßig Hashtag-Projekte ausgerufen, an denen sich Nutzer weltweit beteiligen können. So gibt es beispielsweise jedes Wochenende das Weekend Hashtag Project (WHP), bei dem die Community aufgerufen wird, Fotos oder Videos zu einem kreativen Motto zu machen. Beispiele hierfür sind die Projekte »Hand in Hand« (#WHPhandinhand) oder »Appreciate Earth« (#WHPappreciateEarth) oder auch »3 x 5« (#WHP3x5), bei dem die User ein 15-sekündiges Instagram-Video, bestehend aus drei 5-sekündigen Filmsequenzen drehen sollten. Beiträge, die mit dem speziellen Projekt-Hashtag versehen sind, werden von Instagram gesichtet und anschließend neun der besten Fotografen promotet. Wer zu diesen Auserwählten zählt, kann sich über zusätzliche sechs- bis siebenstellige Abonnentenzahlen freuen.

Abb. 7.6: *Beiträge von @shurupchik und @palomaparrot zum #whptransparent und #whphandinhand*

Darüber hinaus stellt Instagram in sogenannten »User Features« Nutzer der Community, ihren spezifischen Foto- oder Videostil oder einzelne Projekte vor. Die Auswahl der Nutzer erfolgt durch das Instagram-Team und ist für den betreffenden Instagrammer eine glückliche Überraschung. Der Berliner Instagrammer Michael Schulz beispielsweise wurde erst kürzlich mit einem seiner »pink pipe«-Beiträge auf @instagram gefeatured *http://instagram.com/p/qg1IKoBQcI/?modal=true*. Die pinken verdrehten Rohre, mit denen überflüssiges Regen- oder Grundwasser in die Spree geleitet wird, sind inzwischen ein Markenzeichen von Berlin und tauchen überall im Stadtbild auf. Aus diesem Grund kreierte er den Hashtag #thatpipeagain.

7.5 Die Instagram-Community in der realen Welt

Eine Besonderheit der Instagram-Community sind die selbst organisierten persönlichen Treffen der Instagrammer in der realen Welt. Diese sogenannten »InstaMeets« dienen dem gemeinsamen ungezwungenen Austausch und dem Aufbau eines persönlichen Netzwerkes unter Gleichgesinnten. Oftmals sind die Treffen mit einem InstaWalk verbunden. Ein InstaWalk ist ein gemeinsamer Spaziergang durch die Stadt oder die Natur, bei dem die Instagrammer gemeinsam interessante Motive und Momente festhalten und mit einem zuvor definierten Hashtag versehen. Am Ende entsteht ein Mosaik von Fotos und Videos des Spaziergangs aus den unterschiedlichsten Perspektiven und ein reger Austausch unter den Teilnehmern. Die lokalen Communities, von denen es Stand April 2014 inzwischen 1.930 gibt, organisieren sich dabei unter anderem über die Plattform meetup, unter *www.meetup.com/instagram*. Hier kann jeder Instagrammer ein Meetup vorschlagen und mit der Community diskutieren. Inzwischen werden Meetups jedoch auch direkt über Instagram oder Facebook koordiniert.

Instagramers

Eine bedeutende Rolle bei der Organisation lokaler Communities fällt den Instagramers (@igers, *www.instagramers.com*) zu. Instagramers war die erste weltweite Instagram-Community für passionierte Nutzer innerhalb der großen Instagram-Gemeinschaft mit der Mission, Instagrammer vor Ort zusammenzubringen. Zu diesem Zweck unterstützte Instagramers tatkräftig die Bildung lokaler Communities, die unter dem Namen und Logo der Instagramers auftreten.

Abb. 7.7: *Logo der Instagramers (@igers)*

Inzwischen hat sich daraus ein weltumspannendes Netzwerk von 330 teilnehmenden Städten und Regionen entwickelt. So gibt es die »Instagramers Hamburg« (@igershamburg, *http://instagram.com/igershamburg*), die »Instagramers New York City« (@igersnewyorkcity, *http://instagram.com/igersnewyorkcity*) oder auch die »Instagramers Peru« (@igersperu, *http://instagram.com/igersperu*) die alle unter dem Logo der Instagramers auftreten. Die Manager dieser Sub-Communities organisieren regelmäßig, das heißt mindestens einmal im Monat, InstaMeets, Foto-Wettbewerbe und InstaWalks. In Deutschland ist Instagramers in 11 Städten und Regionen vertreten. Dazu zählen Berlin, Bremen, Köln, Frankfurt, Freiburg, Hamburg, Karlsruhe, Mannheim, München, die Pfalz und Stuttgart. Fast jede lokale Instagramers-Community hat neben einem Instagram Account auch eine eigene Facebook-Seite über die auf anstehende Wettbewerbe, InstaMeets und InstaWalks hingewiesen wird.

Weltweite InstaMeets

Zu den Highlights der Community-Treffen zählt das von Instagram initiierte »Worldwide InstaMeet«, das mehrmals im Jahr zeitgleich auf der ganzen Welt in mehreren hundert Städten und Regionen stattfindet und das tausende Instagrammer anzieht. Die Daten für das nächste Treffen werden dabei über den Instagram Blog *www.blog.instagram.com* oder den Instagram Account @instagram (*http://instagram.com/instagram*) veröffentlicht.

Abb. 7.8: *Foto-Posts vom #iumd_berlin von @thomas_k und von @palomaparrot vom #instameetdortmund*

Persönliche Treffen und Freundschaften

Darüber hinaus treffen Instagrammer aus aller Welt auch in kleinen Gruppen gerne aufeinander, um gemeinsam auf Entdeckungstour zu gehen und zu fotografieren. Sehr oft entstehen dabei neue inspirierende Freundschaften in der realen Welt, was Instagram im Vergleich zu anderen Netzwerken besonders macht.

7.6 Community-Regeln

Die positive und kreative Atmosphäre in der Instagram-Community beruht auf einem Fundament aus inoffiziellen und offiziellen Regeln. Letztere sind beispielsweise in den Gemeinschaftsregeln von Instagram festgelegt und unter *https://help.instagram.com/477434105621119/* zu finden, während andere zu den »ungeschriebenen Gesetzen« der Community zählen. Im Folgenden finden Sie einige wichtige Hinweise zu beiden Kategorien.

7.6.1 Eigene Fotos und Videos posten

Zu den wichtigsten Community-Regeln zählt, dass Sie auf Instagram ausschließlich Ihre eigenen Fotos und Videos posten. Über die Nutzungsbedingungen von Instagram ist geregelt, dass Sie die alleinigen Rechte an Ihren Fotos und Videos besitzen, auch wenn Sie sie öffentlich auf Instagram teilen. Instagram wird über eine »nicht-exklusive, vollständig bezahlte und gebührenfreie, übertragbare, unterlizenzierbare, weltweite Lizenz« ein Nutzungsrecht an Ihren Bildern eingeräumt, um die App überhaupt betreiben zu können. Nutzer, die fremde Bilder oder Videos ungefragt verwenden, verstoßen damit gegen das Urheberrecht und zudem gegen die Instagram-Etikette. Die vollständigen Nutzungsbedingungen von Instagram finden Sie hier: *https://help.instagram.com/478745558852511/*.

Diese wichtige Regel ist einigen Nutzern auf Instagram teilweise nicht bewusst. Das klassische Retweeten fremder Beiträge auf Twitter, das Repinnen auf Pinterest, Rebloggen auf Tumblr oder auch das gängige Teilen von Inhalten auf Facebook verleitet Nutzer auch auf Instagram dazu, Fotos aus dem Internet oder von anderen Instagrammern zu posten. Häufig gar nicht in böser Absicht, sondern aus Unwissenheit. Sofern Sie einen Urheberrechtsverstoß dieser Art feststellen und sich der Nutzer nicht auf bilateralem Wege dazu bewegen lässt, den betreffenden Inhalt zu löschen, kann der Verstoß über ein Formular im Instagram-Hilfebereich gemeldet werden.

7.6.2 Fotos anderer Instagrammer bearbeiten und teilen

Besonders Künstler und Fotografen auf Instagram sind häufig davon betroffen, dass ihre Werke ohne ihre Zustimmung oder Nennung ihres Namens auf fremden Profilen entweder im Original oder auch verändert weiterverbreitet werden. Einige unter ihnen bieten der Community deshalb entweder unter dem Link in ihrer Biographie oder auch über einen speziellen Hashtag Zugang zu ausgewählten Fotoarbeiten an. Diese können dort von Nutzern heruntergeladen, weiterbearbeitet und unter Nennung des Künstler- oder Fotografennamens gepostet werden. Beispiele hierfür sind der französische Grafik Designer Olivier Morisse, der seine »Free For All«-Bilder unter dem Hashtag #oliviermorisse_ffa zur Verfügung stellt oder der Instagrammer the Radu (@theradu), der über den Link in seiner Biographie auf freie Werke verweist.

7.6.3 Fotos reposten und »regramen«

Dass es ein Wunsch eines Teils der Instagram-Community ist, ihre Lieblingsfotos- oder videos anderer Instagrammer über ihr eigenes Profil zu posten sowie zusätzlich bearbeiten zu können, zeigen beliebte Apps wie Repost for Instagram (Android) oder Repost & Regram (iOS).

Abb. 7.9: *App Icons der Repost for Instagram App sowie Repost & Regram App*

Die Apps funktionieren über den Instagram-Login und greifen auf die Grundfunktionalitäten der Instagram App zu. Auf diese Weise können Sie Fotos aus Ihrem Homefeed oder aus Ihren »Gefällt mir«-Angaben auswählen und auf REPOST tippen. Das Foto oder Video wird jetzt mit einem schmalen halbtransparenten Rand versehen, indem der Urheber des Fotos oder Videos erscheint. Im nächsten Schritt haben Sie die Möglichkeit, das Foto auf Instagram hochzuladen, zu bearbeiten und zu teilen. Im Falle von Repost & Regram können Sie Ihren Repost auch noch über diverse weitere fotoverarbeitende Apps, die auf Ihrem Handy installiert sind, wie zum Beispiel WhatsApp, Flipboard oder Tumblr teilen.

Zur Instagram-Etikette zählt es in jedem Fall, den Urheber in einem Kommentar zu Ihrem Repost zu markieren und dankend zu erwähnen, da er sonst keine Kenntnis davon erlangt. Noch besser wäre es allerdings, ihn zuvor um Erlaubnis zu bitten, da die Nutzungsbedingungen von Instagram zum jetzigen Zeitpunkt nicht das Reposten von Fotos oder Videos vorsehen und Sie gegebenenfalls eine Urheberrechtsverletzung trotz namentlicher Nennung des Fotografen begehen.

Weiterhin sollten Sie Reposts dieser Art nur äußerst dosiert einsetzen, da der Großteil der Community-Mitglieder Instagram als Plattform für eigene kreative Schöpfungen nutzt und versteht.

7.6.4 Tonalität

Ein weiterer bedeutender Aspekt der Instagram-Etikette ist das höfliche Miteinander in der Community. Bislang konnte sich die Gemeinschaft den wertschätzenden freundlichen Umgang untereinander bewahren.

Negative oder gar beleidigende Kommentare sind nicht gern gesehen, verstoßen gegen die »Gemeinschaftsrichtlinien« und werden in der Regel von anderen Nutzern sofort als unpassend kommentiert. Auch werbliche Kommentare, die den eigenen Account oder eine Website promoten, sind unter fremden Fotos und Videos tabu und können als Spam gemeldet werden.

7.6.5 Authentizität, Humor und Menschlichkeit

Wichtigste Regeln in der Instagram-Community und Teil der »Instagram-DNA« sind die Attribute Authentizität, Humor und Menschlichkeit, die sich in den Beiträgen der Instagrammer und ihrem Umgang untereinander ausdrücken. Das bedeutet konkret: sich selbst nicht zu ernst zu nehmen, einfach so zu sein, wie man ist, eigene und fremde Beiträge mit humoristischen und gleichzeitig wohlwollenden Kommentaren zu versehen, sich nicht zu sehr »den Kopf zu zerbrechen«, wie ein Kommentar oder ein Beitrag ankommt, niemanden auszuschließen und sich gegenseitig zu stärken.

7.6.6 Grenzwertige Inhalte

Instagram verfolgt strikt die Einhaltung seiner Nutzungsbedingungen. Darunter fällt auch das Verbot »Nacktfotos oder Fotos und Videos mit Erwachseneninhalten« auf Instagram zu teilen, selbst wenn diese der ästhetischen Anmutung der Beiträge dienen. Dabei ist es nicht immer einfach zu entscheiden, ab wann ein Foto oder Video, abgesehen von nackten Tatsachen, einen klassischen Erwachseneninhalt wiedergibt. Instagram gibt als Gradmesser dafür an, ob Sie den betreffenden Inhalt auch ruhigen Gewissens Ihrem eigenen Kind, Ihrem Chef oder Ihren Eltern zeigen würden.

Sobald verbotene Inhalte dieser Art durch das Instagram-Team aufgespürt werden, wird der betreffende Account gesperrt. Der Dienst macht dabei auch nicht vor Stars halt. Eines der beliebtesten Instagram-Profile war das des Superstars Rihanna (@badgirlriri). Diese hatte Magazin-Fotos auf denen sie nackt zu sehen war in ihrem Instagram gepostet und sich geweigert, diese zu entfernen. In der Konsequenz wurde ihr Profil trotz mehrerer Millionen Follower gelöscht.

7.6.7 Nutzer blockieren und Inhalte melden

Wenn Sie sich durch andere Nutzer gestört fühlen, entweder durch Kommentare oder deren Beiträge, haben Sie die Möglichkeit, die Person zu blockieren oder einzelne Beiträge zu melden.

Um einen Nutzer zu blockieren, gehen Sie auf dessen Profilseite und tippen oben rechts auf der Seite das Pfeil-Symbol (iOS) oder die drei Punkte (Android, Windows) an. Es erscheint ein Menü, aus dem Sie die Optionen NUTZER BLOCKIEREN oder ALS UNANGEBRACHT MELDEN auswählen können. Sobald Sie einen Nutzer blockieren, kann dieser weder nach Ihrem Profil suchen, noch Ihnen eine Kontaktanfrage senden, Ihre Beiträge sehen oder mit Ihnen interagieren, wird jedoch nicht darüber benachrichtigt. Sofern Sie einen Nutzer als unangebracht melden, wird dessen Profil auf die Einhaltung der Community-Richtlinien sowie der Nutzungsbedingungen von Instagram hin untersucht.

Um einen einzelnen Beitrag zu melden, tippen Sie unterhalb des betreffenden Fotos oder Videos auf die drei Punkte und wählen aus dem daraufhin erscheinenden Menü ALS UNANGEBRACHT MELDEN aus. Es erscheint ein weiteres Menü mit dessen Hilfe, Sie beschreiben können, warum Sie den betreffenden Inhalt melden wollen, etwa weil es sich um Spam, Betrug oder gar einen gefährlichen Inhalt für Personen auf Instagram handelt. Letzteres beinhaltet insbesondere den Verdacht auf Selbstmord oder Selbstverletzung eines Nutzers.

Kapitel 8

Die Verwendung von #Hashtags

Wie schon an verschiedenen Stellen in diesem Buch beschrieben, sind Hashtags ein zentrales Element der Instagram-Community. Ihre Anwendung bringt Ihnen eine Reihe von Mehrwerten:

Hashtags sind unter anderem dafür entscheidend, dass Ihre Beiträge über Ihre Abonnenten hinaus innerhalb der Community wahrgenommen werden.

Hashtags spiegeln zudem aktuelle Trends in Ihrem Themenbereich wieder und können Ihnen helfen, Ihre Inhalte darauf auszurichten. Am besten finden Sie diese Trends, indem Sie die Top Instagrammer Ihres Themas zum Beispiel über die in Kapitel 3 vorgestellte App Fotogramme regelmäßig beobachten und die Hashtags unter Ihren Beiträgen analysieren.

Indem Sie die »angesagten« Hashtags für Ihr Thema nutzen, werden Sie Teil der Community, die sich intensiv mit Ihrem Bereich beschäftigt. So können Sie an Gesprächen, die in Form von Fotos, Videos und Kommentaren auf Instagram zu Ihrem Thema stattfinden, teilnehmen.

Darüber hinaus bieten Ihnen Hashtags die Chance, selbst Trendsetter zu werden, indem Sie einen eigenen Tag kreieren und auf Instagram verbreiten (Siehe dazu auch Abschnitt 4.7 »Beliebte Instagram-Themen«).

8.1 Hashtags in Untertiteln von Bildern, Videos und Kommentaren

Hashtags werden auf Instagram in der Regel in einem Zwei-Schritt-Verfahren vergeben. Im ersten Schritt wird das Foto oder Video, wie in Kapitel 4 beschrieben, mit ein bis zwei Hashtags direkt in der Bild- oder Videounterschrift markiert und anschließend mit Instagram und gegebenenfalls anderen sozialen Netzwerken geteilt. Die hier verwendeten Stichworte sollten die Aussage Ihres Fotos oder Videos bestmöglich unterstreichen.

Im zweiten Schritt werden einige Minuten nach Veröffentlichung des Posts weitere Hashtags durch einen zusätzlichen Kommentar hinzugefügt mit dem Ziel, mehr Reichweite für den Beitrag zu erzielen. Diese Vorgehensweise hat sich aus zwei Gründen bewährt. Zum einen wirken zu viele Hashtags in der Bildbeschreibung überladen, wenig kommunikativ und lassen Sie aus Sicht einiger Nutzer »gierig« nach »Gefällt-mir«-Angaben erscheinen. Zum anderen werden die Hashtags in der Bildunterschrift auch in anderen Netzwerken angezeigt, falls Sie Ihre Beiträge dort teilen. Insbesondere auf Facebook ist die Verwendung von Hashtags weiterhin neu und eine Vielzahl von Tags wird als übertrieben angesehen.

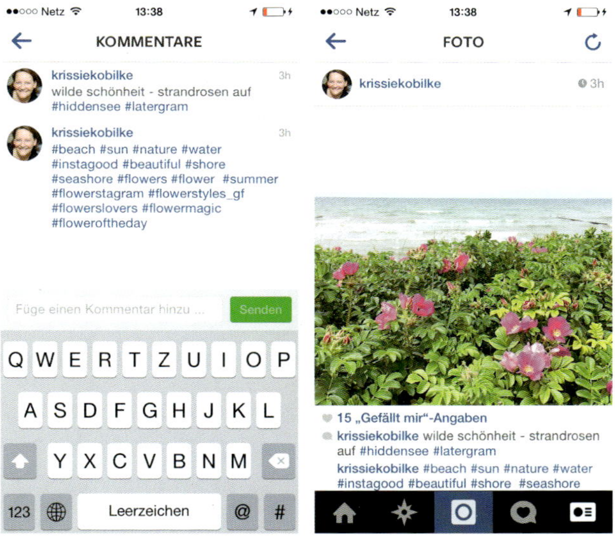

Abb. 8.1: *Hashtags in der Bildüberschrift und in zusätzlichen Kommentaren*

Die Zahl der Markierungen, die Sie auf Instagram pro Beitrag vergeben können, ist auf 30 begrenzt. Allerdings macht es einen besseren Eindruck auf den Betrachter, wenn Sie sich auf maximal zehn bis 15 Tags beschränken.

Achten Sie dabei auf einen guten Mix aus Tags, die Ihren Beitrag so präzise wie möglich beschreiben, zum Beispiel #coffee, #coffeelover sowie beliebten Tags, wie #happy, #beautiful oder #instamood. Stichworte bzw. Hashtags zu beiden Kategorien finden Sie beispielsweise über die in Abschnitt 8.3 noch genauer vorgestellte App TagsForLike.

Zusätzlich dazu können Sie Tags, mit denen Sie an Wettbewerben teilnehmen, z.B. #capture_today oder #ig_shotz hinzufügen. Sind Sie Teil einer lokalen Instagram-Community, bieten sich zudem auch deren Tags an, z.B. #igersmuenchen für die Instagramers München oder #ostseefans für die

Ostsee- Fans. Haben Sie für die Erstellung und Bearbeitung Ihres Fotos oder Videos eine spezielle App verwendet, fügen Sie auch den Namen der App als Hashtag hinzu, zum Beispiel #vscocam oder #replay.

Jetzt haben Sie einen umfassenden Hashtag-Mix angelegt. Die spezifischen Tags sollten dabei an den Anfang Ihres Kommentars gesetzt werden und die beliebten an den Schluss, was allerdings eine reine Formsache ist.

8.2 Die beliebtesten Hashtags auf Instagram

Die besonders erfolgreichen Hashtags können Sie unter anderem jederzeit über das schon mehrfach erwähnte Web Tool WEBSTA einsehen.

WEBSTA ist in erster Linie ein sogenannter Web Viewer mit dem Sie Ihre Instagram-Bilder auf *www.webstagram.com* auch im Web anschauen, sowie Beiträge anderer Nutzer liken und kommentieren können.

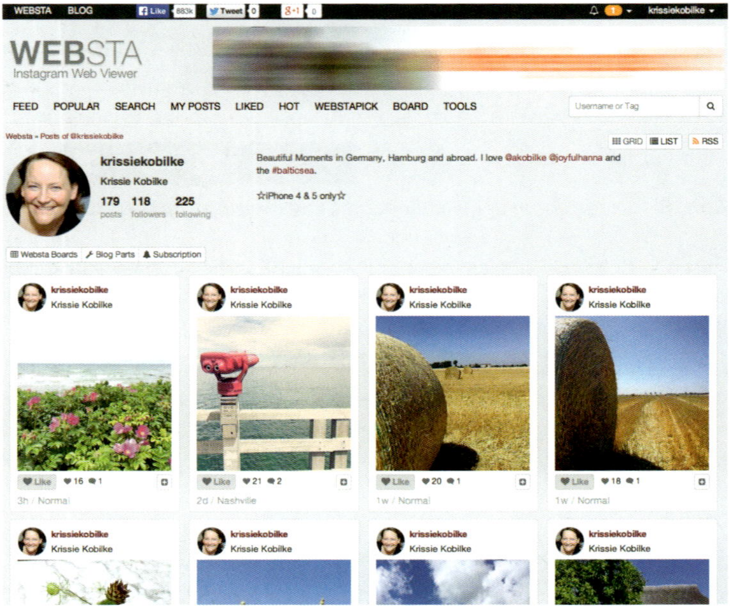

Abb. 8.2: *Ansicht der Rubrik »My Posts« auf WEBSTA*

Darüber hinaus finden Sie auf WEBSTA in der Rubrik HOT eine Übersicht der Top 100 Hashtags auf Instagram. Die Liste bezieht sich darauf, wie viele Beiträge aktuell mit dem jeweiligen Tag markiert wurden.

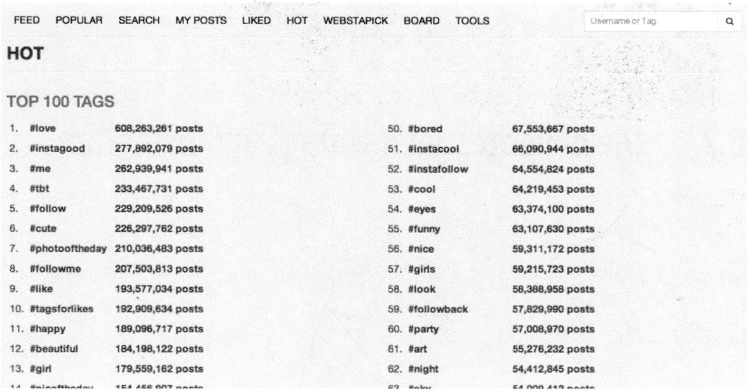

Abb. 8.3: *Auszug aus der Rubrik HOT auf WEBSTA*

Diese Hashtags werden nicht nur häufig verwendet, um eigene Beiträge zu markieren, sondern auch, um nach interessanten Fotos oder Videos auf Instagram zu suchen. Gibt ein Nutzer beispielsweise den populären Hashtag #instagood in die Instagramsuche ein, erscheint in seiner EXPLORE-Ansicht ein Foto- und Videostream in Endlosschleife, der alle Fotos und Videos anzeigt, die genau in diesem Moment mit diesem Hashtag markiert und veröffentlicht wurden. Das jeweils neueste Foto oder Video mit diesem Hashtag wird immer an Platz 1 dieser Ansicht angezeigt. Da #instagood nach #love der am zweithäufigste genutzte Hashtag ist, wird Ihr Beitrag jedoch nur wenige Sekunden an dieser Position der Explore-Ansicht zu sehen sein und schnell von neuen Beiträgen verdrängt. Dennoch können Sie selbst über diese kurze Dauer eine Menge Nutzer mit Ihrem Beitrag erreichen.

8.3 Passende Hashtags finden – hilfreiche Tools

Neben der aktiven Recherche nach passenden Hashtags in Nutzerprofilen, bieten sich zusätzlich einige der im Folgenden vorgestellten Apps und

Tools an, relevante Stichworte für Ihr Thema zu finden, um besser gefunden zu werden.

8.3.1 TagsForLikes

Die App TagsForLikes für iOS und Android ist ein gutes Hilfsmittel, um Ihnen die Suche und das mitunter komplizierte Eintippen von Hashtags über Ihr Smartphone oder Ihren Tablet-PC zu erleichtern. TagsForLikes hat zu einer Vielzahl von typischen Themen auf Instagram bereits den passenden Hashtag-Mix aus beliebten sowie passgenauen Tags in englischer Sprache kreiert.

Abb. 8.4: *App Icon der TagsForLikes App*

So können Sie beispielsweise für das Themengebiet Food, spezielle Hashtags für Kaffee, Tee, Dessert und weiteren auswählen, im Bereich Fashion zum Beispiel passende Hashtags für Damen- und Herrenbekleidung sowie zu Haaren, Make-up oder Schmuck. TagsForLikes mischt darunter auch noch reichweitenstarke Hashtags, wie #instagood oder #photopftheday. Eine Übersicht über die beliebtesten Hashtags auf Instagram finden Sie über die Option TFL LIVE unterhalb des Menüs auf der Startseite der App.

Nachdem Sie das für Sie passende Thema in den vorgeschlagenen Themen-Kategorien der App gefunden haben, können Sie die dafür vorgeschlagenen Hashtags direkt im Paket über den Button COPY kopieren und in Ihrem Kommentar zu Ihrem Beitrag auf Instagram einsetzen. Grundsätzlich empfiehlt es sich, einige der Tags, die Ihnen nicht ganz passend erscheinen, zu löschen. TagsForLikes bietet Ihnen unter dem gelb hinterlegten Menüpunkt CUSTOM die Gelegenheit, eigene Keyword- bzw. Hashtagpakete zu hinterlegen, um Sie bei Bedarf auf die gleiche einfache Weise zu kopieren und auf Instagram einsetzen zu können.

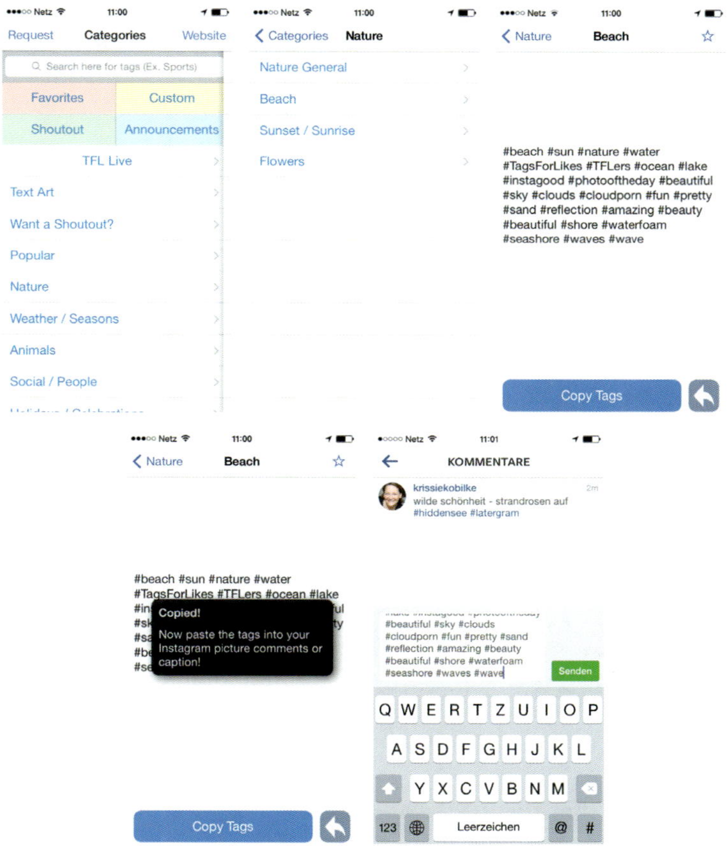

Abb. 8.5: *Hashtagsuche und-verwendung über die App TagsForLikes (Beispiel iOS Version)*

8.3.2 Hashtagsuche über Instagram

Über die Suche in der Explore-Ansicht auf Instagram können Sie leicht, weitere Hashtags für Ihr Thema recherchieren. Geben Sie zum Beispiel in das Suchfeld »fashion« ein, erscheint an erster Stelle der Ergebnisse das Hashtag #fashion inklusive der Anzahl aller Beiträge, die mit diesem Tag markiert sind. Darunter folgt eine Reihe weiterer Tags, die das Stichwort »fashion«

enthalten, wie zum Beispiel #fashionable, #fashionblogger, #fashionlover und viele mehr, sortiert nach ihrer aktuellen Beliebtheit auf Instagram.

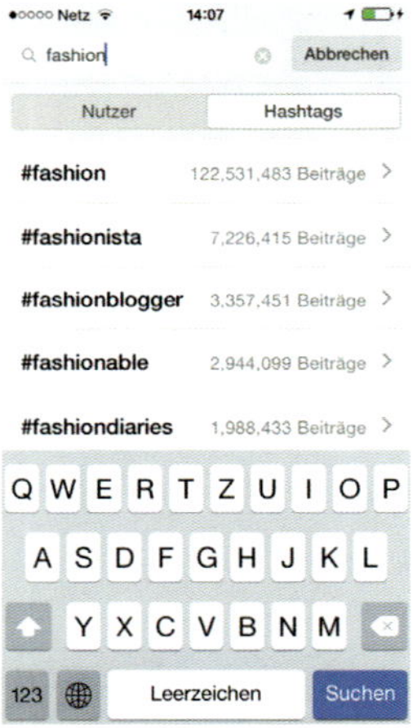

Abb. 8.6: *Hashtagsuche auf Instagram (iOS-Version)*

Aus dieser Liste können Sie sich nun die passenden Tags zusammenstellen und beispielsweise zum späteren wiederholten Abruf in Ihren Notizen auf dem Smarpthone oder Tablet-PC speichern. Auch die Suche nach Nutzern, die in ihrem Instagram-Namen bereits das betreffende Stichwort benutzen, kann Sie auf weitere passende Ideen für Tags zu Ihrem Thema bringen.

8.3.3 Recherche über Keyword Tools

Wenn Ihnen zu Ihrem Thema partout keine passenden Stichworte einfallen, deren Potential Sie über Instagram überhaupt überprüfen könnten, bietet sich eine klassische Keyword-Recherche im Web an. Über die Seite *www.semager.de* finden Sie verwandte Keywords zu Ihrem übergeordneten Thema, die Sie für Ihren Hashtag-Mix nutzen können. Auf *www.ubersuggest.org* werden Ihnen Vorschläge für weitere Stichworte zu Ihrem Thema unterbreitet. Über *www.ranking-check.de/tipps-tools/seo-tools/keyword-datenbank* erfahren Sie darüber hinaus, welche Suchwörter wie häufig im Zusammenhang mit Ihrem Stichwort in Suchmaschinen gesucht werden.

8.4 Eigene Hashtags kreieren

Wie schon in Kapitel 4 im Abschnitt 4.7 »Beliebte Instagram-Themen« erwähnt, werden auf Instagram täglich neue Hashtags kreiert und damit oftmals neue Trends gesetzt. Grundsätzlich kann jeder Instagrammer einen neuen Hashtag frei erfinden. Der Tag kann dabei ein originelles Fotomotiv beschreiben, wie zum Beispiel das #babysuiting aus Kapitel 4 oder einen neuen Modetrend, den Sie auf der Straße entdeckt haben, oder einfach nur zum Spaß erfunden werden. Wenn es Ihr Interesse ist, dass sich Ihr Tag bestmöglich viral verbreitet, ist es sinnvoll, folgende Punkte zu beachten.

Zum einen sollte Ihr Hashtag nicht zu lang und leicht zu merken sein. Ideal ist ein kurzes Wort bzw. ein kurzer Satz, wie zum Beispiel #ilovehh. Sie können auch Großbuchstaben wählen, um Ihren Hashtag optisch von anderen abzuheben, auch wenn die Groß- und Kleinschreibung in Tags grundsätzlich keine Rolle spielt. Weiterhin sollte darin kein Name eines Unternehmens oder einer Marke enthalten sein. Wichtig ist darüber hinaus, dass der Tag noch nicht in einem anderen Zusammenhang genutzt wird, was Sie über die Hashtagsuche auf Instagram sowie zusätzlich über die Google-Suche schnell herausfinden können.

Um Ihren Tag zu verbreiten, taggen Sie zunächst Ihre eigenen Beiträge damit, und zwar gut sichtbar über einen einzelnen Kommentar. Hinterlassen Sie darüber hinaus bei anderen Instagrammern Kommentare mit Ihrem Hashtag, sofern dieser zum jeweiligen Beitrag passt. Mit etwas Glück werden diese Ihren Tag zukünftig ebenfalls für ihre Postings verwenden.

Kapitel 9

Verwertung der eigenen Instagram-Bilder

Mit dem wachsenden Interesse der Menschen an schönen visuellen Inhalten, die der eigenen Persönlichkeit auch über das Web hinaus Ausdruck verleihen, steigt auch das Angebot an Apps zur Verwertung von Instagram-Inhalten.

Manch einer hofft auch an den Erfolg populärer Instagrammer anknüpfen zu können, die ihre Instagram-Arbeiten bereits erfolgreich über virtuelle aber auch reale Marktplätze verkaufen.

Im Folgenden finden Sie eine kleine Auswahl aus den vielfältigen Möglichkeiten, Ihre Instagram-Inhalte zu verwerten. Dabei geht es zum einen darum, Ihre Bilder in die reale Welt zu übertragen, um sich und andere Menschen daran zu erfreuen und zum anderen um den Punkt, mit Ihren Inhalten Geld zu verdienen.

9.1 Mit Instagram-Bildern Produkte kreieren

Ihrer Fantasie ist, in Bezug auf die weitere Verwendung Ihrer Instagram-Fotos, dank diverser Angebote in Form von Apps oder Webshops, keine Grenze gesetzt. Das Unternehmen Boomf, *https://boomf.com*, druckt Ihre Bilder beispielsweise auch auf Marshmallows.

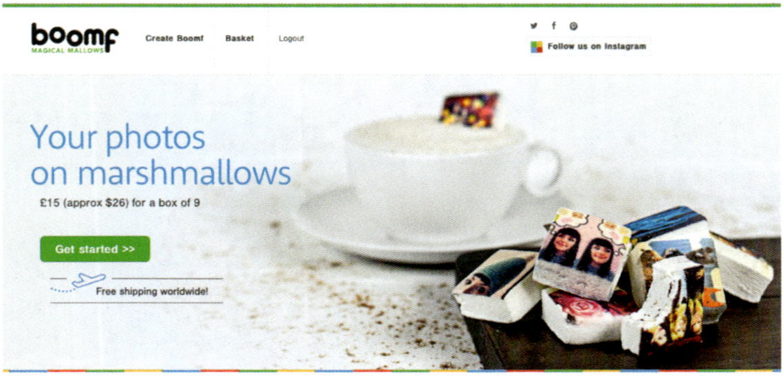

Abb. 9.1: *Boomf Homepage*

9.1.1 Printstagram

Printstagram, *http://printstagr.am*, ist ein universeller Shop mit der Sie eine Vielzahl von Produkten mit Hilfe Ihrer Instagram-Fotos herstellen können. Dazu zählen Fotobücher, hochwertige gerahmte Bilder, Poster mit bis zu 400 Instagram-Fotos, Minibücher, Magneten, Grußkarten, T-Shirts oder Buttons.

Darüber hinaus stellt Printstagram Live-Printer, die alle 15 Sekunden ein Instagram-Foto drucken, das zu einem bestimmten Hashtag gepostet wurde, speziell für Veranstaltungen zur Verfügung.

Abb. 9.2: *Printstagram Homepage*

Ein ähnlicher Anbieter analog zu Printstagram ist Instamaker (*www.instamaker.com*).

9.1.2 Casetify

Die kostenlose App Casetify, ehemals Casetagram, für iOS und Android kreiert aus Ihren Instagram-Fotos eine individuelle Hülle für Ihr Smartphone oder Ihren Tablet-PC. Die Bedienung ist sehr einfach: Sie wählen zuerst Ihr Smartphone- oder Tablet-PC-Modell aus, selektieren anschließend ein Layout, laden Ihre gewünschten Instagram-Fotos hoch (wozu eine Anmeldung auf Instagram notwendig ist), verzieren Ihr Design optional mit weiteren Effekten, wählen Ihre gewünschte Hülle aus und schicken Ihre kostenpflichtige Bestellung ab. Inzwischen können Sie Ihr Design sogar über Casetify verkaufen. Ein weiterer Anbieter für Smartphone- und Tablet-PC-Hüllen ist der webbasierte Shop Sticky9, *https://sticky9.com/de*.

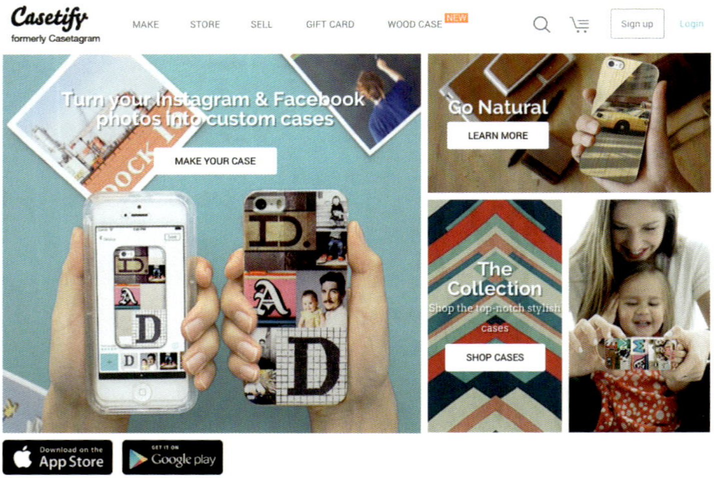

Abb. 9.3: *Casetify Homepage*

9.1.3 ixxi

Mit Hilfe von ixxi, *www.ixxidesign.com/de/*, können Sie sich aus Ihren Instagram-Fotos eine individuelle Wanddekoration designen. Der Design-Shop bietet darüber hinaus diverse Designer-Kollektionen sowie eine Bilddatenbank an, aus der Sie zusätzlich Fotos für Ihre Wanddekoration wählen können.

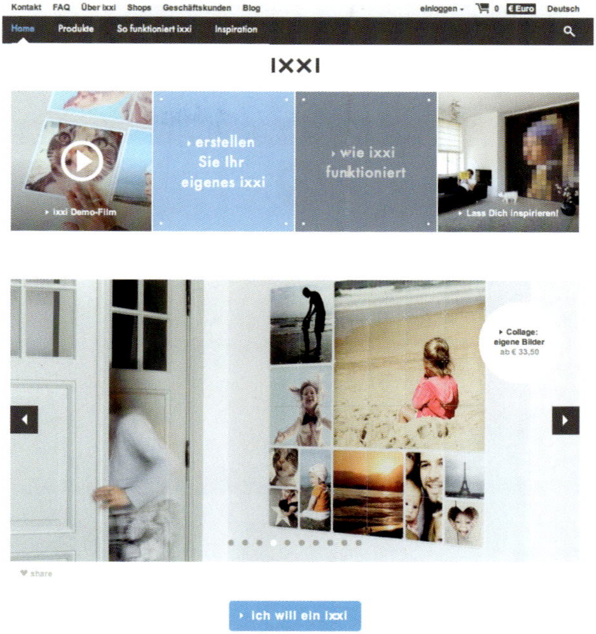

Abb. 9.4: *ixxidesign Homepage*

9.2 Vermarktung Ihrer Instagram-Inhalte

Die Vermarktung Ihrer Instagram-Inhalte kann inzwischen sehr einfach gestartet werden. Da es allerdings eine Vielzahl von Instagrammern gibt, die ihre Arbeiten über Marktplätze verkaufen, sind die Erfolgsaussichten zunächst ungewiss, jedoch einen Versuch wert.

9.2.1 Twenty20

Twenty20, ehemals Instacanv.as, bietet einen modernen Marktplatz für Mobile Fotografie an. Um Ihre Instagram-Fotos dort zu vermarkten, bedarf es nur weniger Schritte. Nach Ihrer Anmeldung bei Twenty20 mit Ihren Instagram-Zugangsdaten gelangen Sie direkt in eine Ansicht Ihrer Instagram-Fotos. Hier können Sie die Fotos, die Sie verkaufen wollen, markieren und in einer Galerie auf Twenty20 präsentieren.

Abb. 9.5: *Die eigene Galerie auf Twenty20.com*

Jedes Foto kann einer spezifischen Kategorie zugeordnet und mit maximal zehn Hashtags versehen werden. Möchte ein Nutzer Ihr Foto kaufen, kann er je nach Bildqualität zwischen verschiedenen Produkten, wie zum Beispiel einer Leinwand, einem gerahmten Bild, einem Foto-Ausdruck, Postkarten, einem T-Shirt und weiteren wählen. Die Preise liegen zwischen 9,95 US-Dollar für einen 8x8 cm großen Foto-Ausdruck bis zu 79,95 US-Dollar für eine 20x20 cm große Leinwand. Pro Verkauf erhält der Fotograf 20 % des Verkaufserlöses. Der Verkauf und Versand erfolgt durch Twenty20.

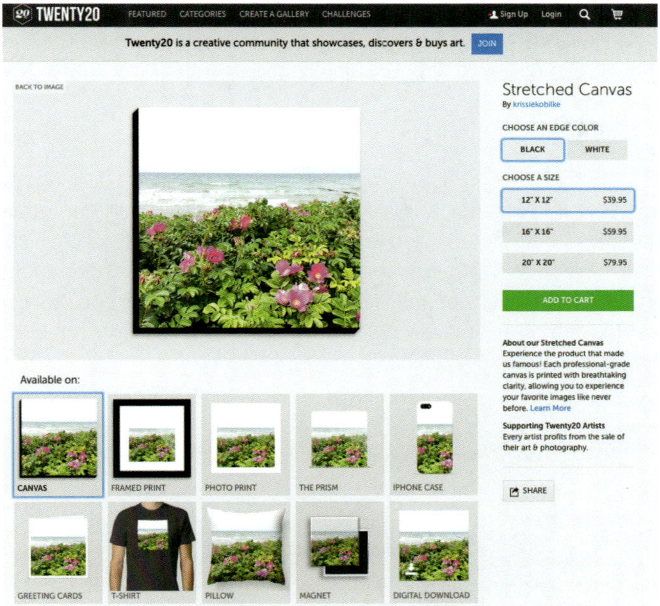

Abb. 9.6: *Vermarktung Ihres Instagram-Bildes auf Twenty20*

Wie auch bei Instagram gelten auch auf Twenty20 die Regeln eines sozialen Netzwerkes. Nutzer können Ihre Fotos liken und kommentieren sowie in einer Galerie sammeln und Ihre Arbeiten somit wieder weiteren Nutzern zugänglich machen. Um mit Ihren Fotos sichtbar zu sein, bedarf es somit sozialer Interaktionen mit anderen Nutzern auf der Plattform und eine präzise Markierung Ihrer Fotos mit Hashtags. Twenty20 führt zudem regelmäßig Foto-Wettbewerbe zu bestimmten Themen durch, deren Teilnahme eine größere Präsenz auf der Plattform bringt.

Über den Menüpunkt You können Sie darüber hinaus verschiedene Optionen abrufen, beispielsweise Promote, um Ihre Galerie auch in anderen Netzwerken oder Ihrer Website zu bewerben.

Twenty20 ist grundsätzlich für jeden geeignet, der seine Fotos vermarkten möchte, was sowohl professionelle Fotografen und Künstler als auch

Amateur-Fotografen einschließt. Wie hoch die Erfolgsaussichten sind, über die Plattform Vermarktungserlöse zu erzielen, hängt von der Qualität der eigenen Fotos sowie dem sozialen Engagement auf der Plattform und darüber hinaus ab.

9.2.2 Blurb

Blurb bietet Ihnen unter anderem die Möglichkeit, aus Ihren Fotos ein hochwertiges Buch zu erstellen und dieses selbst zu veröffentlichen sowie über verschiedene Vertriebswege zu verkaufen. Dabei können Sie zwischen einem Direktvertrieb mit Hilfe von Blurb an Ihre Fans und Leser oder einem Vertrieb über Amazon wählen. Weitere Details zum Angebot von Blurb finden Sie hier *www.blurb.de/self-publishing*.

Abb. 9.7: *Blurb Homepage*

9.2.3 Etsy und Dawanda

Die bekannten Marktplätze für selbst designte und produzierte Produkte, Etsy und Dawanda, können ebenfalls ein geeignetes Umfeld für die Vermarktung Ihrer Instagram-Fotos sein, so wie im Beispiel der beliebten Instagrammerin Philippa Stanton (@5ftinf, *http://instagram.com/5ftinf*). Sie vermarket Ihre Still-Leben auf Etsy: *https://www.etsy.com/shop/5ftinf*.

Abb. 9.8: *Etsy Homepage*

Abb. 9.9: *Dawanda Homepage*

Die schon zu Beginn dieses Buches erwähnte Instagrammerin Kerstin Hiestermann (@spielkkind, *http://instagram.com/spielkkind*) vermarktet einige ihrer Lieblingsmotive als Magneten über Dawanda (*http://de.dawanda.com/shop/spielkkind*).

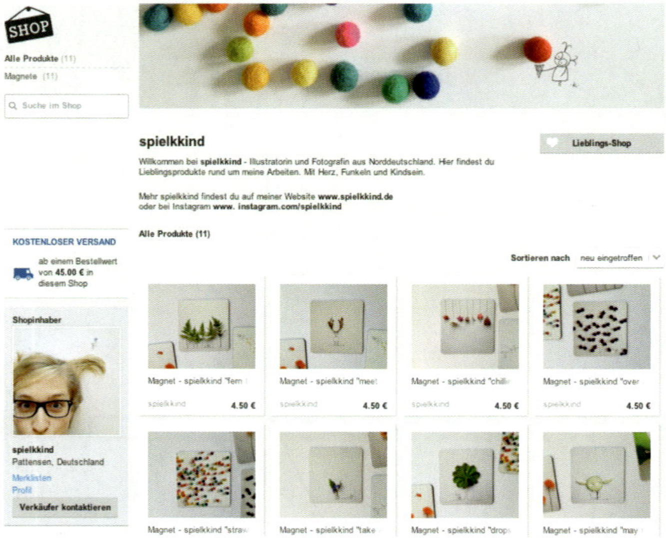

Abb. 9.10: *Shop von @spielkkind auf Dawanda*

Auch Etsy und Dawanda sind Communities, in denen Produkte mit einem »Gefällt mir« versehen und zudem Verkäufer bewertet werden können. Der Verkauf und Versand erfolgt in diesem Fall über Sie selbst.

Kapitel 10

Instagram für Unternehmen

Zunächst einmal werden Sie sich die Frage stellen, was eine Präsenz auf Instagram Ihrem Unternehmen bringen kann und ob sich der Aufwand, den Sie in einen, möglicherweise weiteren, Social-Media-Kanal investieren, überhaupt rentiert. Die folgenden Ausführungen dienen dazu, Sie bei Ihren Abwägungen diesbezüglich zu unterstützen.

Warum macht es grundsätzlich Sinn, als Unternehmen auf Instagram präsent zu sein?

Instagram wird auf Grund seiner rein visuellen Ausrichtung häufig als ausschließlich relevant für Produkte und Marken mit optischen Reizen, wie zum Beispiel aus den Bereichen Mode, Beauty, Reisen oder Food erachtet. Doch ich behaupte, dass sich Instagram für jedes Unternehmen eignet, dessen (potentielle) Kunden auf der Plattform anzutreffen sind. Das Unternehmen General Electric (@generalelectric, *http://instagram.com/generalelectric*) beispielsweise fällt definitiv nicht in die genannte Kategorie, schafft es aber dennoch, Instagrammer mit einem Blick hinter die Kulissen seines Unternehmens zu begeistern.

Instagram bietet die einzigartige Chance, Ihren Kunden in einem, wie in Kapitel 1 beschrieben, positiv aufgeladenen Umfeld näher zu kommen, sie besser kennenzulernen und ihnen die menschliche Seite Ihres Unternehmens zu zeigen. Über Bilder und Videos haben Sie dabei die Möglichkeit, Ihre Kunden emotional anzusprechen.

Instagram repräsentiert darüber hinaus, wie schon in Kapitel 1 erwähnt, die Art, wie Menschen heute und in naher Zukunft Medien nutzen, und zwar sozial, lokal, mobil und visuell. Das zeigt auch das überproportionale Wachstum der Instagram-Community im Vergleich zu anderen Netzwerken. Das heißt, Instagram wird auch in Zukunft ein relevanter Kanal sein.

Was könnte gegen eine Präsenz auf Instagram sprechen?

Zum jetzigen Zeitpunkt wird Instagram verstärkt von jüngeren Zielgruppen im Alter von 14–29 Jahren genutzt, wobei die weiblichen Instagrammer überwiegen. Sofern sich der Großteil Ihrer Kunden außerhalb dieser Zielgruppe befindet und Sie über knappe Ressourcen verfügen, ist Instagram damit auf den ersten Blick nicht die erste Wahl. Sprechen Sie ältere Käuferschichten an, sollten Sie Instagram dennoch im Auge behalten, da die Instagram-Zielgruppe langfristig gesehen zu Ihren zukünftigen Kunden zählen könnte.

Instagram ist ähnlich wie Pinterest ein internationales Netzwerk, das heißt, Sie werden es nicht verhindern können, dass auch Instagrammer aus anderen Ländern Ihre Instagram-Präsenz besuchen und Ihre Produkte gegebenenfalls kaufen möchten. Vielleicht ergibt sich hieraus sogar eine neue Vertriebsstrategie für Ihr Unternehmen.

Wenn Sie Ihre Kunden hauptsächlich in Deutschland ansprechen wollen, mutet eine Reichweite von 3,37 Millionen Nutzern, die der BITKOM im Oktober 2013 ermittelt hat, zunächst gering an, allerdings hat sich die Nutzerschaft von Instagram damit innerhalb nur eines Jahres verdoppelt und liegt weiter auf Wachstumskurs.

Ein weiterer und häufig der wichtigste Punkt, der viele Unternehmen von einer Präsenz auf Instagram abhält, ist der Mangel an Ressourcen sowie visuellen Inhalten. Wie Sie letztere beschaffen können, erfahren Sie im Abschnitt 10.4 »Geeignete Content-Strategien für Unternehmen auf Instagram«. Sofern Sie auch auf anderen Social-Media-Kanälen präsent sind, kann Instagram zudem Mehrwerte für Ihre dortige Inhalte-Strategie liefern.

Mit dem Fokus auf Fotos und Videos und wenigen sozialen Interaktionselementen, ist Instagram im Vergleich zu Facebook und Twitter eine Plattform, die Ihre Ressourcen schont. Instagrammer erwarten von Ihnen lediglich das Posten von drei bis vier Fotos pro Woche und das gelegentliche Liken oder wertschätzende Kommentieren ihrer Beiträge. Ausführliche Diskussionen analog zu Facebook oder Twitter, die Sie permanent moderieren und im Blick behalten müssen, sind auf Instagram in der Regel nicht anzutreffen. Ebenso sind die gefürchteten Shitstorms auf Instagram bisher nicht existent, obwohl eine Vielzahl von Marken und Unternehmen inzwischen dort eine Präsenz hat. Negative Kommentare von Usern sind, wie schon in Kapitel 7 beschrieben, zwar vorhanden aber generell rar und verstoßen sowohl gegen die offzielle als auch inoffizielle Etikette der Community. (Siehe dazu auch Abschnitt 7.6 »Community-Regeln«)

10.1 Potential von Instagram in Bezug auf Branding, Abverkauf, Traffic, Leads und Viralität

Abb. 10.1: *Foto aus dem Profil vom @mitp_verlag*

10.1.1 Branding

Marken gehören, wie schon in Kapitel 4 erwähnt, zu den erfolgreichsten Instagrammern der Community, das heißt die Akzeptanz von Marken durch die Community-Mitglieder ist definitiv gegeben.

Instagram ist durch seine Mission – Momente bildlich festhalten, die mit positiven Emotionen verbunden sind – ein perfektes Umfeld, um eine Marke positiv aufzuladen. Die Menschen, die Instagram nutzen, sind emotional involviert, das zeigen unter anderem die begeisterten Kommentare, die unter den Beiträgen der Community-Mitglieder zu finden sind.

Diese positive Grundstimmung bietet Ihnen die Chance, Ihre Kunden emotional anzusprechen und damit Ihr Markenimage auf- oder auszubauen. Sie können dabei Ihre Geschichte und Ihr Selbstverständnis als Marke sowie deren Werte und Attribute über Bilder oder Videos erzählen. Mehr dazu finden Sie auch im Abschnitt 10.4 »Geeignete Content-Strategien für

Unternehmen auf Instagram«. Und das passiert ganz ohne Nebengeräusche. Denn Ihr Bild oder Video steht dabei immer im Zentrum des Betrachters und füllt dessen Smartphone- oder Tabletbildschirm fast vollständig aus. Zudem gibt es auf Instagram mit Blick auf Ihre Follower keinen Algorithmus wie in anderen Netzwerken, der Ihren Beitrag nur bestimmten Abonnenten zeigt.

Indem Sie Instagram über ein eigenes Profil nutzen und Ihre Kreativität im Zusammenhang mit Ihrer Marke ausdrücken, sind Sie automatisch Teil der Community und auf Augenhöhe mit Ihren Followern und denen, die Ihre Bilder und Videos darüber hinaus betrachten. Das ist zum einen die perfekte Basis, um zu Ihren Kunden durchdringen zu können und zum anderen dauerhafte Beziehungen zu ihnen herzustellen.

Das Besondere an Instagram ist dabei, dass Sie Ihren Kunden besonders nah kommen können und umgekehrt. Denn Instagram steht für Authentizität, Menschlichkeit und Humor. Menschen gewähren anderen Menschen hier einen Einblick in Ihr Leben. Und so kann Ihre Marke bzw. Ihre Markenpersönlichkeit ebenfalls einen Einblick in ihr Leben geben. »Die Marke erlebbar machen« lautet oftmals eine Anforderung an Marketingverantwortliche. Auf Instagram ist das wirklich umsetzbar.

10.1.2 Abverkauf

Durch seine vergleichsweise weitgehende Isolation vom Web, in dem Hyperlinks, wie in Kapitel 3 beschrieben, nur an einer einzigen Stelle, nämlich Ihrer Biografie einsetzbar sind, wird Instagram in der Regel nicht als geeigneter Abverkaufskanal betrachtet. Doch auch wenn Instagram keine direkten Shopping-Funktionalitäten bietet – ein Blick in die Kommentare unter den Foto- und Videobeiträgen der inzwischen vielfach vertretenen Händler zeigt, wie stark das unmittelbare Produkt- und Kaufinteresse der Community tatsächlich ist.

Instagrammer drücken dabei ihr Gefallen (»nice!«, »love!«), ihren Besitz (»die habe ich auch, sind super!!!«) und sehr oft ihre Kaufbereitschaft (»wo kann ich das kaufen?«) für ein bestimmtes Produkt aus und empfehlen es zudem aktiv weiter, indem Sie in den Kommentaren direkt ihre Instagram-Freunde markieren und zum Kauf anregen (»@krissiekobilke ist das nicht was für Dich?« oder »@krissiekobilke wollen wir das kaufen?«).

Selbst wenn der Kaufabschluss außerhalb der App stattfinden muss, eignet sich Instagram definitiv als Wegbereiter für Visual- und Social-Commerce. Eine Studie der Universität Wisconsin und dem Visual-Commerce-Unternehmen Olapic, das sich darauf spezialisiert hat, Produktfotos, die von Käufern auf Instagram oder in anderen sozialen Netzwerken gepostet wurden, systematisch zu suchen und in Onlineshops zu integrieren, fand darüber hinaus heraus, das ästhetische Produktfotos, auf denen Kunden ein Produkt nutzen oder tragen, die Konversionsrate in Onlineshops um fünf bis neun Prozent erhöht. (Siehe dazu auch Abschnitt 10.8 »eCommerce mit Instagram«)

Retail- gefolgt von Fashion-Communities führen laut dem Business Intelligence Service die Top 10 der größten Instagram-Communities an. Sie vereinen allein über 23 Millionen Follower auf ihren Accounts. Zu Ihnen zählen neben großen Retail-Marken wie Urban Outfitters (@urbanoutfitters, *http://instagram.com/urbanoutfitters*), Victoria's Secret (@victoriassecret, *http://instagram.com/victoriassecret*), H&M (@hm, *http://instagram.com/hm*) oder Nordstrom (@nordstrom, *http://instagram.com/nordstrom*) auch viele kleinere lokale Shops. Die Fashion-Communities von Marken, wie beispielsweise Michael Kors (@michaelkors, *http://instagram.com/michaelkors*) oder Jimmy Choo (@jimmychooltd, *http://instagram.com/jimmychooltd*) folgen mit fast 15 Millionen Followern auf Platz 2.

Die positive Stimmung innerhalb des Netzwerkes kombiniert mit schönen Produktfotos oder -videos regen insbesondere Impulskäufe via Instagram an. Und das nicht nur online. Da Instagrammer mobil sind, und zwar nicht nur im Hinblick auf ihr Smartphone, sondern auch im Sinne von Beweglichkeit, draußen sein, die Welt erkunden, bieten sie auch Potential für den stationären Handel. Wichtig ist in jedem Fall ein ansprechendes Foto oder Video, um Ihre Zielgruppe zum Kauf zu animieren, was im Abschnitt 10.3.5 »Ihre Foto- und Videobeiträge« sowie in den Kapiteln 4 und 5 näher beleuchtet wird.

10.1.3 Traffic

Der einzige direkt messbare Traffic über Instagram wird über den Hyperlink in Ihrer Biografie generiert, was Instagram im Vergleich mit anderen Traffic-Quellen allerdings nicht standhalten lässt. Deshalb sollten Sie keine Chance ungenutzt lassen, auf Ihre URL aufmerksam zu machen.

Tipps zu URLs in Ihren Beiträgen

Weisen Sie in Bildunterschriften und in Kommentaren immer wieder auf den Link zu Ihrer Webseite oder zu einem bestimmten Produkt hin. Auch wenn URLs in Instagram nicht anklickbar sind, fördern Sie damit die Besuche auf Ihrer Website.

Teilen Sie Ihren Beitrag darüber hinaus mit anderen Netzwerken, sind die Links Ihrer Bildunterschrift oder Ihres Kommentars wiederum klickbar, was den Traffic auf Ihre Website positiv beeinflusst.

Um längere Produktlinks zu kürzen und später auch messen zu können, eignen sich die Dienste bitly (*www.bitly.com*) oder owly (*www.ow.ly*).

Darüber hinaus macht es Sinn, die URL Ihrer Website als Wasserzeichen in Ihre Fotos und Videos zu integrieren. Das funktioniert beispielsweise mit der in Kapitel 4 vorgestellten App Rhonna-Designs (iOS und Android).

Weitere Tipps für mehr Traffic durch Instagram auf Ihrer Website finden Sie im Abschnitt 10.8 »eCommerce mit Instagram«.

Auch wenn der Link in Ihrer Biografie verglichen mit anderen Kanälen nicht zu Ihren Traffic-Treibern zählen wird, macht es Sinn, die Besucher, die darüber auf Ihre Seite gelangen, zu messen, beispielsweise über Goolge Analytics, Iconosquare oder Bitly. Nähere Informationen dazu finden Sie auch noch in Kapitel 12.

Der Großteil des Traffics, in der Regel mindestens 90 Prozent wird dabei von mobilen Geräten stammen, denn Instagram wird, wie schon in Kapitel 2 erwähnt, fast ausschließlich mobil genutzt. Deshalb ist es sehr wichtig, dass der Link, den Sie in Ihrem Profil einsetzen oder über Ihre Beiträge kommunizieren auf eine mobil optimierte Seite führt. Auch die Netzwerke auf denen Sie Ihre Fotos und Videos via Instagram teilen, werden inzwischen überwiegend mobil genutzt. Der Anteil der Facebook-Nutzer beispielsweise, die das Soziale Netzwerk mit dem Smartphone oder Tablet-PC nutzen, beträgt laut Facebook inzwischen 79 Prozent.

Auch unabhängig von Ihrer Präsenz auf Instagram, sollten Sie in diesem Punkt schnellstmöglich aufrüsten, da immer mehr Menschen mit mobilen Endgeräten auf Websites zugreifen. Laut dem Unternehmen KPCB wächst der Anteil mobiler Webseitenzugriffe pro Jahr weltweit um das 1,5-fache. Derzeit entspricht der mobile Traffic bereits 25 Prozent im Vergleich zu Zugriffen über den Desktop-PC.

10.1.4 Leads

Instagram bietet, wie schon im vorangegangenen Abschnitt beschrieben, ein sehr gutes Shopping-Umfeld. Den Umstand, dass der Kaufabschluss nicht direkt über Instagram getätigt werden kann sondern über Ihre Website, können Sie zur Lead-Generierung ausnutzen.

Der erfolgreiche Schuh-Shop Lolashoetique (@lolashoetiquedolls, *http://instagram.com/lolashoetiquedolls*) beispielsweise ruft über seine Biografie sowie über regelmäßige Foto-Posts und Kommentare dazu auf, sich auf der Mailingliste des Shops zu registrieren (*http://instagram.com/p/q2e2GBhBuX/?modal=true*), um zukünftig rechtzeitig über alle Rabatt-Aktionen oder geheime Verkäufe informiert zu sein, was für Follower ein absoluter Anreiz ist, ihre E-Mail-Adresse preiszugeben.

Über das in Abschnitt 4.5.5 beschriebene Instagram Direct können Sie bei Bestellwünschen Ihrer Produkte darüber hinaus direkt Kontakt zu ihren Kunden aufnehmen und E-Mail- und Adressdaten über diesen Weg austauschen. Der offene Austausch von privaten Daten, insbesondere Adressdaten, beispielsweise über Kommentare, ist laut den Nutzungsbedingungen von Instagram jedoch untersagt.

Gewinnspiele eignen sich auf Instagram weniger zur Adress-Generierung. Für die auf der Plattform seit jeher stattfindenden Foto- und Video-Wettbewerbe ist die Angabe einer validen E-Mail-Adresse oder gar Adresse nicht nötig und wird daher auch nicht akzeptiert. Mehr zum Thema Gewinnspiele finden Sie im Abschnitt 10.5 »Wettbewerbe« in diesem Kapitel.

10.1.5 Viralität

Da das Reposten von Inhalten im Vergleich zu Facebook, Twitter oder Pinterest in der App nicht vorgesehen ist, scheint Instagram in Bezug auf die Viralität seiner Beiträge einen Nachteil zu haben. Dieser wird jedoch meines Erachtens durch den hohen »Engagement-Level« der Instagrammer sowie die einfache »Teilen«-Funktion mit anderen Netzwerken aufgehoben. Die zuvor schon erwähnte Untersuchung von L2 Think Tank ergab unter anderem, dass das Engagement der Instagrammer in Bezug auf Likes und Kommentare 15 Mal höher ist als das auf Facebook. 99 Prozent dieses Engagements stammen von »Gefällt mir«-Angaben. Neben dem Beitrag selbst, werden diese Likes in den NEUIGKEITEN (iOS) bzw. NACHRICHTEN (Android) der Follower und in der EXPLORE-Ansicht von Instagram angezeigt (Siehe dazu auch die Kapitel 3, 4 und 7) und verbreiten sich auf diese Weise in der Community. Darüber hinaus werden Instagram-Beiträge überdurchschnittlich oft mit anderen Netzwerken geteilt. Neun von zehn Videos beispielsweise, die über Instagram veröffentlicht werden, tauchen laut L2 Think Tank auch auf Facebook auf und verbreiten sich von dort weiter.

10.2 Erste Schritte auf Instagram für Unternehmen

Um als Unternehmen auf Instagram präsent zu sein, bedarf es zunächst der Einrichtung eines klassischen Instagram-Profils. Instagram bietet anders als Pinterest oder Facebook keine expliziten Business Accounts oder verifizierte Unternehmensseiten an, das heißt, Sie melden sich auf Instagram wie ein privater Nutzer an.

Erstes Aushängeschild und Basis für den Erfolg Ihres Unternehmens auf Instagram ist Ihr ansprechendes Profil. Eine genaue Schritt-für-Schritt-Anleitung zur Einrichtung Ihres Profils finden Sie in Kapitel 3. Im Folgenden erwarten Sie darüber hinaus einige Anregungen, die speziell für Unternehmen hilfreich sind.

Mehrere Instagram-Profile anlegen?

Gegebenenfalls fragen Sie sich an dieser Stelle bereits, ob Sie mehrere Instagram-Profile, beispielsweise für unterschiedliche Produkte, anlegen sollten. Grundsätzlich wäre meine Empfehlung eher, sich auf einen Account zu konzentrieren und hierfür eine größtmögliche Reichweite und Engagement aufzubauen. Wenn Sie jedoch auf Facebook und weiteren sozialen Kanälen eine andere Strategie verfolgen, sollten Sie diese auch auf Instagram anwenden.

Das Unternehmen Ikea erregte erst kürzlich Aufsehen mit einer russischen Instagram-Kampagne für seine Design-Kollektion IKEA PS 2014, bei der der Online-Katalog für die Kollektion in einem eigenen Instagram-Profil nachgebaut (*http://instagram.com/ikea_ps_2014*) und für jedes einzelne Produkt ein weiteres Instagram-Profil angelegt wurde (*http://instagram.com/ps_balance_bench*). Die auf den Katalog-Fotos abgebildeten Möbel wurden mit Hilfe der »Nutzer markieren«-Funktion von Instagram (Siehe dazu auch Abschnitt 4.5.2 »Nutzer markieren«) getaggt und so mit dem entsprechenden Profil verbunden. Ob die Aktion den gewünschten Erfolg gebracht hat, ist allerdings nicht bekannt.

Um mehrere Profile anlegen zu können, benötigen Sie für jeden neuen Account auch eine neue E-Mail Adresse (Siehe dazu auch Abschnitt 3.2 »Einrichten Ihres Instagram Accounts«).

10.2.1 Wahl Ihres Instagram-Nutzernamens

Ihr Instagram-Nutzername sollte identisch mit dem Profil-Namen sein, den Sie auch in anderen sozialen Netzwerken verwenden. Mit einem konsistenten Markenauftritt steigern Sie Ihren Wiedererkennungswert über die sozialen Netzwerke hinweg. Gerade zwischen Facebook und Instagram dürften die Überschneidungen in der Nutzung beider Plattformen hoch sein. In der Zielgruppe der 14- bis 29-jährigen Internetnutzer, der Kernzielgruppe von Instagram (Siehe dazu auch Abschnitt 1.4 »Aktuelle Reichweite, Nutzerstruktur und Nutzerverhalten«), nutzen 85 Prozent Facebook. Auch wenn immer wieder von einem Exodus der jüngeren Zielgruppen von Facebook hin zu Instagram, Snapchat oder Tumblr die Rede ist, ist Facebook Stand heute trotzdem noch das Basis-Netzwerk für diese Zielgruppe.

Wenn möglich, sollte Ihr Nutzername möglichst kurz und eindeutig sein und keine zusätzlichen Sonderzeichen beinhalten. Auf diese Weise ist er von Ihren (potentiellen) Followern leicht zu merken und schnell auf Instagram zu finden. Ihren vollständigen Unternehmensnamen können Sie dann im Feld »Name« in Ihrem Profil hinterlegen.

Die Nutzungsbedingungen von Instagram sehen darüber hinaus inzwischen vor, dass Ihr Nutzername nicht das Wort Instagram oder die Wortbestandteile Insta oder Gram oder auch die Abkürzung ig beinhalten darf. Weiterhin dürfen ohne vorherige schriftliche Genehmigung durch Instagram keine URLs oder Domain-Namen als Nutzername verwandt werden.

Auf Instagram, wie auch in anderen sozialen Netzwerken leider nicht unüblich, kann es sein, dass Ihr Markenname bereits von einem anderen

Instagrammer in Gebrauch ist. Häufig stecken dahinter Fans Ihrer Marke oder aber, was seltener der Fall ist, Nutzer, die sich als Inhaber Ihrer Marke ausgeben und in der Community als Unternehmen auftreten. Neben Betrugsfällen dieser Art sind laut der Instagram-Nutzungsbedingungen Markenrechtsverletzungen Dritter verboten.

Über das Instagram-Hilfecenter können Sie eine entsprechende Markenrechtsverletzung melden, vorausgesetzt, Ihre Marke ist geschützt. Häufig kann auch schon ein Hinweis, den Sie dem betreffenden Instagrammer durch einen Kommentar oder mit einer Nachricht über Instagram Direct geben, eine Klärung herbeiführen.

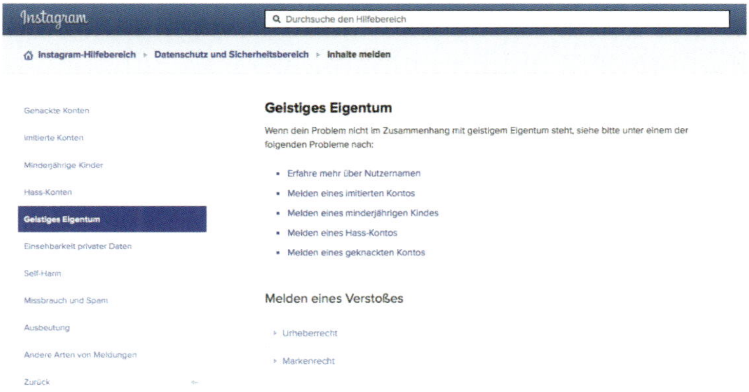

Abb. 10.2: *Ansicht des Bereichs »Inhalte melden« im Instagram-Hilfebereich*

Den Direktlink zum Online-Formular mit dem Sie eine Markenrechtsverletzung melden können, finden Sie hier: *https://help.instagram.com/contact/372592039493026*.

10.2.2 Ihr Profil-Foto

Für Ihr Profil-Foto eignet sich idealerweise Ihr Firmenlogo. Die Größe des Fotos beträgt 150 x 150 Pixel und wird in der Instagram App in einer runden Version und in Ihrem Webprofil (Siehe dazu Abschnitt 3.3 »Bearbeiten Ihres Profils«) quadratisch angezeigt. Ihr Foto sollte deshalb sowohl in einer quadratischen als auch runden Form hochwertig wirken.

10.2.3 Ihre Biografie

Hier haben Sie die Möglichkeit, Ihren Followern sowie den Besuchern Ihres Profils, mehr über sich zu erzählen. Je nachdem welche Content-Strategie Sie auf Ihrem Instagram-Profil verfolgen (mehr dazu finden Sie im Abschnitt 10.4 »Geeignete Content-Strategien für Unternehmen auf Instagram«) können folgende Inhalte für Ihre Zielgruppe spannend sein:

Was genau macht Ihr Unternehmen und was macht Ihre Produkte besonders? Das ist besonders schön im Profil der New England Outerwear Company (@newenglandouterwear, *http://instagram.com/newenglandouterwear*) oder dem Startup Plated (@plated, *http://instagram.com/plated*) zu sehen.

Wenn Sie auf eine lange Tradition zurückblicken und diese auch über Ihre Foto- und Videobeiträge in Ihrem Profil aufleben lassen, dann ist ein Hinweis darauf in Ihrer Biografie spannend, wie zum Beispiel bei Tiffany & Co. (@tiffanyandco, *http://instagram.com/tiffanyandco*). Oder sind Sie mit Ihrem Unternehmen ganz neu am Markt? Dann interessieren auch die kreativen Gründer dahinter. So zum Beispiel zu finden bei dem kleinen Shop für »Preppy«-Design Prep Obsessed (@prepobsessed, *http://instagram.com/prepobsessed*).

Darüber hinaus ist es empfehlenswert, direkt in Ihrer Biografie auf Hashtags hinzuweisen, die Ihre Follower und Besucher im Zusammenhang mit Ihrem Unternehmen nutzen sollten. Das kann der Name Ihres Unternehmens bzw. Ihrer Marke sein, wie das Hashtag #Nordstrom des Retailers Nordstrom (@nordstrom, *http://instagram.com/nordstrom*) oder auch ein spezieller Kampagnen-Hashtag, wie zum Beispiel bei der Luxusmarke Coach (@coach, *http://instagram.com/coach*) das Hashtag #MyFirstCoach.

Auch eine Preisangabe für Ihre Produkte ist in Ihrer Biografie gut aufgehoben, wie das Beispiel des Brillenherstellers Warby Parker (@warbyparker, *http://instagram.com/warbyparker*) zeigt, dessen Brillen laut seiner Biografie ab 95 Dollar zu haben sind.

10.2.4 Ihre URL

Ein wichtiger Bestandteil Ihrer Biografie ist der vielfach erwähnte einzige Hyperlink Ihrer gesamten Präsenz auf Instagram. Die meisten Unternehmen wählen hier den Link zu Ihrer Homepage. Möglich ist aber auch die

Angabe einer speziellen Unterseite Ihrer Website, wenn Sie beispielsweise über Instagram oder generell im Sozialen Netz eine spezielle Aktion bewerben wollen. Die Verwendung weiterer Links in Ihrem Profil wird auch noch einmal im Abschnitt 10.1.3 »Traffic« näher beschrieben.

10.2.5 Ihr Webprofil

Damit Ihr Webprofil von Anfang an hochwertig aussieht, ist es empfehlenswert, mindestens sieben Fotos auf Instagram hochzuladen. Das ist die Anzahl an Fotos, die für die in Abschnitt 2.2 »Instagram Web App« beschriebene Collage Ihrer Titel-Grafik benötigt wird. Ein Upload von Fotos direkt in Ihr Webprofil ist Stand heute (April 2014) nicht möglich. Achten Sie bei bestehenden Fotos, die Sie über Instagram hochladen, immer auf eine ausreichende Auflösung. Die Standardgröße für Instagram-Fotos in Ihrem Webprofil beträgt 612 x 612 Pixel.

10.2.6 Verknüpfung mit anderen Social-Media-Profilen

Wie in Abschnitt 4.5.4 »Ihr Foto in anderen Netzwerken teilen« beschrieben, können Sie Ihren Instagram Account mit Ihren Präsenzen auf Facebook, Twitter, Foursquare, Flickr, Tumblr sowie Weibo, VKontakte oder Mixi verknüpfen. Speziell für Facebook ist auch eine Verknüpfung mit Ihrer dortigen Unternehmensseite möglich. Mehr dazu finden Sie im Abschnitt 3.6.1 »Teilen von Fotos und Videos in der Facebook-Chronik und auf Facebook-Seiten«.

Im Rahmen Ihrer Content-Strategie, zu der wir noch ausführlich kommen, ist es jedoch wichtig, Ihre jeweiligen Profile möglichst nicht 1:1 mit den gleichen Inhalten zu bespielen, da Ihre Follower Ihnen gegebenenfalls sowohl auf Instagram, als auch weiteren Kanälen folgen und gegebenenfalls ganz oder bei einer Ihrer Präsenzen abspringen.

10.3 Kunden finden und Follower generieren

Nachdem Ihr Profil nun eine ansprechende Form hat, geht es nun darum, sich auf Instagram bestmöglich zu vernetzen. Die im Abschnitt 7.4 »Follower generieren« vorgestellten Vorgehensweisen zur Generierung von Abonnenten für Ihren Instagram Account gelten im Wesentlichen auch für Unternehmen. Dennoch gibt es einige wichtige zusätzliche Anregungen, die Ihnen den Start als Unternehmen auf Instagram erleichtern können.

Sofern Sie schon in anderen Sozialen Netzwerken präsent sind oder über eine eigene Website oder einen Blog verfügen, ist der erste naheliegende Schritt, Ihre dortigen Kunden, Fans und Follower auf Ihre neue Präsenz auf Instagram aufmerksam zu machen. Das kann auf unterschiedlichen Wegen erfolgen.

10.3.1 Eigene Webpräsenzen

Zum einen können Sie über einen Artikel oder eine Bilderstrecke auf Ihrer Homepage, Ihrem Blog sowie Ihrem Newsletter auf Ihr Instagram-Profil hinweisen. Integrieren Sie dabei direkt eine Bilderstrecke oder ein Video Ihrer schönsten Instagram-Beiträge. Letzteres können Sie beispielsweise in wenigen Minuten, wie im 5.3 »Begleitende Tools und Video-Apps« beschrieben, aus Ihrem Instagram-Bilderstream in Ihrer Bibliothek mit den Apps Replay, Magisto oder Flipagram erstellen. Diese Apps sind jeweils für die Betriebssysteme iOS und Android verfügbar.

Verlinken Sie dabei anschließend auf Ihr Webprofil via *www.instagram.com/nutzername* und fordern Sie Ihre Kunden auf, Ihnen auf Instagram zu folgen. (Eine genaue Beschreibung Ihres Webprofils finden Sie in Abschnitt 2.2) Da Ihr Webprofil ebenfalls einen FOLGEN-Button unterhalb Ihres Profil-Fotos enthält, können Sie so auch über das stationäre Web Follower generieren. Das Instagram-Webprofil ist zudem in einem responsiven Design erstellt, das sich an alle Displaygrößen vom stationären PC bis hin zum kleinsten Smartphone-Display in seiner Größe anpasst. Das bedeutet, dass auch Besucher, die Ihren Blog oder Ihre Website über ihr Smartphone oder ihren Tablet-PC nutzen, Ihr Webprofil in einer ansprechenden Form sehen und Ihnen folgen können, vorausgesetzt sie sind selbst Instagram-Mitglied.

Erläutern Sie Ihren Besuchern auf Ihrer Website oder Blog zusätzlich, was Instagram ist und wie sie sich in der App anmelden können, um Ihnen zu folgen. Sie werden sich vermutlich fragen, warum Sie Instagram auf diese Weise zu neuen Mitgliedern verhelfen sollten. Dafür sprechen folgende Gründe:

Zum einen können Sie mit Instagram einen weiteren und noch dazu emotionalen Kontaktpunkt zu Ihren Kunden etablieren. Sobald sich Ihre Kunden dort angemeldet haben und Ihnen gefolgt sind, profitieren Sie zudem von deren weiterer Vernetzung auf Instagram. Alle Profile mit denen sich Ihr Kunde auf Instagram verbindet, sehen auch Ihr Profil in dessen Abonnements. (Siehe dazu auch Abschnitt 3.5 »Abonnieren von Foto- und Videostreams«.) Instagrammer, die Ihrem Kunden folgen oder denen Ihr Kunde folgt, sind eine spannende Zielgruppe für Sie, da sie gegebenenfalls ebenfalls zu Ihren potentiellen Käufern zählen und Interesse an Ihren Produkten haben.

Zusätzlich dazu liefern Sie Ihren Kunden einen Mehrwert, indem Sie sie auf etwas Neues hinweisen, etwas, das sie erlernen und ausprobieren können.

Weiterhin ist es eine Möglichkeit, wie in Abschnitt 2.2.1 »Einbetten von Instagram Fotos- und Videos« beschrieben, regelmäßig Instagram-Fotos oder Videos in Ihre Seite einzubetten und damit sowohl Ihre Website-Inhalte oder Blogposts aufzuwerten als auch Ihre Besucher auf Ihre Instagram-Präsenz aufmerksam zu machen.

Instagram bietet, wie schon in Kapitel 2 erwähnt, darüber hinaus so genannte Badges bzw. Instagram-Buttons und -Icons an, die Sie in Ihre Webseite oder Blog einbauen und mit Ihrem Instagram-Webprofil verbinden können. Zusätzlich ist auch die Integration von Slideshows oder Galerien von Ihren Instagram-Beiträgen in Ihre Seite möglich. Weitere Anregungen dazu finden Sie in 10.10 »Verknüpfung von Instagram mit Ihrer Website«.

10.3.2 Soziale Netzwerke

Erzählen Sie Ihren Fans und Followern in anderen Sozialen Netzwerken über regelmäßige Posts, Pins oder Tweets von Ihrem Engagement auf Instagram und fordern Sie sie auf, Ihnen dort zu folgen. Teilen Sie darüber hinaus sporadisch einige Ihrer Instagram-Beiträge mit diesen Netzwerken. Informationen, wie Sie Ihre Beiträge mit Ihrer Facebook-Seite über Instagram teilen können, finden Sie in den Kapiteln 3 und 4.

Auf Ihrer Facebook-Seite besteht darüber hinaus die Option, Ihren Instagram-Bilder- und -Video-Stream über einen eigenen Reiter zu integrieren. Das müssen jedoch nicht nur Ihre eigenen Beiträge sein, sondern können auch Fotos und Videos Ihrer Follower sein, die mit einem bestimmten Gewinnspiel- bzw. Kampagnen-Hashtag versehen sind. Dies ist beispielsweise über das webbasierte Tool Iconosquare möglich. Mehr Informationen dazu finden Sie in Abschnitt 10.11 »Verknüpfung von Instagram mit Ihrer Facebook-Seite«.

Integrieren Sie darüber hinaus in Ihren Profilinformationen auf Facebook, Pinterest, Twitter und weiteren einen Link zu Ihrem Instagram-Webprofil oder erwähnen Sie dort Ihren Instagram-Nutzernamen.

10.3.3 Hashtags und Interaktionen

Neben der Ansprache Ihrer Kunden und Interessenten über Ihre eigenen und fremden Webpräsenzen, ist der nächste und wichtigste Schritt für einen nachhaltigen Follower-Aufbau auf Instagram, die zielgerichtete und kontinuierliche Interaktion mit der Community. Wie schon in Kapitel 7 beschrieben, sind Hashtags dabei ein probates Mittel, um potentielle Follower zu finden, ihnen zu folgen, ihre Beiträge mit einem »Gefällt mir« zu markieren oder einen Kommentar zu hinterlassen. Dabei stehen Sie vor der Herausforderung, Ihre Käufer sowie potentielle Käufer Ihrer Produkte, Liebhaber Ihrer Marke oder auch Trendsetter in Ihrem Bereich auf Instagram zu adressieren.

Überlegen Sie an dieser Stelle, wonach potentielle Käufer Ihrer Produkte am ehesten auf Instagram suchen würden. Vermutlich wissen Sie über Ihre bisherigen Marketingaktivitäten auch schon genau, um welche Stichworte es sich dabei handelt und können diese über die Hashtag-Suche der EXPLORE-Ansicht eingeben. Über diese Recherche gelangen Sie nun zu entsprechenden Beiträgen und Profilen, die diese Hashtags nutzen und können die zuvor genannten Interaktionen starten.

Hootsuite

Diese zugegebenermaßen Fleißarbeit kann Ihnen das Tool Hootsuite erleichtern. Hootsuite ist ein Dienst, den Sie sowohl auf Ihrem Desktop als auch unterwegs als App für die Betriebssysteme iOS und Android zur Verwaltung mehrerer Sozialer Netzwerke nutzen können. Unter anderem ist es möglich, Instagram als App in Ihr Hootsuite Dashboard zu integrieren und die Beiträge der Instagram-Community zu Ihren wichtigsten Hashtags gleichzeitig zu verfolgen. So ist es Ihnen möglich, schnell und effizient passende Fotos oder Videos zu liken oder Kommentare zu hinterlassen.

Voraussetzung dafür ist, dass Sie Instagram zuvor mit Hootsuite verknüpft haben. Nach Ihrer Anmeldung bei Hootsuite gelangen Sie in die Dashboard-Ansicht. Klicken Sie nun in das links auf der Seite angeordnete Dashboard-Menü und rufen Sie den Menüpunkt APP-VERZEICHNIS auf.

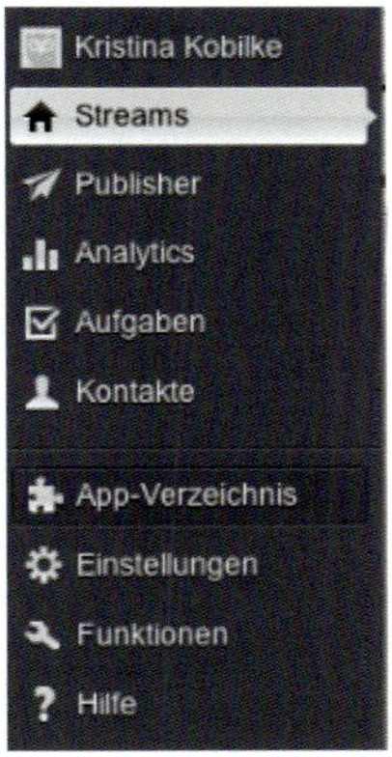

***Abb. 10.3:** Menüpunkt App-Verzeichnis im Hootsuite-Dashboard*

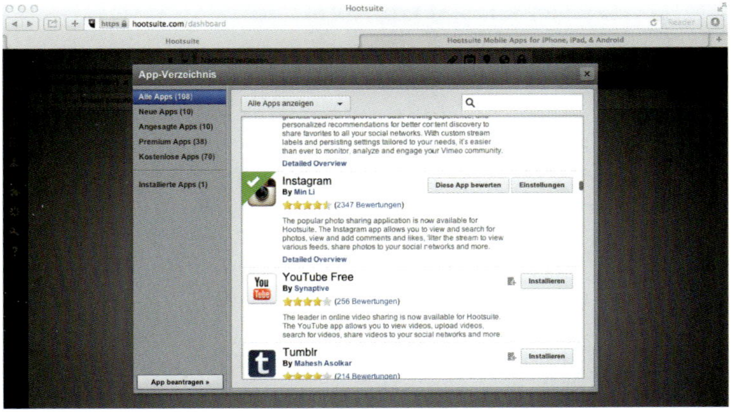

***Abb. 10.4:** Ansicht des App-Verzeichnisses*

Das App-Verzeichnis enthält alle Apps, die mit Hootsuite verknüpft werden können. Scrollen Sie durch das Verzeichnis, bis Sie Instagram gefunden haben und klicken Sie auf INSTALLIEREN. Nachdem Sie Instagram nun mit Hootsuite verknüpft haben, können Sie den Instagram-Bilderstream nach für Sie relevanten Hashtags gefiltert anzeigen lassen.

Klicken Sie dazu auf den Menüpunkt STREAM HINZUFÜGEN. Sie gelangen nun in eine gleichnamige Ansicht, in der Sie unter dem Menüpunkt APPS Instagram auswählen können. Klicken Sie nun auf das +-Symbol und anschließend auf »Connect with Instagram«.

Der neue Stream wird nun hinzugefügt. Über die Lupe im Menü am oberen Rand des Streams können Sie ein Keyword (bzw. ein Hashtag) eingeben, nach dem Sie den Stream filtern wollen, z.B. nach dem Hashtag #dress. Nun werden Ihnen alle Instagram Posts angezeigt, die aktuell mit dem Hashtag #dress markiert wurden. Sie können diese direkt in Hootsuite liken oder kommentieren und so zielgerichtet auf Ihr Profil aufmerksam machen.

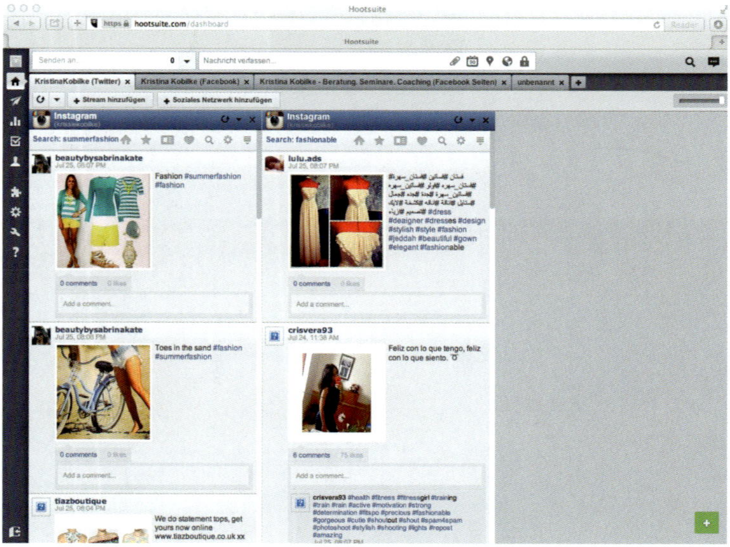

Abb. 10.5: *Instagram-Fotostreams nach Hashtags (#summertime und #fashionable) gefiltert*

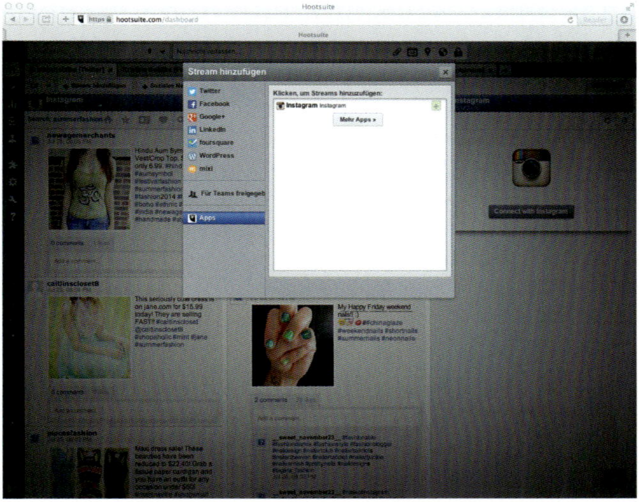

Abb. 10.6: *Hinzufügen weiterer Instagram-Streams*

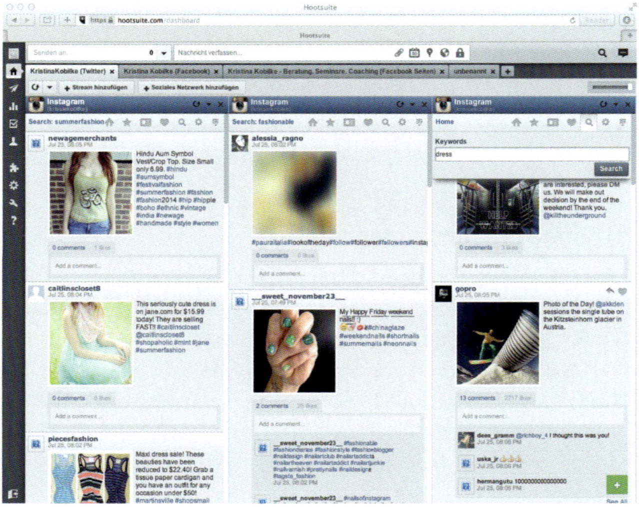

Abb. 10.7: *Filtermöglichkeit des Streams über Eingabe eines Keywords (Beispiel »dress«)*

Interaktionen fördern

Weiterhin ist es empfehlenswert, die Interaktionen Ihrer Follower mit Ihren eigenen Beiträgen zu fördern, um so Ihre Sichtbarkeit in der Community zu erhöhen. Das erreichen Sie vor allem, indem Sie Fragen zu Ihrem Beitrag stellen. Zalando (@zalando_official, *http://instagram.com/zalando_official*) fragt seine Follower beispielsweise, welches der auf dem Foto gezeigten Sonnenbrillen ihnen am besten gefällt *http://instagram.com/p/qWNDvhmT5I/?modal=true*. Das zuvor schon erwähnte Unternehmen Plated (@plated, *http://instagram.com/plated*) fragt wiederum, welches Gericht sich seine Follower auf ihrer Menükarte von ihm wünschen würden *http://instagram.com/p/obKZPbhFYg/?modal=true*. (Plated liefert Rezepte inklusive aller Zutaten an seine Kunden, die diese im Web auf einer virtuellen Menükarte auswählen können. *https://www.plated.com*)

10.3.4 Ziele setzen

Setzen Sie sich kurz- und langfristige Ziele in Bezug auf Ihren Follower-Aufbau, z. B. eine monatliche Anzahl von Followern, die Sie definitiv erreichen wollen sowie ein Jahresziel. Versuchen Sie schnellstmöglich eine für Ihre Unternehmensgröße angemessene Anzahl von Fans zu generieren. Sofern Sie ein kleines Unternehmen sind, ist eine Anzahl von 1000 Followern eine sehr gute Größenordnung. Sind Sie eine große starke Marke, sollte diese Anzahl entsprechend höher sein. Vergleichen Sie sich dabei auch mit Ihrer Konkurrenz.

10.3.5 Ihre Foto- und Videobeiträge

Wichtigstes Element für den nachhaltigen Follower-Aufbau sind Ihre ansprechenden Foto- und Videoposts. Scheuen Sie sich nicht davor, Ihr Smartphone selbst in die Hand zu nehmen und Ihr Produkt oder Ihre Marke in Szene zu setzen. In den Kapiteln 4 und 5 finden Sie einige hilfreiche Tipps und Tricks dazu. Mit Hilfe der in die Instagram App integrierten Bearbeitungstools oder auch externen Apps, wie die in Abschnitt 4.4 »Begleitende Apps zum Aufnehmen und Bearbeiten von Fotos« vorgestellten Camera+ oder VSCO Cam, können Sie authentische Fotos und Videos erstellen, die trotzdem hohen Qualitätsstandards entsprechen. Sie können darüber hinaus auch schon bestehende Fotos und Videos auf Instagram hochladen.

Fügen Sie Ihren Beiträgen auch einen Ort hinzu, sofern sinnvoll, um die Reichweite Ihres Posts zusätzlich zu erhöhen. Damit sind Sie für Ihre Follower und Kunden außerdem nahbarer.

Es ist nicht empfehlenswert, Ihre Beiträge analog zu einer Werbeanzeige zusätzlich mit Ihrem Firmen- oder Markenlogo zu versehen. Besser ist eine Variante, in der Ihr Produkt inklusive Ihrem Logo im Foto- oder Video-Motiv selbst vorkommen. Denkbar ist auch ein dezentes Wasserzeichen auf Ihren Beiträgen, das Sie mit der App Add Watermark (Android, 1,99 Euro) oder Marksta (iOS, 1,79 Euro) integrieren können.

10.4 Geeignete Content-Strategien für Unternehmen auf Instagram

Bevor Sie mit Ihren ersten Foto- oder Video-Beiträgen auf Instagram beginnen, ist es empfehlenswert, sich eine gute Content-Strategie zu überlegen, der Sie langfristig treu bleiben können und die Ihnen im Alltag dabei hilft, kontinuierlich interessante Beiträge auf Instagram zu posten.

10.4.1 Themen Ihres Accounts

Zunächst stellt sich hier die Frage, mit welchem Thema oder gegebenenfalls mehreren Themen Sie Ihren Account bespielen wollen, was wiederum eng mit der Zielsetzung Ihres Engagements auf Instagram verbunden ist. Wollen Sie Instagram beispielsweise verstärkt als Branding-Kanal nutzen oder soll Instagram einen wesentlichen Beitrag zum Abverkauf Ihrer Produkte leisten? Natürlich sind beide Ziele wichtig für Ihr Unternehmen und nicht vollständig voneinander zu trennen, dennoch können Sie inhaltlich einen Schwerpunkt auf das eine oder andere Ziel setzen.

Sofern Sie Instagram zum Auf- und Ausbau Ihrer Marke nutzen, sollten Ihre Inhalte die Werte und Attribute Ihrer Marke widerspiegeln. Wofür steht Ihre Marke? Was sind deren wichtigste Eigenschaften und wie könnten Sie diese bildlich übersetzen?

Die schottische Whiskey-Marke Johnnie Walker (@johnniewalker, *http://instagram.com/johnniewalker*) etwa fokussiert auf drei Themen oder Aspekte, die die Marke am besten repräsentieren. Zum einen gehört dazu das Thema Ursprünglichkeit und die Reinheit der für die Herstellung des Whiskeys verwendeten natürlichen Zutaten, wie Gerste und Wasser. Dabei steht die schottische Herkunft der Marke und die traditionelle Herstellung von Johnnie Walker im Mittelpunkt. Das Unternehmen übersetzt dieses Thema mit Fotos und Videos von urigen, in Nebelschwaden versinkenden schottischen Gerstenfeldern (*http://instagram.com/p/bgbuQwJ2uv/?modal=true*), Wasserfällen (*http://instagram.com/p/e0PCwRJ2lo/?modal=true*) und alten Whiskeyfässern (*http://instagram.com/p/U6eiLbJ2vt/?modal=true*) sowie Aufnahmen aus der traditionsreichen Whiskey-Brennerei.

Abb. 10.8: *Instagram-Posts von @johnniewalker und @3sixteen*

Das zweite Thema widmet sich der modernen Seite der Marke, die für Erfolg und Entschlossenheit steht und zeigt zum Beispiel moderne Fotos und Videos vom Formel 1-Sponsoring der Marke (*http://instagram.com/p/f_ERxKp2rP/?modal=true*). Das dritte Thema zeigt Momente aus der langjährigen Geschichte des Unternehmens, etwa die Ahnengalerie im Johnnie Walker Haus (*http://instagram.com/p/P2xzjwJ2v9/?modal=true*). Diese Themen wechseln sich regelmäßig ab. Dazwischen erscheinen auch Produkt-Fotos von Johnnie Walker, jedoch sind diese nur ein Teil der Content-Strategie.

Einen anderen Ansatz wählt der kleine Shop Prep Obsessed (@prepobsessed, *http://instagram.com/prepopbsessed*). Dieser Instagram Account ist klar auf Abverkauf fokussiert und zeigt in erster Linie die Produkte des Shops, insbesondere auch Previews für bald eintreffende Ware, die die Follower mit Spannung erwarten (*http://instagram.com/p/pjqu7SAhRp/?modal=true*) .

Das kleine New Yorker Unternehmen 3sixteen (@3sixteen, *http://instagram.com/3sixteen*) stellt unter der gleichnamigen Marke Jeans, Schuhe, Shirts und mehr her und gewährt seinen Followern in Echtzeit einen Blick hinter die Kulissen seiner täglichen Arbeit, zum Beispiel wie gerade eine Jeans genäht wird (*http://instagram.com/p/qJ9jVAM49R/?modal=true*). Gleichzeitig teilen die Gründer auch ihr Lebensgefühl mit ihren Followern. Das sind zum Beispiel Stadtansichten von New York, Reiseimpressionen oder ein Foto von einem guten Kaffee (*http://instagram.com/p/qmpiMYs438/?modal=true*).

10.4.2 Wettbewerbsanalyse

Ein wichtiger Schritt bei der Planung Ihrer Inhalte ist die Analyse Ihrer Wettbewerber auf Instagram. Welche Content-Strategien werden von diesen Unternehmen verfolgt, was ist gegebenenfalls auf Ihr Unternehmen übertragbar? Wo haben Sie besondere Stärken, die Sie noch besser als Ihre Konkurrenz herausstellen können? Welche Hashtags werden von Ihren Wettbewerbern verwandt?

10.4.3 Community-Themen

Instagram bietet Ihnen eine Vielzahl von Möglichkeiten, Ihre menschliche Seite zu zeigen, sich gegenüber Ihrer Zielgruppe authentisch darzustellen und sich mit anderen Instagrammern auf Augenhöhe zu verbinden.

Sie verstärken diesen Effekt, wenn Sie in Ihren Inhalten beliebte Themen der Community aufgreifen. Beispielsweise indem Sie Ihr Produkt nach dem in Kapitel 4 beschriebenen Prinzipien »Things organized neatly« (#thingsorganizedneatly) oder »On the Table« (#onthetable) inszenieren, wie das Beispiel des Fashion-Retailers J.Crew (@jcrew, *http://instagram.com/jcrew*) hinter folgendem Link zeigt (*http://instagram.com/p/i_nwcUTOGx/?modal=true*)

oder auch von Southwest Airlines *http://instagram.com/p/pY3WyqSkZA/?modal=true* (@southwestair, *http://instagram.com/southwestair*). Ebenso ist das Thema »From where I stand« (#fromwhereistand), wie beim Schuhhersteller Dannerboots (@dannerboots), nachahmenswert (*http://instagram.com/p/miuUn0AOsc/?modal=true*). Mit Inhalten dieser Art zeigen Sie Ihren Followern nicht nur Ihre Kreativität, sondern auch, dass Sie ein Teil der Community geworden sind.

Wie in allen sozialen Netzwerken sind auch auf Instagram zudem Fotos oder Videos der eigenen Haustiere, insbesondere Hunde oder Katzen besonders beliebt und unter anderem unter dem Hashtag #weeklyfluff zu finden. Falls Sie einen Bürohund haben, spricht also nichts dagegen, ab und zu einen #weeklyfluff, wie im Beispiel vom Kopfhörerhersteller Urbanears (@urbanears, *http://instagram.com/urbanears*), in Ihrem Bilderstream zu platzieren (*http://instagram.com/p/k9EvstJ5YX/?modal=true*). Auch das zeigt Sie von Ihrer menschlichen Seite und Ihre Follower werden begeistert sein.

10.4.4 Hinter den Kulissen

Der Blick hinter die Kulissen ist ein typisches Instagram-Thema, das täglich von der Community gelebt und geliebt wird. Nah dran zu sein, aus erster Hand zu erfahren, wie ein Kunstwerk, ein Produkt oder auch ein Event entsteht, ist bei den Instagrammern besonders beliebt. Stars führen dieses Genre an, indem sie sich ungeschminkt kurz nach dem Aufstehen via Instagram in Szene setzen oder während eines Red Carpet Events »instagrammen«.

Aber auch Unternehmen ziehen Instagrammer mit Inhalten dieser Art an. Der Blick hinter die Kulissen kann ein Foto oder Video einer Werkstatt sein, wie beispielsweise beim Schuhhersteller New England Outerwear zu sehen *http://instagram.com/p/pm3YcsLvqs/?modal=true* ist (@newenglandouterwear, *http://instagram.com/newenglandouterwear*) oder eine hautnahe Berichterstattung von Fashion-Events, wie bei Burberry *http://instagram.com/p/pedtdhxJH_/?modal=true* (@burberry, *http://instagram.com/burberry*) oder auch die Vorstellung von Mitarbeitern oder Partnern, wie bei Serena & Lily *http://instagram.com/p/nJI8orqr9P/?modal=true* (@serenaandlily, *http://instagram.com/serenaandlily*). Auch das »Making-of« Ihres Instagram-Fotos, auf dem Sie bei der Aufnahme

Ihres Fotos wie im Beispiel von Nordstrom (@nordstrom, *http://instagram.com/nordstrom*) zu sehen sind , ist ein spannender Blick hinter die Kulissen (*http://instagram.com/p/orG9Qwm9e1/?modal=true*).

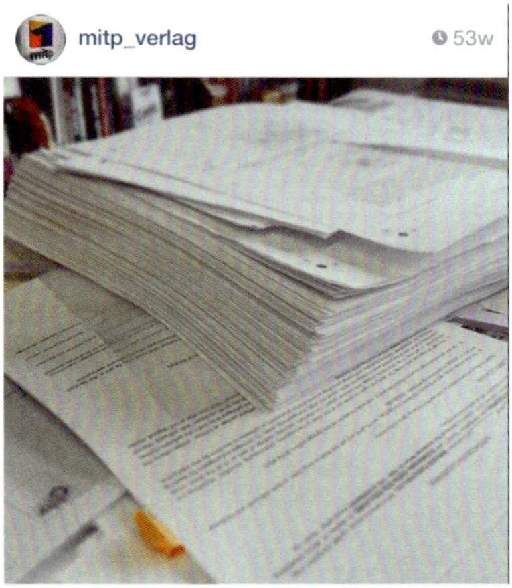

Abb. 10.9: *Hinter den Kulissen, @mitp_verlag*

Weiterhin sind auch Fotos oder Videos aus Ihrem Büroalltag für Ihre Follower interessant. Kommen Sie eventuell mit Ihren Kollegen nach Feierabend zusammen oder schauen Sie sich gemeinsam ein Fußballspiel im Büro an? Veranstalten Sie Firmenevents? Machen Sie ein Foto oder Video davon!

Ebenso spannend sind kurze Video-Interviews, etwa mit dem Gründer Ihres Unternehmens, mit Ihren Geschäftspartnern, Designern oder Mitarbeitern.

10.4.5 InstaWalks

Eine schöne Variante einen Blick hinter die Kulissen zu werfen, ist auch ein InstaWalk über Ihr Firmengelände oder durch Ihre Büroräume, sofern möglich, wie das Beispiel von Southwest Airlines (@southwestair, *http://instagram.com/southwestair*) zeigt *http://instagram.com/p/X0qeD9ykaA/?modal=true*. (Siehe dazu auch Abschnitt 7.5 »Die Instagram-Community in der realen Welt«) Sie können dazu auch Ihre engagiertesten Follower und Kunden einladen und unter einem zuvor definierten Hashtag gemeinsam Fotos und Videos von Ihrem Unternehmen machen.

Das Touristikunternehmen Thomas Cook (@thomascook, *http://instagram.com/thomascook*) lädt seine Follower regelmäßig zu InstaWalks bzw. zu *ThomasCook.de* Photowalks ein, insbesondere im Umfeld von durch Thomas Cook gesponserten Events, wie den Ironman auf Mallorca oder die Internationale Touristik Messe in Berlin (ITB) und postet ausgewählte Fotos seiner InstaWalk-Teilnehmer in seinem Profil *http://instagram.com/p/oIYLHHKice/?modal=true*.

10.4.6 Tutorials

Gerade die Video-Funktion von Instagram bietet Ihnen eine sehr gute Möglichkeit, Ihren Followern einen Mehrwert zu bieten und Ihre Inhalte mit mehr Leben zu füllen. Zeigen Sie Ihren Followern, in einer kleinen Schritt-für-Schritt-Anleitung bzw. einem »Tutorial«, wie Ihr Produkt oder Ihre Dienstleistung genutzt wird. Im Video des Kosmetikhändlers Sephora (@sephora, *http://instagram.com/sephora*) erfahren Instagrammer beispielsweise, wie ein bestimmter Nagellack-Trend umgesetzt wird *http://instagram.com/p/oWSJIZuGZz/?modal=true*. (Tipps und Tricks zur Video-Erstellung finden Sie im Kapitel 5).

10.4.7 Nutzergenerierter Content

Ein weiterer wichtiger und spannender Inhalt für Ihren Account und darüber hinaus sind Fotos oder Videos Ihrer Follower von Ihren Produkten. Wie schon im Abschnitt 10.1.2 »Abverkauf« in diesem Kapitel erwähnt, wirken sich Fotos oder Videos, die Ihre Produkte im wahren Leben zeigen, indem sie von Ihren Kunden getragen oder genutzt werden, positiv auf die Kaufbereitschaft und Konvertierung aus.

Laut einer Untersuchung im Februar 2014 von L2 Think Tank nutzen allerdings bisher nur 14 Prozent, der auf Instagram vertretenen Top-Marken, nutzergenerierte Inhalte für ihre Website.

Der Händler von Möbeln und Einrichtungsgegenständen West Elm (@westelm, *http://instagram.com/westelm*) hat diesen Ansatz jedoch geradezu perfektioniert. Seine Follower fotografieren die Vasen, Sessel, Teppiche oder sonstige Produkte von West Elm in ihren eigenen vier Wänden und markieren diese mit dem Hashtag #mywestelm. West Elm sucht die schönsten Beiträge aus und promotet diese regelmäßig auf seinem Instagram-Profil. Dabei wird der jeweilige Follower in der Bildunterschrift lobend hervorgehoben und mit dem @-Zeichen vor seinem Instagram-Nutzernamen markiert, wie zum Beispiel hier *http://instagram.com/p/qcQL_skJUt/?modal=true*. Ihre Abonnenten auf diese Weise positiv herauszustellen, ist dabei ein weiterer wichtiger Aspekt, um die Mund-zu-Mund-Propaganda zu Ihrem Unternehmen und Ihrer Marke anzuregen und damit wiederum weitere Follower anzuziehen.

West Elm nutzt die auf Instagram geteilten Follower-Beiträge darüber hinaus in einer #mywestelm-Galerie auf seiner Homepage, in seinen Katalogen, in seinem Blog sowie in E-Mails und verlinkt oder verweist im Falle des Katalogs auf das jeweilige Bild im Webprofil des Instagrammers, von dem der Beitrag stammt. (Weitere Details zu rechtlichen Aspekten dieser Vorgehensweise finden Sie in Kapitel 11).

Die Inhalte des Instagram Accounts des Brillenherstellers Proof Eyewear (@proofeyewear, *http://instagram.com/proofeyewear*) sind fast ausschließlich nutzergeneriert. Das Unternehmen ruft seine Follower regelmäßig dazu auf, seine Brillen fotografisch in Szene zu setzen. Die Fotos müssen dabei mit einem der Hashtags #IWantProof oder #NatureOfProof für die Sonnenbrillensparte sowie dem Instagram-Namen von Proof Eyewear markiert werden. Jeden Freitag zeigt Proof Eyewear zudem ein Video aus den besten Fotobeiträgen seiner Follower *http://instagram.com/p/qXGRWRFCPn/?all_comments_on_ad=undefined*.

10.5 Wettbewerbe

Wettbewerbe auf Instagram haben einen vielfältigen Nutzen für Ihr Unternehmen und sind auf Grund der kreativen Instagram-Community, die neben professionellen Fotografen und Künstlern auch viele Designer und Werbefachleute zu ihren Mitgliedern zählt, sehr beliebt.

Sie dienen in der Regel dazu, kreativen Content für ihren Account zu generieren, analog zu den Beispielen des vorangegangenen Abschnitts. Sie werden von Unternehmen aber auch dazu eingesetzt, qualifiziertes Personal zu finden, Werbeanzeigen für Print-, Online- oder Bewegtbild-Medien aus Instagram-Beiträgen zu erstellen, ein neues Produkt zu kreieren und vieles mehr. Die »Schwarmintelligenz der kreativen Masse« auf Instagram ist eine perfekte Voraussetzung dafür.

Im Folgenden erfahren Sie, wie Sie einen Instagram-Wettbewerb bestmöglich auf- und umsetzen können.

10.5.1 Zielsetzung Ihres Wettbewerbs

Im ersten Schritt ist es wichtig, ein klares Ziel für Ihren Wettbewerb zu definieren. Wollen Sie zum Beispiel zum Start Ihres Instagram Accounts mehr Follower gewinnen oder Aufmerksamkeit für einen Produktlaunch, ein Event oder generell für Ihre Marke schaffen oder dient der Wettbewerb hauptsächlich dazu, nutzergenerierten Content für Instagram, Ihre Website oder weitere Social Media Kanäle zu generieren? Ihr Ziel entscheidet über die Mechanik des Wettbewerbs, insbesondere die Kür der Gewinnerbeiträge sowie die anschließende Weiterverwertung der Wettbewerbsbeiträge.

10.5.2 Erfolgsfaktoren

Im zweiten Schritt sollten Sie festlegen, wie und woran Sie Ihr Ziel messen wollen. Messbare Parameter können dabei die Anzahl Ihrer neu gewonnen Follower sein und das damit verbundene prozentuale Wachstum Ihres Accounts, die Anzahl von Likes und Kommentaren im Verhältnis zu Ihren Followern, auch Engagement-Rate genannt, die Anzahl der Wettbewerbsteilnehmer, die Anzahl der über den Wettbewerb generierten Foto- und Video-Beiträge unter Verwendung Ihres Hashtags, der prozentuale Anstieg der Erwähnungen Ihres Unternehmens auf Instagram via Hashtag während und nach dem Wettbewerb, die potentielle Reichweite Ihres Wettbewerbs durch die Veröffentlichung der Wettbewerbsbeiträge in den Homefeeds der Instagrammer, die Ihren Teilnehmern folgen, der über Instagram generierte Traffic auf Ihrer Website und vieles mehr. Hilfreiche Tools zur Erfolgsmessung werden im Kapitel 12 noch ausführlich vorgestellt.

10.5.3 Auswahl eines Hashtags

Der dritte Schritt beinhaltet die Auswahl eines passenden Hashtags für Ihren Wettbewerb. Hier sollten Sie sich ausreichend Zeit nehmen, ein geeignetes unverwechselbares Stichwort oder Motto zu finden, denn das

Hashtag ist der Dreh- und Angelpunkt für die funktionierende Mechanik Ihres Wettbewerbs auf Instagram und kann in seiner Verbreitung später nicht mehr durch Sie gesteuert werden.

Wichtigstes Kriterium für Ihr Wettbewerbs-Tag ist, dass es keine Verwechselungen zulässt, indem ein anderes Unternehmen oder auch ein anderer privater Nutzer der Community ein ähnliches Tag einsetzt oder in der Vergangenheit eingesetzt hat. Auch generische Begriffe, wie zum Beispiel #nordsee oder #jeans, die bereits von vielen Instagrammern zur Beschreibung ihrer Beiträge eingesetzt werden, sind für Ihren Wettbewerb ungeeignet, da sie viele Nutzer unwissentlich in Ihren Wettbewerb einschließen. Ebenso sind Tags, die mehrdeutig sind oder Ironie enthalten, nicht zu empfehlen. Wählen Sie deshalb einen Begriff oder eine Zeichenfolge, die absolut einzigartig ist und nur von Instagrammern gewählt wird, die Ihrem Wettbewerbsaufruf bewusst gefolgt sind.

Weiterhin sollte Ihr Tag keine negativen Assoziationen zulassen oder gar eine Angriffsfläche für Ihr Unternehmen bieten. Wenn Sie mit Hilfe des Wettbewerbs beispielsweise Ihr Image in einem bestimmten Punkt, zum Beispiel Umweltfreundlichkeit verbessern wollen, Ihr Unternehmen bislang jedoch eher in der Kritik diesbezüglich stand, kann Ihr Hashtag auch als Mittel zur Verbreitung negativer Kommentare und Inhalte zu Ihrem Unternehmen genutzt werden. Überdenken Sie an der Stelle lieber noch einmal, ob ein Instagram-Wettbewerb in diesem Fall eine passende Maßnahme ist. Falls ja, wählen Sie ein Hashtag, das nicht Ihren Unternehmensnamen enthält, sondern für sich allein steht.

Überlegenswert ist auch ein Tag, das ein bestimmtes Community-Thema einschließt. Die Jeans-Marke Hilfiger Denim nutzte beispielsweise das Motto Throwback Thursday (#throwbackthursday) für seinen #ThrowbackDenim Wettbewerb.

Generell sollte Ihr Tag nicht zu kompliziert, eher kurz und einfach zu merken sein.

10.5.4 Auswahl des oder der Gewinner

Im vierten Schritt folgt nun die Überlegung, wie Sie Ihren oder Ihre Gewinner küren. Dabei sind folgende Optionen empfehlenswert:

- Sie wählen den oder die aus Ihrer Sicht besten Beiträge der Wettbewerbsteilnehmer aus. Damit liegen Sie mit den großen Foto-Wettbewerbs-Communities wie @photooftheday oder @joshjohnson (mehr dazu finden Sie in Abschnitt 7.4.5 »Wettbewerbe«) auf einer Linie.
- Sie lassen die Community über die zehn besten Beiträge in Form von Likes abstimmen und wählen anschließend daraus den oder die Gewinner.
- Jeder der teilnimmt, hat einen Gewinn, indem er mit seinem Beitrag beispielsweise in einer Galerie auf Ihrer Homepage oder auf Facebook erscheint. Die Veröffentlichung des eigenen Bildes ist für viele Community-Mitglieder bereits Anreiz genug, um an einem Wettbewerb teilzunehmen.

10.5.5 Teilnahmebedingungen und Wettbewerbsmechanik

Im fünften Schritt geht es nun darum, die Teilnahmebedingungen für Ihren Wettbewerb zu formulieren und Ihren Followern sowie Profilbesuchern, die Mechanik des Wettbewerbs mitzuteilen.

Erklären Sie möglichst präzise und einfach, was Sie von Ihren Teilnehmern erwarten. In den meisten Wettbewerben geht es darum, ein Foto oder Video zu einem bestimmten Thema aufzunehmen, auf Instagram hochzuladen, mit dem entsprechenden Hashtag zu versehen, sowie den Account des Wettbewerbsveranstalters in der Bildunterschrift zu taggen. In der Regel dürfen auch ältere, schon bestehende Instagram-Beiträge der Teilnehmer mit dem Wettbewerbs-Hashtag markiert werden.

Achten Sie dabei darauf, Ihre Teilnehmer nicht zu stark in Ihrer Kreativität einzuschränken, sondern geben Sie ihnen Raum Ihr Wettbewerbsthema auf ihre Art zu interpretieren. Wie schon in den ersten Kapiteln dieses Buches erwähnt, dient Instagram seinen Mitgliedern unter anderem als Plattform, die eigene Persönlichkeit darzustellen. Einen Beitrag, den sie für Ihren Wettbewerb erstellen, muss im Idealfall zu Ihrem Profil passen. Andererseits sollte Ihr Thema nicht zu breit angelegt sein, denn die über den Wettbewerb generierten Inhalte sollen ja möglichst zu Ihrem Unternehmen oder Ihrer Marke passen. Erläutern Sie weiterhin, wie Sie den Gewinner küren werden und welcher Gewinn ihn erwartet.

Wichtig ist darüber hinaus die Angabe des Start- und Endzeitpunkts Ihres Wettbewerbs. Die übliche Dauer liegt in der Regel bei drei Wochen. Machen Sie darüber hinaus auf etwaige Wohnsitzbeschränkungen Ihres Wettbewerbs aufmerksam, sofern dieser beispielsweise nur für Deutschland, Österreich und die Schweiz gilt.

Klären Sie Ihre Teilnehmer weiterhin darüber auf, was Sie mit Ihren Beiträgen vorhaben und räumen Sie sich die entsprechenden Nutzungsrechte beispielsweise zur Bearbeitung, Berichterstattung, Öffentlichkeitsarbeit und Verwendung der Beiträge auf Instagram oder weiteren sozialen Kanälen, Ihrer Website oder weiteren Medien ein. Stellen Sie dabei auch heraus, dass die Urheberrechte Ihrer Teilnehmer an den eingereichten Fotos und Videos gewahrt bleiben.

Weisen Sie Ihre Teilnehmer zusätzlich darauf hin, dass ausschließlich Beiträge, die über den Upload auf Instagram oder andere von Ihnen vorgesehene Zielseiten erfolgt sind, in Ihren Wettbewerb eingeschlossen werden. Damit verhindern Sie, dass Beiträge via Instagram Direct oder per E-Mail oder gar über den postalischen Weg an Sie herangetragen werden.

In Kapitel 11 finden Sie noch einmal eine Übersicht, der für Ihre Teilnahmebedingungen unverzichtbaren Punkte.

Grundsätzlich sollten Sie für die Teilnahmebedingungen Ihres Wettbewerbs eine eigene Unterseite auf Ihrer Website einrichten auf die Sie via Instagram immer wieder verweisen können.

Darüber hinaus ist es absolut empfehlenswert, eine Galerie der Wettbewerbsbeiträge entweder auf Ihrer Website oder auf Ihrer Facebook-Seite einzurichten, um bestmöglich von einer Cross-Promotion Ihres Wettbewerbs zu profitieren. Diese Galerie kann sowohl über eine Programmierschnittstelle von Instagram ("Instagram Tab for Pages") und Ihrer Website oder Facebook erzeugt werden oder über spezialisierte Tool-Anbieter, beispielsweise Iconosquare. Letztere haben den Vorteil, dass Sie die Wettbewerbsbeiträge moderieren können, so dass Fotos oder Videos, die gegen Ihre Teilnahmebedingungen verstoßen, direkt aussortiert werden können. Mehr Informationen zur Integration von Instagram-Foto- oder Video-Streams finden Sie in Abschnitten 10.10 »Verknüpfung von Instagram mit Ihrer Website« sowie 10.11 »Verknüpfung von Instagram mit Ihrer Facebook-Seite«.

10.5.6 Launch und Promotion Ihres Wettbewerbs

Im sechsten Schritt folgt nun der spannende Start Ihres Wettbewerbs. Am besten promoten Sie diesen über ein Foto auf dem Sie durch zusätzlichen Text die wichtigsten Eckdaten Ihres Gewinnspiels, wie zum Beispiel Ihren Wettbewerbs-Hashtag und den Gewinn mitteilen. Den Text können Sie leicht über die schon erwähnte App Rhonna Design hinzufügen. Posten Sie Ihren Gewinnspielaufruf mit Hilfe dieses aufmerksamkeitsstarken Fotos sowohl auf Instagram als auch über alle anderen Kanäle oder Medien, in denen Sie präsent sind und verweisen Sie dabei auf Ihre Teilnahmebedingungen.

Da der Link in der Bildunterschrift auf Instagram nicht klickbar ist, empfiehlt es sich, diesen für die Dauer des Wettbewerbs in Ihre Biografie zu übernehmen und Ihre Follower und Profilbesucher darauf hinzuweisen. Damit verhindern Sie, dass diese Ihren Link umständlich oder sogar mehrmals abtippen müssen, weil sich kleine Fehler eingeschlichen haben.

10.5.7 Begleitung des Wettbewerbs

Im siebten Schritt geht es darum, Ihre Kunden und Follower über den Fortschritt Ihres Wettbewerbs zu unterrichten, indem Sie zum Beispiel eine Auswahl der bisher schon eingereichten Beiträge in einem kleinen Video oder einer Kollage posten. Wenn möglich, zeigen Sie Ihren Teilnehmern eine großartige Wertschätzung, wenn Sie deren Beiträge schon während der Laufzeit Ihres Wettbewerbs mit einem »Gefällt mir« markieren oder gar kommentieren. Hierbei könnte Ihnen das zuvor schon erwähnte Tool Hootsuite eine Hilfe sein oder auch das nachfolgend vorgestellte Contest Tool von Iconosquare.

10.5.8 Abschluss und Nachbereitung

Der achte Schritt ist die Promotion der Gewinner-Beiträge auf Instagram und weiteren Kanälen. Sie können dazu im Falle von Fotos einen Screenshot der betreffenden Beiträge mit Ihrem Smartphone machen und in Ihrem eigenen Account hochladen. Nutzen Sie bei der Veröffentlichung auf Instagram zusätzlich die NUTZER MARKIEREN- Funktion und fügen Sie dem Bild den Instagram-Nutzernamen des Gewinners hinzu. Markieren Sie den Gewinner zusätzlich via @nutzername in Ihrer Bildunterschrift. Darüber hinaus ist auch eine Collage aus den Gewinner-Beiträgen denkbar, die Sie beispielsweise mit der App Fotorus (iOS, Android) erstellen können. Ebenso bietet sich ein Video aus den Gewinner-Beiträgen an. Dieses können Sie ganz leicht mit den Apps Flipagram, Replay oder Magisto kreieren. (Siehe dazu auch Kapitel 5.)

Eine besondere Freude bereiten Sie Ihren Teilnehmern, wenn Sie sich nach Ablauf Ihres Wettbewerbs bei ihnen mit einer persönlichen Nachricht, zum Beispiel via Instagram Direct bedanken. Sofern Sie tausende Teilnehmer über Ihren Wettbewerb generiert haben, ist das natürlich nicht zu leisten. Ein kleiner Trostpreis für die nächstbesten 50 Teilnehmer nach den Gewinnern ist auch eine Variante.

In dieser letzten Phase geht es natürlich auch darum, Ihre zuvor festgelegten Parameter mit Ihrem tatsächlichen Erfolg abzugleichen. Hilfreiche Tools sind hier wieder Iconosquare sowie Totems, die jeweils in Kapitel 12 ausführlich vorgestellt werden.

Iconosquare verfügt darüber hinaus über ein professionelles Contest Toolkit (*www.iconosquare.com/instagram-contest-toolkit*), mit dem Sie Ihren Wettbewerb sowohl auf Instagram als auch gleichzeitig auf Facebook, Twitter sowie Ihrer Website aufsetzen, über ein gemeinsames Dashboard auf Iconosquare moderieren und hinsichtlich Ihrer Erfolgsparameter monitoren können. Bestandteil des kostenpflichtigen Contest Toolkits ist zudem eine eigene individuell gebrandete Webpräsenz des Wettbewerbs, wie im Beispiel des Magazins BEEF! *http://iconosquare.com/contests/beef*, inklusive einer Galerie sämtlicher Teilnehmerbeiträge, die Sie auch auf Facebook einbetten können (*https://www.facebook.com/beef.de/app_540504176059814*).

Darüber hinaus werden die Gewinner und deren Beiträge über die Seite verkündet, wie das Beispiel von Swarovski Kristallwelten zeigt *http://iconosquare.com/contests/momentsofwonder*.

Auf *www.iconosquare.com/contests-open.php* sowie auf der Iconosquare Facebook-Seite können Sie eine Vielzahl aktueller oder kürzlich beendeter Instagram-Wettbewerbe zu Ihrer Inspiration einsehen.

Sofern es Ihr Ziel war, über den Wettbewerb Content für Ihren Onlineshop zu generieren, bieten sich noch weitere Schritte zur Verwertung der Wettbewerbsbeiträge an, die im Abschnitt 10.8 »eCommerce mit Instagram« noch näher beleuchtet werden.

10.6 Influencer Targeting

Eine verbreitete Marketing-Maßnahme auf Instagram ist die gezielte Zusammenarbeit mit den schon in Kapitel 7 erwähnten Influencern. Dabei nutzen Unternehmen die Popularität und Kreativität dieser Instagrammer, um ihre Reichweite in ihrer gewünschten Zielgruppe zu erhöhen, aber auch um die Stärken ihrer Marke herauszustellen.

Die Arten der Zusammenarbeit sind dabei vielfältig. Die zuvor schon erwähnte Marke Johnnie Walker beispielsweise lädt regelmäßig bekannte Influencer zu Foto-Reisen unter anderem in die schottische Heimat seiner Marke ein. Unter ihnen befinden sich zum Beispiel der kanadische Instagrammer Alex Strohl (@alexstrohl, *http://instagram.com/alexstrohl*) oder der holländische Instagrammer Eelco Roos (@croyable, *http://instagram.com/croyable*), die sich mit ihren Arbeiten auf urige Landschaftsmotive spezialisiert haben. Damit sind sie die perfekte Wahl für Johnnie Walker. Die bei der Reise entstandenen Fotos werden sowohl mit den Followern von Johnny Walker mit Verweis auf den Fotografen geteilt als auch mit denen der Influencer, die wiederum das Profil von Johnny Walker empfehlen.

Das Profil von Paypal (@paypal, *http://instagram.com/paypal*) wird neben eigenen Beiträgen des Unternehmens jede Woche von einem anderen Influencer zu einem von Paypal vorgegebenen Thema »bespielt«, wie zum Beispiel von Instagrammer @sonyayu (*http://instagram.com/sonyayu*) aus San Fransisco *http://instagram.com/p/pWlhGzqziy/?modal=true*.

Dabei wechseln sich Stile, Motive und kreative Interpretationen des Themas sehr spannend ab. Paypal erreicht damit nicht nur mehr Instagrammer in der Community, sondern kann auf diese Weise ganze Geschichten über seinen Account erzählen.

Das zuvor schon erwähnte Touristikunternehmen Thomas Cook (@thomascook, *http://instagram.com/thomascook*) arbeitete für seinen »*ThomasCook.de* Photowalk« im Umfeld der Internationalen Touristik Messe (ITB) in Berlin mit dem zuvor schon erwähnten Berliner Streetfotografen und populären Instagrammer Thomas Kakareko (@thomas_k, *http://instagram.com/thomas_k*) zusammen. Die Zusammenarbeit war offenbar für beide Seiten so positiv, dass diese weiter fortbesteht, beispielsweise für den InstaWalk zum Ironman auf Mallorca.

Abb. 10.10: *Influencer Targeting am Beispiel @thomas_k und @thomascook*

Die Kölner TV-Journalistin und Reisebloggerin (*www.koeln-format.de*) Heike Kaufhold (@koelnformat, *http://instagram.com/koelnformat*) zeigt auf Instagram unter anderem Impressionen von ihrem »Great Lakes«-Roadtrip, den sie für und mit Unterstützung von Mercedes Benz (@mercedesbenz, *http://instagram.com/mercedesbenz*) gemeinsam mit ihren Kindern in einem familienfreundlichen Modell des Autoherstellers unternimmt. Das Auto ist dabei authentischer Teil einer spannenden Reisegeschichte, die von der Community hautnah und in Echtzeit über Instagram mitverfolgt wird.

Abb. 10.11: *»Great Lake«-Roadtrip mit @koelnformat und @mercedesbenz*

In der Regel sind Instagrammer gegenüber einer Zusammenarbeit mit Firmen aufgeschlossen, sofern das jeweilige Projekt zu ihrem Stil passt und ihre sorgsam aufgebaute Reputation in der Community nicht gefährdet. Der Mehrwert für die Influencer liegt dabei neben dem Reiz an interessanten Foto- oder Video-Projekten auch an der zunehmenden Lukrativität ihres Einsatzes, der ihnen mehr finanzielle Freiräume für das verschafft, was sie am liebsten tun.

Um Influencer auf Instagram zu finden und mit ihnen in Kontakt zu treten, gibt es inzwischen eine Vielzahl von Möglichkeiten. Zum einen können Sie über Hashtags Influencer in Ihrer Nische ermitteln und über deren, meistens in der Biografie hinterlegten, Homepage oder E-Mail kontaktieren. Zum anderen gibt es inzwischen Marktplätze, wie Totems (*https://connect.totems.cc/p/front#/all*), Instabrand (*www.instabrand.com*), snapfluence (*https://snapfluence.com*) oder Brandnew (*www.brandnew.io*), die Unternehmen und Influencer zusammenbringen.

Eine für Marken besonders spannende Zusammenarbeit ist die mit Stars, die, wie schon zu Beginn dieses Buches erwähnt, mit mehreren Millionen Followern hinsichtlich der Reichweite ihrer Profile zu den erfolgreichsten Instagrammern der Community zählen. Eine Produktpromotion mit einem dieser Stars und Sternchen kann schnell mehrere Millionen Menschen erreichen und über eine fünf- bis sechsstellige Anzahl von Likes nach sich ziehen. So geschehen bei adidas Originals (@adidasoriginals, *http://instagram.com/adidasoriginals*) und dem Sänger Pharrell Williams (@pharrell, *http://instagram.com/pharrell*). Dieser bemalte eine limitierte Ausgabe von Sneakern des Unternehmens per Hand und promotete das Ergebnis ebenso wie adidas Originals in seinem Account *http://instagram.com/p/oiGQP8EWwZ/?modal=true* und *http://instagram.com/p/ohC3pBLiSU/?modal=true*. Insgesamt kamen so über die Profile von @pharell und @adidasoriginals über 110.000 Likes für das Foto zusammen.

Adidas nutzt zudem für seine Sportschuhmarke ZX Flux die Video-Funktion von Instagram. Darin erzählen Influencer, wie bekannte Sportler, Schauspieler oder DJs, was sie an dieser Schuhmarke mögen *http://instagram.com/p/mfWaSbriZ0/?modal=true*.

Doch Reichweite muss nicht gleichbedeutend mit nachhaltigem Einfluss sein. Ein überzeugter Fan Ihrer Marke kann vielleicht sogar mehr für Sie tun, als ein Influencer mit hunderten von Followern. Mit Tools wie Iconosquare oder auch Totems können Sie die aktivsten unter Ihren Followern leicht identifizieren und gegebenenfalls ansprechen. (Mehr zu Iconosquare und Totems finden Sie im Kapitel 12.)

10.7 Klassische Werbekampagnen auf Instagram

Die anfängliche Sorge der Instragram-Community über zu häufig eingeblendete Werbung in ihrem Homefeed, insbesondere nach dem Kauf durch Facebook, hat sich bisher nicht bestätigt. Instagram hat sich in seinen Nutzungsbedingungen zwar bereits dahingehend abgesichert, Werbung im Homefeed der Nutzer einblenden zu dürfen, lässt sich mit der flächendeckenden Einführung von Werbung jedoch Zeit. Bislang sind Anzeigen in Form von gesponserten Foto- und Videobeiträgen, wie im Beispiel von Michael Kors nur zehn Unternehmen, darunter PayPal, Levi's oder General Electric vorbehalten.

Sie unterscheiden sich von anderen Posts durch ein zusätzliches Symbol sowie das Wort »Sponsored« am oberen rechten Rand des Posts. Instagrammer haben analog zu Facebook die Möglichkeit, die betreffende Werbung auszublenden sowie zukünftig nicht mehr angezeigt zu bekommen. Die Verbindung mit Facebook wird im Bereich Werbung deutlich stärker ausgespielt werden als in anderen Bereichen. So ist ein Targeting von Instagrammern auf Basis von Facebook-Daten (Siehe dazu die Ausführungen zum Thema Open Graph in Kapitel 3) Teil der Werbestrategie.

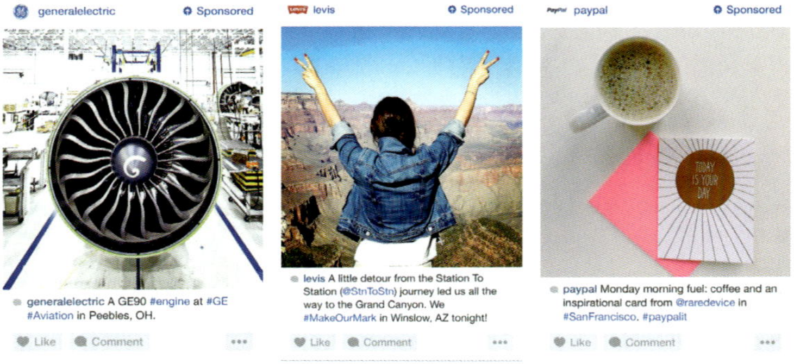

Abb. 10.12: *Sponsored Posts von @generalelectric, @levis und @paypal*

10.8 eCommerce mit Instagram

Wie schon mehrfach in diesem Kapitel erwähnt, bietet Instagram mit seinen markenaffinen Nutzern großes Potential nutzergenerierten Content, in denen Ihre Produkte getragen oder genutzt werden, gezielt für eCommerce-Zwecke einzusetzen.

10.8.1 Visual Commerce

Eine Möglichkeit ist dabei, Content (Fotos oder Videos), den Sie über Wettbewerbe generiert haben, für Ihren Shop zu nutzen und damit kaufbereite Nutzer abzuholen. Das kann beispielsweise direkt über die Galerie der Teilnehmerbeiträge Ihres Wettbewerbs erfolgen, indem Sie Produkte, die darauf zu sehen sind, identifizieren und daneben (über einen technischen Dienstleister) einen »Kaufen« oder »Shop the Style«-Button integrieren.

Darüber hinaus können Sie Ihre Instagram-Follower auch ohne einen Wettbewerb zu veranstalten, dazu aufrufen, Ihre Produkte bei deren Gebrauch zu fotografieren und mit Ihrem zuvor festgelegten Hashtag zu markieren oder auch direkt auf Ihrer Website in einer Galerie hochzuladen. Mit Hilfe von Dienstleistern, wie olapic (*www.olapic.com*) können Sie nun das auf dem Nutzerfoto abgebildete Produkt in Ihrem Shop zum Nachshoppen des Looks oder Styles anbieten. Stellen Sie fest, dass bestimmte Produktfotos der Galerie besonders gut konvertieren, promoten Sie sie zusätzlich in Ihrem Shop, auf Instagram oder in Ihrer Galerie.

Der Ansatz über nutzergenerierten Content eCommerce-Erlöse anzukurbeln, ist sehr gut bei dem zuvor schon erwähnten Unternehmen Westelm (@westelm, *http://instagram.com/westelm*) *http://www.westelm.com/shop/design-lab/mywestelm-community-inspiration/?cm_re=FALL1.2-_-social-_-mywestelm#opi102473309* zu sehen.

Ebenso bei den Schmuckshops Alex and Ani (@alexandani, *http://instagram.com/alexandani*) oder Dannijo (@dannijo, *http://instagram.com/dannijo*). Letztere integrieren ihre nutzergenerierten Fotos in der Rubrik »Gram Hits« auf ihrer Website (*http://gramhits.dannijo.com*). Mit einem Klick auf das jeweilige Foto erscheint sowohl bei Alex and Ani als auch bei Dannijo eine vergrößerte Ansicht, bei der auf der linken Seite jeweils das nutzergenerierte Foto mit dem Produkt, in dem Fall ein Armkettchen oder eine Halskette, zu sehen ist und auf der rechten Seite die Bestellmöglichkeit der einzelnen Kettchen oder der Halskette im Shop *http://www.alexandani.com/charmed-arms/*.

Der Fashion-Retailer Asos hat seinen Shop ebenfalls auf diese Weise mit dem Social Web verwoben. Asos (@asos, *http://instagram.com/asos*) bietet in seinem Shop die Rubrik #asseenonme mit einer Galerie von nutzergeneriertem Content zur Shopping-Inspiration an. Die Fotos in der Galerie stammen dabei von Käuferinnen, die die neu erworbenen Kleidungsstücke aus dem Asos-Shop direkt an sich fotografieren und mit dem Hashtag #asseenonme auf Instagram, Facebook oder direkt auf der Asos Website verbreiten *http://www.asos.de/Features/asseenonme/Cat/pgehtml.aspx?cid=18983&CTARef=asom*.

Neben einer Galerie können Sie nutzergenerierte Fotos oder Videos zu Ihren Produkten auch direkt auf Ihre Produkt-Detailseite bringen. Bei Alex and Ani erscheinen beispielsweise am unteren Ende der Produktansicht eines Armbandes im Shop, nutzergenerierte Fotos aus dem Social Web in einem Fotofeed, den Alex and Ani mit »See how we are wearing« betitelt. Hier können Shop-Besucher sehen, wie das Armband von anderen Käuferinnen getragen wird. Dieser Content dient dabei nicht nur als Anregung, sondern auch als »sozialer Beweis« und verstärkt, wie schon erwähnt, die Kaufbereitschaft Ihrer bestehenden und potentiellen Kunden.

Sehr wichtig ist, dass Sie Ihre Follower, Fans und Websitebesucher zuvor durch entsprechende Teilnahmebedingungen um deren Einverständnis gebeten haben, ihre Produktfotos oder -Videos in Ihrem Shop verwenden zu dürfen (siehe dazu auch Abschnitt 10.5.5 »Teilnahmebedingungen und Wettbewerbsmechanik« sowie Kapitel 11) und sich zudem das Recht vorbehalten, Fotos für Ihre Galerie auszuwählen.

Darüber hinaus ist es notwendig, dass Sie die Bestimmungen zur Einbettung und Verwendung von Instagram-Beiträgen auf externen Websites berücksichtigen. Dabei muss das Bild immer mit seiner Quelle verbunden bleiben und darf nicht von Ihnen gespeichert werden. (Siehe dazu auch Abschnitt 2.2.1 »Einbetten von Instagram Fotos- und Videos«). Löscht ein Nutzer sein Foto oder stellt die Sichtbarkeit seiner Beiträge auf »privat« um, ist der entsprechende Beitrag auch in Ihrem Shop nicht mehr sichtbar (Informationen zu Privatsphäre-Einstellungen finden Sie in Abschnitt 3.6.2 »Privatsphäre auf Instagram«).

Eine manuelle Auswahl und Integration von Nutzer-Fotos ist je nach Ihrer Unternehmensgröße ein aufwendiges Unterfangen. Inzwischen gibt es eine Reihe von Dienstleistern, unter anderem das zuvor schon erwähnte Startup Olapic (*www.olapic.com*) sowie das Unternehmen Thismoment (*www.thismoment.com*), die sich darauf spezialisiert haben, nutzergenerierten Content zu identifizieren, die Erlaubnis zur Verwertung der Inhalte bei den betreffenden Nutzern einzuholen, die Inhalte mit Ihrem Shop zu verbinden und die Konversion zu messen.

10.8.2 Sales Promotions

Eine weitere Möglichkeit Ihre eCommerce-Umsätze über Instagram anzukurbeln, liegt in Sales Promotions über Ihren Instagram Account. Im Beispiel von Lola Shoetique (@lolashoetiquedolls) wird eine Happy Hour bzw. ein Happy Weekend angepriesen, an dem Instagrammer unter Angabe eines bestimmten Promo-Codes im Onlineshop von Lola Shoetique einkaufen können *http://instagram.com/p/qomt0VhBpA/?modal=true*. Durch Aktionen dieser Art, bringt Lola Shoetique seine Follower dazu, regelmäßig auf sein Instagram-Profil oder auch in seinen Shop zu schauen.

Um Ihre Follower stärker auf Ihre Website aufmerksam zu machen, können Sie auch einmal wöchentlich Ihre Bestseller aus Ihrem Onlineshop vorstellen, indem Sie aus den Fotos der jeweiligen Produkte ein Video kreieren. Dazu eignet sich beispielsweise die App Replay. (Siehe dazu auch Abschnitt 5.3 »Begleitende Tools und Video-Apps «)

10.9 Instagram und der stationäre Handel

Mit der Einführung der Fotokarte sowie des Geotaggings (Siehe dazu auch Abschnitt 4.5.3 »Fotos zur Fotokarte hinzufügen«) gewinnt Instagram noch mehr Potential für den stationären Handel. Insbesondere auch kleinere Shops können ihre Zielgruppe auf ihr lokales Ladengeschäft verweisen, wie im Beispiel des Skateshops Mantis Lifestore (@mantisshop_de) *http://instagram.com/mantisshop_de*.

Die schon mehrfach erwähnte amerikanische Kaufhauskette Nordstrom (@nordstrom, *http://instagram.com/nordstrom*) promotet über Instagram auch seine nur zeitweilig bestehenden Pop-Up Stores unter dem Motto Pop-In@Nordstrom *http://instagram.com/p/qKPy9nm9fi/?modal=true*.

Über Ihre Posts haben Sie zudem immer die Möglichkeit, Ihre Follower auf bevorstehende Aktionen, neu eingetroffene Ware oder Events in Ihrem stationären Shop hinzuweisen. Ihre mit Ihrem Unternehmen verbundenen Ortsinformationen können Sie auf Foursquare (*https://de.foursquare.com*) einrichten oder anpassen. (Siehe dazu auch Abschnitt 4.5.3 »Fotos zur Fotokarte hinzufügen«)

10.10 Verknüpfung von Instagram mit Ihrer Website

Die Verknüpfung Ihrer Website mit Instagram kann auf unterschiedlichem und vielfältigem Wege erfolgen. Zum einen steht Ihnen oder Ihrem Webdesigner zur individuellen Integration von Instagram-Fotos und -Videos die schon erwähnte Programmierschnittstelle bzw. das Application Programming Interface (API) von Instagram unter *www.instagram.com/developer* zur Verfügung. Damit ist es neben vielen weiteren Optionen möglich, sämtliche Fotos und Videos Ihres Profils in einer Galerie auf Ihrer Website darzustellen oder nur Beiträge, die mit einem oder mehreren spezifischen Hashtags oder einem bestimmten Ort markiert sind, wie das Bespiel von asos (@asos, *http://instagram.com/asos*) zeigt *http://www.asos.de/discover/epic-summer/* oder auch das Beispiel von coach (@coach, *http://instagram.com/coach*) *http://coachfromabove.coach.com*.

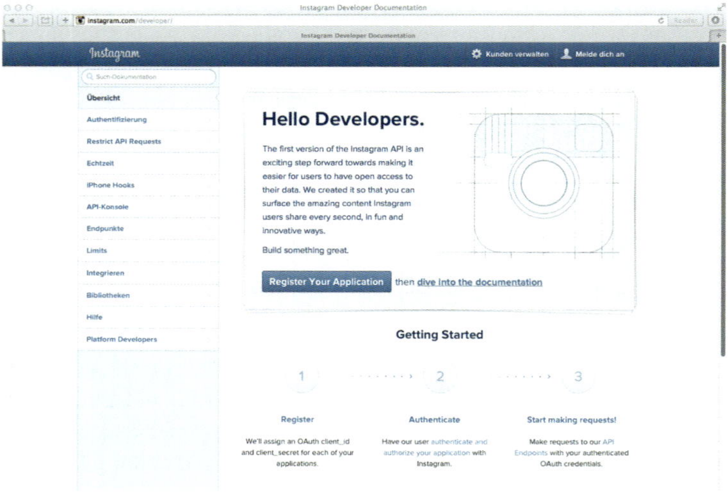

Abb. 10.13: *Instagram-API-Einstiegsseite*

Über Ihr Webprofil können Sie darüber hinaus Instagram Icons sowie »Follow Me«-Buttons zur Verlinkung von Instagram mit Ihrer Website nutzen. Melden Sie sich dazu mit Ihrem Instagram-Nutzernamen und Passwort in Ihrem Webprofil an (*www.instagram.com/nutzername*) und tippen Sie oben rechts auf Ihren Nutzernamen sowie anschließend auf den Menüpunkt BANNER. In der nun folgenden Ansicht können Sie zwischen unterschiedlichen Icons und Buttons auswählen, den entsprechenden Code kopieren und in den HTML-Code Ihrer Website oder Ihres Blogs integrieren.

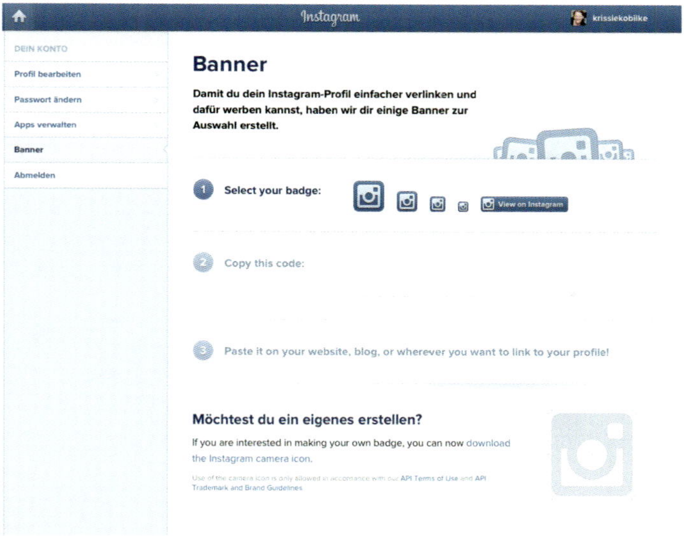

Abb. 10.14: *Auswahl von Instagram Icons zur Verlinkung von Instagram mit Ihrer Website*

Zusätzlich ist auch eine Anpassung des Icons an die Farbwelt Ihrer Website möglich, indem Sie das Icon als Datei downloaden, verändern und in Ihrem Blog oder Ihrer Website hochladen. Wichtig ist in diesem Zusammenhang die Einhaltung der Bestimmungen zur Verwendung von Instagram-Markenzeichen, die in Kapitel 11 noch näher erläutert werden.

Weiterhin stehen Ihnen anstelle der Instagram API auch externe Tools zur Verfügung, mit denen Sie Bildergalerien, Vorschaubilder oder Slideshows aus Ihren eigenen Beiträgen oder denen Ihrer Follower oder Gewinnspielteilnehmer generieren können. Wichtig ist in letzterem Fall, wie schon mehrfach erwähnt, dass Sie zuvor deren Erlaubnis eingeholt haben, fremde Inhalte auf Ihrer Website zu integrieren.

Im Folgenden finden Sie einige Anbieter im Überblick:

WEBSTA. Unter *https://web.stagram.com/tools* finden Sie ein Widget zur Einbettung einer Instagram-Galerie auf Ihrem Blog oder Ihrer Website. Damit können Sie entweder eine Galerie zu einem bestimmten Hashtag oder einem Instagram-Profil erzeugen oder die Variante »Popular« wählen.

Hierbei werden Fotos und Videos in Ihrer Galerie angezeigt, die auf Instagram hinsichtlich ihrer Likes und Kommentare gerade beliebt sind. Von dieser Option ist allerdings deutlich abzuraten, da in der Galerie willkürlich Beiträge fremder Nutzer zu sehen sind, die nicht wissen, dass ihre Fotos und Videos auf Ihrer Website genutzt werden.

Ebenso ist bei der Hashtag- und Nutzernamen-Variante Vorsicht geboten. Wählen Sie hier nur Ihre eigenen Accounts sowie Ihre eigenen Beiträge oder spezifischen Hashtags aus. Zusätzlich bietet Ihnen WEBSTA die Option das Layout, die Hintergrundfarbe, das Vorschaubild und die Zwischenräume zwischen Ihren Fotos und Videos zu bestimmen.

Nachdem Sie alle Einstellungen vorgenommen haben, tippen Sie auf GENERATE CODE. Der angezeigte Code kann nun kopiert werden und dem HTML-Code Ihrer Website hinzugefügt werden. Die Galerie kann jedoch nicht auf Wordpress.com gehosteten Seiten implementiert werden.

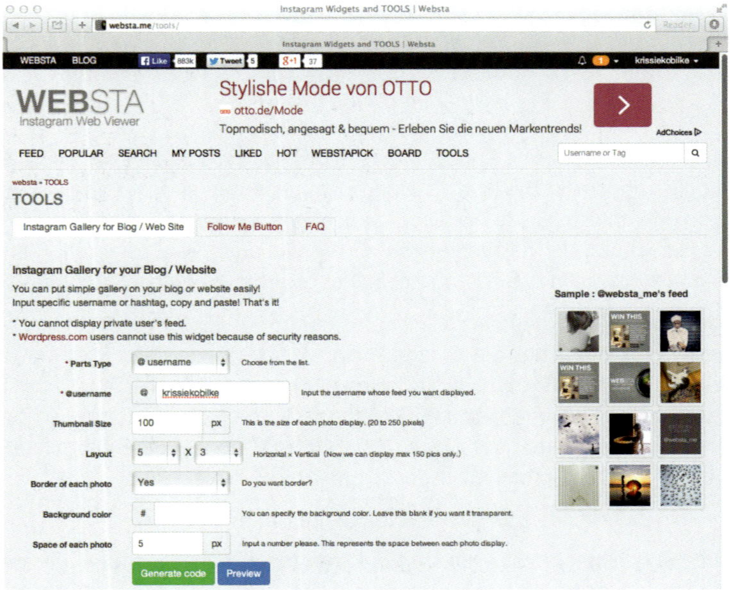

Abb. 10.15: *Widget-Einstellungen und Vorschau im Bereich »Tools« bei WEBSTA*

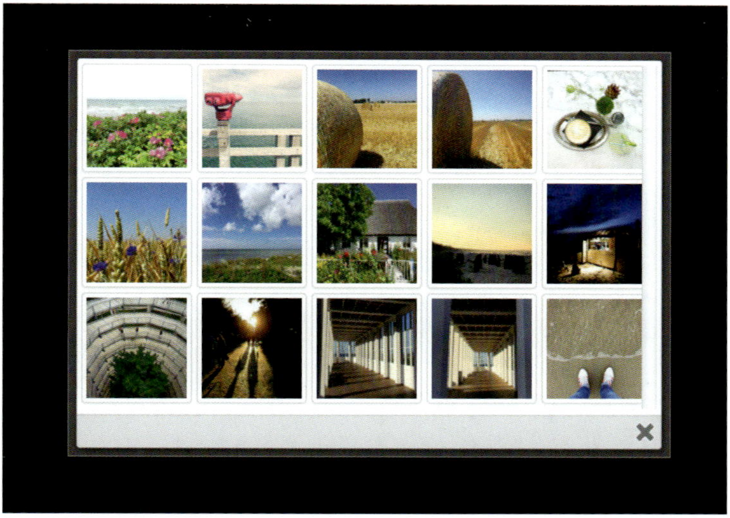

Abb. 10.16: *Vorschau des Galerie-Widgets bei WEBSTA*

Iconosquare. Sofern Sie sich mit Ihrem Instagram-Nutzernamen und Passwort auf *https://iconosquare.com* angemeldet haben, steht Ihnen unter dem Menüpunkt PROMOTE ähnlich wie bei WEBSTA ein »Photo Gallery Widget« zur Verfügung. Tippen Sie dazu auf den blau hinterlegten Button GET YOUR WIDGET.

Abb. 10.17: *Widget für eine Instagram-Galerie bei Iconosquare*

In der nun folgenden Ansicht »Settings« können Sie die Einstellungen für Ihre Galerie vornehmen, ebenfalls anschließend den Code generieren und an der gewünschten Stelle auf Ihrer Website integrieren. Im Unterschied zu WEBSTA bietet Ihnen Iconosquare alternativ zur Galerie auch eine Slideshow Ihrer Fotos und Videos an. Darüber hinaus haben Sie die Option, die Anzahl Ihrer Beiträge und Ihrer Follower in der Galerie anzuzeigen, indem Sie in den Settings ein Häkchen bei »Show infos« setzen.

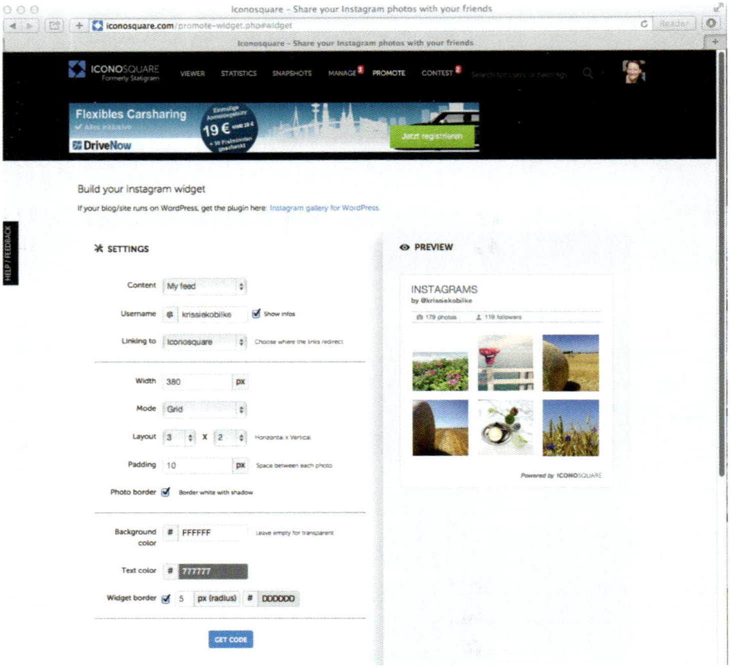

Abb. 10.18: *Widget-Einstellungen und Vorschau bei Iconosquare*

Das Widget ist zudem auch als WordPress Plugin unter *https://wordpress.org/plugins/instagram-image-gallery/* verfügbar.

SnapWidget. Unter *http://snapwidget.com* können Sie analog zu WEBSTA und Iconosquare ebenfalls ein kostenloses Widget für Ihre Galerie kreieren.

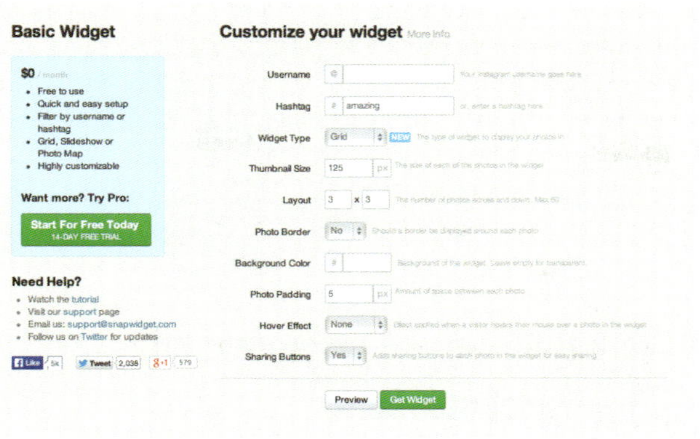

Abb. 10.19: *Widget-Eintstellungen bei SnapWidget*

Mehrwert ist hier die Integration zusätzlicher »Sharing Buttons«, um Ihre Fotos und Videos aus der Galerie heraus auf Facebook und Twitter zu teilen. Die »Sharing Buttons« erscheinen per Mouse over auf Ihren Beiträgen.

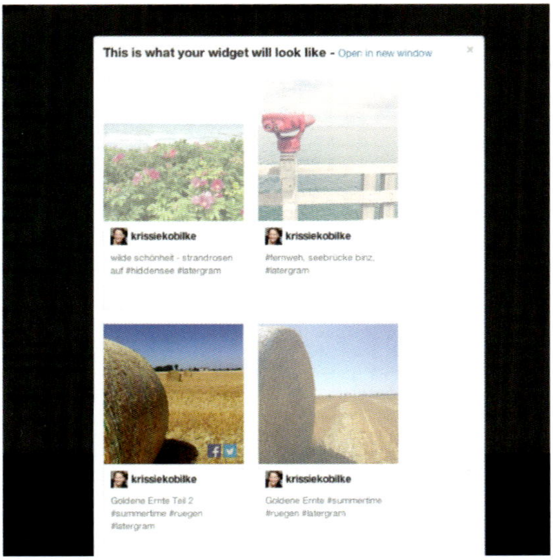

Abb. 10.20: *Vorschau des Galerie-Widgets bei SnapWidget*

SnapWidget bietet darüber hinaus noch mehr Darstellungsformen Ihrer Galerie an, unter anderem können Ihre Fotos auch auf einer Landkarte gezeigt werden. Das kann spannend sein, wenn Sie einen Wettbewerb veranstaltet haben, bei dem Ihre Teilnehmer ihre Beiträge mit Ihrem speziellen Hashtag sowie einem Ort getaggt haben.

Unter dem Menüpunkt Pro Widget werden darüber hinaus kostenpflichtige Widgets angeboten, die noch stärker customisiert werden können.

10.11 Verknüpfung von Instagram mit Ihrer Facebook-Seite

Die Verknüpfung mit Ihrer Facebook-Seite kann neben der in Kapitel 4 beschriebenen Art und Weise auch über einen eigenen Reiter erfolgen. Das ist einerseits über das Instagram API möglich und andererseits über Drittanbieter-Tools. Eine hochwertige Variante bietet hier wieder Iconosquare an.

Sie können dabei zum einen Ihren Foto- und Video-Stream 1:1 in einem eigenen Reiter darstellen und/oder Fotos und Videos zu einem bestimmten Hashtag, was wiederum für die Darstellung von Teilnehmer-Beiträgen im Rahmen von Wettbewerben empfehlenswert ist.

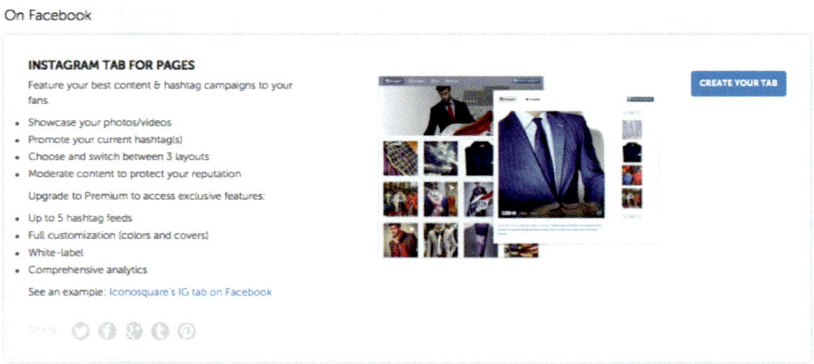

Abb. 10.21: *Facebook Tab über Iconosquare generieren*

Um den Reiter zu generieren, melden Sie sich zunächst wieder mit Ihren Instagram-Zugangsdaten auf *www.iconosquare.com* an und gehen auf den Menüpunkt PROMOTE. Klicken Sie nun im Abschnitt Instagram Tab for Pages auf den blauen Button CREATE YOUR TAB. Sie gelangen nun auf Ihr Facebook-Profil und können zwischen den über Ihr Profil verwalteten Seiten die gewünschte auswählen. Anschließend ist die Eingabe Ihrer Instagram-Zugangsdaten notwendig.

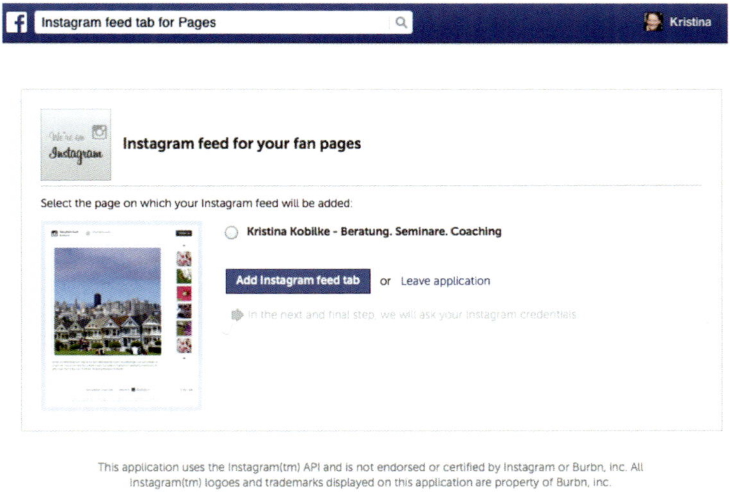

Abb. 10.22: *Landing Page auf Facebook nachdem Sie »Create Your Tab« angeklickt haben*

Nachdem diese erfolgt ist, gelangen Sie direkt in den neu erstellten Reiter auf Ihrer Facebook-Seite. Der Reiter enthält einige Menüpunkte, im einzelnen Feeds, Analytics, Manage, Features und Pricing. In der kostenlosen Variante der Reiter- bzw. Tab-Integration, stehen Ihnen drei Layouts für Ihren Account-Feed sowie ein zusätzlicher Hashtag-Feed zur Verfügung.

In der kostenpflichtigen Version können Sie zusätzlich bis zu fünf Hashtag-Feeds parallel einbinden, ein Cover für den Reiter hinzufügen, wie das Beispiel Iconosquare selbst zeigt (*https://www.facebook.com/statigram/app_267091300008193*), eine White-Label-Lösung wählen, so dass das Iconosquare-Logo nicht mehr in Ihrem Reiter erscheint und darüber hinaus den Traffic, das Engagement sowie die Verwendung Ihrer Hashtags analysieren. Weiterhin bietet die kostenpflichtige Variante die Möglichkeit, Ihre Hashtag-Feeds zu moderieren. Im Falle von Gewinnspielen, können Sie damit Beiträge zulassen oder ablehnen.

Unter dem Menüpunkt MANAGE in Ihrem neuen Tab bzw. Reiter können Sie in beiden Versionen die Sichtbarkeit Ihres Foto- und Videofeeds an oder ausstellen, sowie zusätzliche Hashtag-Feeds integrieren.

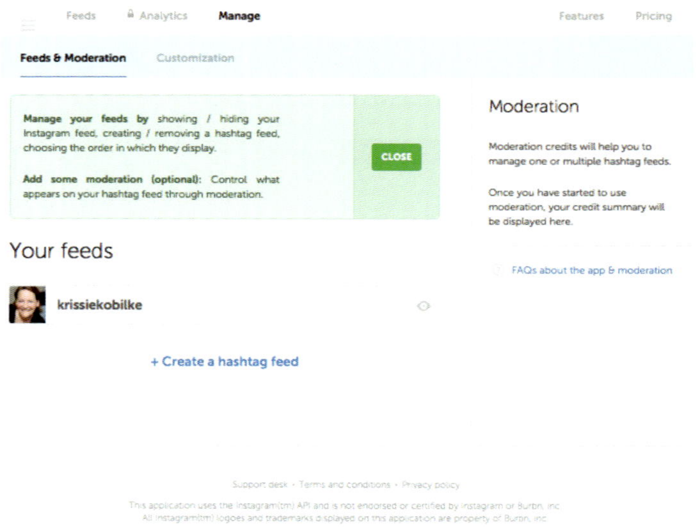

Abb. 10.23: *Hinzufügen eines Hashtag-Feeds in der Ansicht »Feed & Moderation«*

In der Ansicht CUSTOMIZATION stehen Ihnen darüber hinaus die unterschiedlichen Layouts zur Verfügung sowie in der Premium-Variante weitere Anpassungsmöglichkeiten.

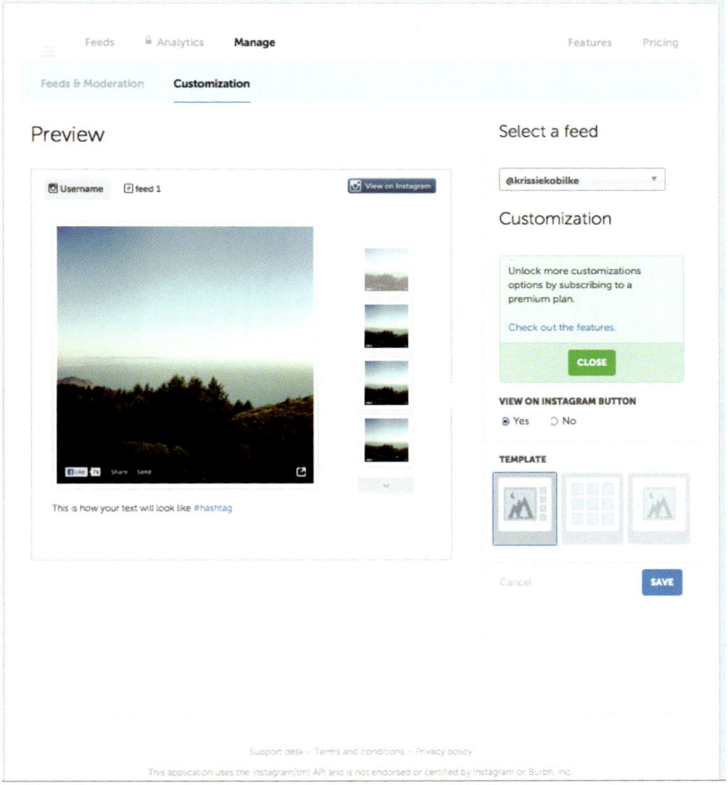

***Abb. 10.24:** Auswahl des Galerie-Layouts für Ihre Instagram-Fotos*

Iconosquare bietet darüber hinaus im Rahmen des im Abschnitt Wettbewerbe bereits erwähnten Contest Toolkits eine Contest App für Facebook-Seiten an (Siehe dazu im Abschnitt 10.5.8 »Abschluss und Nachbereitung«) . Facebook-Fans können über diese App Fotos aus ihren Facebook-Alben hochladen, Beiträge der Wettbewerbs-Teilnehmer liken, in ihrer Facebook-Chronik oder auf Twitter teilen.

Die App ist insbesondere dann zu empfehlen, wenn Sie die Beiträge Ihrer Teilnehmer nicht nur auf Facebook zeigen wollen, sondern auch Ihre Facebook-Fans in den Wettbewerb einbeziehen möchten.

10.12 Nutzung des Instagram API

Das Instagram API kann in vielfältiger Hinsicht für Marketingzwecke von Nutzen sein. Dabei ist nicht nur, wie in den vorangehenden Abschnitten erwähnt, eine Integration von Foto- oder Videostreams in Ihre Website möglich, sondern auch die Erstellung von speziellen, auf Instagram-Funktionalitäten zurückgreifende, Anwendungen.

10.12.1 Innovative Galerien

Neben der schon beschriebenen klassischen Darstellung einer Foto- oder Video-Galerie im typischen Raster oder als Slide-Show bietet das API auch die Möglichkeit, noch kreativere Ansätze zur Darstellung von Foto- und Videobeiträgen umzusetzen. Der Musiker Moby (@richardmelvillehall, *http://instagram.com/richardmelvillehall*) beispielsweise kreierte für sein Album »destroyed«, das er während seiner Reisen um die Welt hauptsächlich nachts schrieb, ein Fan-Projekt, bei dem seine Fans Instagram-Fotos mit nächtlichen Szenen mit dem Hashtag #destroyed markierten. Die Fotos erschienen auf einer eigenen Website mit einer interaktiven Weltkarte unter *http://destroyed.moby.com* auf Basis des Instagram API in Echtzeit. Zudem sind auch die Fotos des Musikers selbst auf der Karte implementiert. Obwohl das Projekt schon lange zurückliegt, ist die Karte immer noch ein interessanter Ort im Web für Besucher.

10.12.2 Personalisierung

Das Unternehmen Nike (@nike, *http://instagram.com/nike*) bietet seinen Kunden unter der Marke NIKEiD schon seit geraumer Zeit die Möglichkeit an, Sportschuhe zu personalisieren und anschließend zu kaufen. Auf Basis von NIKEid entwickelte Nike 2013 die sowohl für Smartphone, Tablet und Desktop optimierte Plattform Nike PHOTOiD (*https://photoid.nike.com*), bei der potentielle Schuhkäufer ihren individuellen Nike Air Max Schuh auf Basis ihres liebsten Instagram-Fotos designen können, in einer Galerie veröffentlichen sowie optional mit Instagram, Facebook, Twitter, Google+, Pinterest teilen können. Für die Dauer der Initialen-Kampagne konnte der so designte Schuh sogar direkt gekauft werden. Auch Adidas plant mit dem Relaunch seiner »Photo Print App mi adidas« einen ähnlichen Ansatz. Damit wird es unter anderem möglich sein, Instagram-Fotos auf den Schuh aufzudrucken.

Darüber hinaus gibt es unendlich viele weitere Personalisierungsmöglichkeiten auf Basis des API, vom bedruckten T-Shirt bis hin zur individualisierten Smartphone-Hülle. Zahlreiche Drittanbieter-Apps haben sich darauf spezialisiert. (Siehe dazu auch Kapitel 9).

10.12.3 Live Feeds

Ein anderes Beispiel für die Nutzung des Instagram API, ist die Erstellung eines Live-Feeds von Fotos und Videos im Umfeld eines Events. Dabei kann zum Beispiel eine Ansicht von Foto- und Video-Beiträgen, die gerade in diesem Moment von Instagrammern zu einem bestimmten Hashtag oder auch an einem bestimmten Ort gemacht werden, mit Hilfe des Instagram API erstellt und im Umfeld der Veranstaltung auf verfügbaren Bildschirmen oder per Beamer an einer Leinwand gezeigt werden. Die Band Black Eyed Peas (@theblackeyedpeas, *http://instagram.com/theblackeyedpeas*) nutzte diese Variante beispielsweise auf ihrem Konzert im New Yorker Central Park im Jahr 2011. Das webbasierte Tool Eventstagram (*https://eventstagr.am*) ist ein Drittanbieter mit dem Sie einen Live Feed abseits der API generieren können. Mit der kostenpflichtigen App Instamap (iOS, 1,79 Euro) sowie der kostenlosen App Instamap Donate (Android) können Sie ebenfalls Fotos zu einem bestimmten Ort oder Hashtag in Echtzeit abrufen.

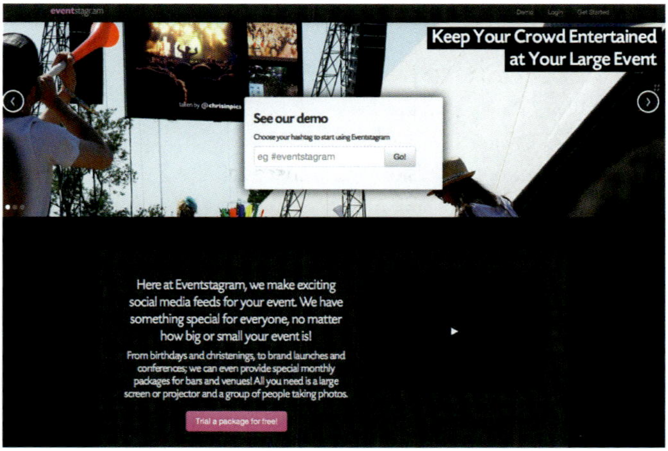

Abb. 10.25: *Homepage Eventstagram*

10.12.4 Trend Monitoring

Weiterhin kann das API auch zu Monitoring-Zwecken genutzt werden, etwa, um sich regelmäßig über Trends auf Instagram zu informieren, und zwar nicht nur was Fotos oder Videos anbelangt, die gerade in der Community hinsichtlich Likes und Kommentaren populär sind, sondern auch in Bezug auf die Beliebtheit der eigenen Marke und der eigenen Produkte. Monitoring-Tools wie Iconosquare, Totems und weitere setzen genau das auf Basis des API um.

Die Liste der Möglichkeiten zur Nutzung des Instagram API ist definitiv nicht abschließend, sondern spiegelt nur einen kleinen Teil der Ideen wieder, die Unternehmen bisher umsetzen. Viele dieser Einsatzszenarien werden auch über Drittanbieter-Apps realisiert.

10.13 Instagram im Marketing-Mix

Instagram kann Ihnen als Ressource für eine Vielzahl von Anforderungen in Ihrem Unternehmen, insbesondere im Marketing dienen.

Zum einen können Sie die Foto- und Videobeiträge Ihrer Follower im Rahmen eines Wettbewerbs zur Erstellung von kreativen Anzeigen-Motiven für Ihre Markenkommunikation nutzen, angefangen von einer Printanzeige über ein Plakat bis hin zum Online-Video oder TV-Spot.

Darüber hinaus eignet sich Instagram, wie in diesem Kapitel verschiedentlich erwähnt, auch zur Promotion, Begleitung und Durchführung von Events. Insbesondere InstaWalks bieten ein großes Potential, Ihrer Zielgruppe näher zu kommen.

Instagram kann weiterhin auch Erkenntnisse für Ihre Produkt- und Preispolitik liefern. Wie schon in den Abschnitten 10.1.2 »Abverkauf« und 10.8 »eCommerce mit Instagram« beschrieben, geben Ihnen die Foto- und Videobeiträge der Instagrammer, auf denen Ihr Produkt zu sehen ist, die dazugehörigen Kommentare und »Gefällt mir«-Angaben sowie die Verwendung Ihrer Marken- und Produkthashtags Aufschluss darüber, welche Produkte besonders gut in Ihrer Zielgruppe ankommen.

Über die Kommentar-Funktion oder Instagram Direct haben Sie zudem die Chance, direkt mit Ihren potentiellen Käufern zu kommunizieren, Fragen zu stellen, zu erfahren, was sich Ihre potentiellen Käufer von Ihnen wünschen. Sogar die gemeinsame Kreation eines neuen Produktes ist zum Beispiel im Rahmen eines Wettbewerbs denkbar. Wie schon in den vorangehenden Abschnitten skizziert, kann der Verkauf Ihrer Produkte über Ihren Onlineshop zudem potenziell durch nutzergenerierte Produktfotos gefördert werden.

Mit Hilfe der Hashtag-Mechanik ist es darüber hinaus leicht möglich, Instagram in Ihre crossdigitale- und mediale Markenkommunikation einzubinden.

Kapitel 11

Kommunikative und rechtliche Regeln für Unternehmen auf Instagram

Das folgende Kapitel soll Ihnen einen komprimierten Überblick über die für Unternehmen wichtigsten Nutzungsbedingungen von Instagram, die Richtlinien in Bezug auf die Veranstaltung von Gewinnspielen oder Wettbewerben sowie Bestimmungen zur Veröffentlichung von Pressemitteilungen sowie der Verwendung des Instagram-Logos geben, um Sie bei Ihrer Instagram-Strategie bereits berücksichtigen zu können. Dennoch ist es unerlässlich, die aktuellen Bestimmungen in ihrer Gänze vor der Umsetzung Ihrer Ideen ausführlich zu lesen. Die entsprechenden Links dorthin, finden Sie in den folgenden Abschnitten.

11.1 Nutzungsbedingungen von Instagram und ihre Anforderungen an Unternehmen

Um sicherzustellen, dass Ihre Aktivitäten auf Instagram nachhaltig erfolgreich sind, ist die Einhaltung der Nutzungsbedingungen zwingend erforderlich. Diese sind unter folgendem Link in deutscher Sprache einsehbar und leicht zu lesen: *https://help.instagram.com/478745558852511/*.

Im Folgenden werden daraus einige Punkte und deren Bedeutung für Ihre Marketingaktivitäten als Unternehmen auf Instagram beleuchtet.

In der Kommunikation mit Ihren Followern sowie mit Instagrammern generell ist es, wie schon in Kapitel 10 erwähnt, wichtig, dass Sie den Passus »keine privaten oder vertraulichen Informationen über den Dienst zu posten« befolgen. Das beinhaltet in erster Linie die öffentliche Kommunikation von sensiblen Daten wie zum Beispiel »Kreditkarteninformationen sowie nicht-öffentliche Telefonnummern oder nicht-öffentliche E-Mail-Adressen«, und zwar sowohl Ihre eigenen als auch die Ihrer Follower oder Besucher über Kommentare oder auch über Ihr Profil oder Ihre Foto- und Video-Beiträge. Um in einen direkten Kontakt mit Instagrammern zu kommen, empfiehlt es sich, diesen über Instagram Direct eine Nachricht inklusive Ihrer geschäftlichen E-Mail-Adresse zukommen zu lassen, mit der Bitte, alles Weitere über den E-Mail-Weg zu klären. (Nähere Informationen zu Instagram Direct finden Sie in Kapitel 4)

Weiterhin ist der Punkt »keine unerwünschten E-Mails, Kommentare« oder »Gefällt-mir«-Vermerke oder sonstige Formen kommerzieller oder belästigender Kommunikationen« zu erstellen oder zu senden, ein wichtiger Aspekt, um in Ihrer Interaktion mit (potentiellen) Followern mit Bedacht vorzugehen, insbesondere was den Verweis auf Ihre Marke oder Ihre Produkte in Kommentaren anbelangt. Auch wenn das Wachstum Ihres Accounts ein wichtiges Ziel ist, sollten Sie es einem authentischen Umgang mit den Community-Mitgliedern unterordnen und nur da auf sich verweisen, wo es auch passt.

Ein äußerst kritischer Punkt ist die Wahrung des Rechts am geistigen Eigentum der Community-Mitglieder, die an mehreren Stellen der Nutzungsbedingungen sowie auch der Gemeinschaftsrichtlinien von Instagram thematisiert werden. Wie schon in Kapitel 7 erläutert, sind die Community-Mitglieder Inhaber ihrer Inhalte, die sie über Instagram posten. Instagram räumt sich dabei »eine nicht-exklusive, vollständig bezahlte und gebührenfreie, übertragbare, unterlizenzierbare, weltweite Lizenz für die Nutzung« dieser Inhalte ein.

Mit der Akzeptanz der Nutzungsbedingungen sichert jedes Community-Mitglied zudem zu, auch wirklich Inhaber »der durch den Dienst geposteten Inhalte zu sein« oder aber »berechtigt ist, Inhalte zu posten«. Das ist besonders relevant, wenn Sie zum Beispiel eine Agentur damit beauftragen, in Ihrem Namen auf Instagram zu posten. Weiterhin dürfen die geposteten Inhalte nicht die Rechte Dritter widerrechtlich verwenden, verletzen oder gegen sie verstoßen, wozu insbesondere »Datenschutz-, Urheber-, Marken- und/oder sonstige Rechte am geistigen Eigentum« zählen.

Das betrifft Sie als Unternehmen in zweierlei Hinsicht. Zum einen können Sie auf Grund dieser expliziten Regelung in den Nutzungsbedingungen andere Instagrammer auf Verstöße gegen Ihr Urheber- oder Markenrecht aufmerksam machen, gegebenenfalls melden oder sich weitere rechtliche Schritte vorbehalten. Zum anderen sind Sie jedoch auch selbst in der Pflicht, die Urheberrechte der Instagrammer zum Beispiel im Rahmen von Wettbewerben und Reposts von deren Inhalten in Ihrem Account zu wahren. Sichern Sie sich in diesen Fällen lieber zusätzlich ab, indem Sie den Urheber über Instagram Direct oder noch besser via E-Mail um die Erlaubnis bitten, sein Foto oder Video zu nutzen.

Weiterhin übernehmen Sie laut der Nutzungsbedingungen die »Verantwortung für jegliche Daten, Texte, Dateien, Informationen, Nutzernamen, Bilder, Grafiken, Fotos, Profile, Audio- und Vidoclips, Töne, musikalische

Arbeiten, Urheberwerke, Anwendungen, Links« die über Ihren Account gepostet oder angezeigt werden. Sichern Sie sich bei der Nutzung von Inhalten Dritter vor diesem Hintergrund noch einmal zusätzlich ab, ob diese nicht gegen Urheber- oder Markenrechte verstoßen.

Des Weiteren sichert jedes Community-Mitglied über die Nutzungsbedingungen zu, das es »Instagram-Inhalte nicht reproduzieren, verändern, anpassen, abgeleitete Arbeiten davon anfertigen, vorführen, anzeigen, veröffentlichen, verbreiten, übermitteln, ausstrahlen, verkaufen, lizenzieren oder auf sonstige Art ausnutzen« wird. Dieser Punkt ist zum Beispiel insofern wichtig, als das Sie Instagram-Inhalte, die Sie für weitere kommerzielle Zwecke, beispielsweise Anzeigen, nutzen wollen (für die Sie sich zuvor eine Erlaubnis eingeräumt haben) nicht weiter verfremden dürfen. Die Nutzung der in Kapitel 7 vorgestellten Repost Apps ist vor diesem Hintergrund ebenfalls nicht empfehlenswert.

Ferner gilt die Bedingung, eine Webseite nicht so zu modifizieren, »dass daraus geschlossen werden kann, dass sie mit dem Dienst in Zusammenhang steht«. Hier geht es im Wesentlichen darum, dass Instagram zukünftig vermeiden will, dass Drittanbieter Apps, die auf das Instagram API zurückgreifen, häufig auch optisch den Eindruck erwecken, als seien sie ein offizieller Partner von Instagram. Letzteres wird auch noch einmal explizit in den Nutzungsbedingungen erwähnt: Instagram kontrolliert keine Anwendungen von Drittanbietern.

Als letzter Punkt dieses Abschnitts sei hier noch erwähnt, dass Instagram die Einhaltung der lokalen Gesetzgebungen voraussetzt, wozu Gesetze auf Bundes-, Landes- und kommunaler Ebene zählen. Diese Maßgabe sollten Sie bei der Entwicklung von Projekten, Wettbewerben, InstaWalks usw. immer im Hinterkopf behalten.

11.2 PR Guidelines und Markenrichtlinien

Sofern Sie eine Pressemitteilung über Ihre Aktivitäten auf Instagram planen, stellt Instagram Ihnen in seinem Hilfebereich PR-Richtlinien in deutscher Sprache zur Verfügung. Sie finden diese unter folgendem Link *https://help.instagram.com/155465357989685/*.

Im Wesentlichen handelt es sich hier um Regelungen zum Wortlaut Ihrer Pressemitteilung, etwa welche Wörter idealerweise darin verwendet werden sollten, wie zum Beispiel »Gemeinschaft«, »Momente« oder »Inspiration« und welche definitiv nicht verwendet werden dürfen, wie zum Beispiel »strategische Partnerschaft«. Weiterhin finden Sie hier einen Styleguide zur Schreibweise der Instagram-Funktionalitäten oder -Themen.

Die Pressemitteilung darf ohne Freigabe durch Instagram nicht veröffentlicht werden. Eine Abnahme durch einen über *press@instagram.com* erreichbaren Mitarbeiter wird von dem Unternehmen innerhalb von fünf Werktagen zugesagt.

Über die Seite *http://instagram.com/press* stellt Instagram im Bereich »Brand Assets« offizielles Pressematerial, wie Bilder, Logos und Videos zur Verfügung.

Allerdings ist die Verwendung des Instagram-Logos, womit das ausgeschriebene Wort »Instagram« gemeint ist und das dort zum Download verfügbar ist, nur mit einer expliziten Genehmigung durch Instagram möglich.

Das Kamera-Logo kann wiederum ohne Genehmigung »neben anderen Social-Media-Logos«, in Verbindung mit Ihrem Instagram-Nutzernamen oder »einem Aufruf wie »Folge uns auf Instagram« eingesetzt werden und steht als Farb-Logo sowie als Glyphen-Logo zur Verfügung. Während ersteres nicht verändert werden darf, können Sie das zweite, wie schon in Kapitel 10 erwähnt, an die Farbgebung Ihrer Website anpassen. Wichtig ist dabei auch die direkte Verlinkung auf Ihr Instagram-Webprofil.

Sofern Sie eine eigene App kreieren, beispielsweise auf Basis des Instagram API, ist es wichtig, dass der Name Ihrer App keine Instagram-typischen Wortbestandteile wie IG, Insta oder Gram enthält. Diese Richtlinie ist neu. Sie sind vermutlich schon auf diverse Anwendungen, die Insta oder Gram enthalten, gestoßen. Dennoch ist es zukünftig untersagt, Apps oder Webseiten so zu benennen.

Die vollständigen Markenrichtlinien von Instagram finden Sie ebenfalls im Instagram-Hilfebereich und in deutscher Sprache unter folgendem Link: *https://help.instagram.com/304689166306603*.

11.3 Richtlinien für die Veranstaltung von Gewinnspielen und Wettbewerben

Die Veranstaltung von Gewinnspielen sowie Foto- und Video-Wettbewerben sind die derzeit wichtigsten Marketing-Maßnahmen in Bezug auf Instagram. Im Folgenden finden Sie einige wesentliche Informationen dazu, wie Sie Ihr Gewinnspiel oder Ihren Wettbewerb im Einklang mit den Instagram-Richtlinien und darüber hinaus gestalten können.

11.3.1 Teilnahmebedingungen

In Ergänzung zu den Punkten, die schon im Abschnitt 10.5 »Wettbewerbe« des vorangegangenen Kapitels genannt wurden, folgt hier noch einmal eine Übersicht der Angaben, die in den Teilnahmebedingungen Ihres Gewinnspiels oder Wettbewerbs zwingend enthalten sein müssen:

- Wer darf teilnehmen? Gibt es beispielsweise eine Altersbeschränkung, die Sie für Ihr Produkt zwingend einhalten müssen? Da Instagram bereits ab 13 Jahren genutzt werden darf, sollten Sie dies besonders herausstellen. Gibt es darüber hinaus eine Wohnsitzbeschränkung?
- Wann startet und wann endet Ihr Gewinnspiel?
- Wann und durch wen erfolgt die Preisauslosung?
- Nach welchen Regeln wird oder werden die Gewinner bestimmt?
- Wie gelangt der Gewinn zu dem oder den Gewinner(n)?
- Wie sehen die Datenschutzbestimmungen aus? Was passiert mit den zur Teilnahme am Gewinnspiel erforderlichen Daten?

Sehr wichtig ist darüber hinaus ein gesonderter Punkt zum Thema Urheberrechte, worin sich die Teilnehmer ausdrücklich bereit erklären, dass sie Eigentümer der von ihnen eingereichten Inhalte sind und keine Rechte Dritter verletzen. Letzteres gilt insbesondere auch für das Recht am eigenen Bild, falls andere Personen auf den Beiträgen Ihrer Gewinnspiel- oder Wettbewerbsteilnehmer zu sehen sind. Sie müssen definitiv ihr Einverständnis erteilt haben, dass das Bild vom Urheber für den Wettbewerb genutzt werden darf.

Weiterhin ist in diesem Zusammenhang der Punkt Rechtseinräumung zwingend erforderlich, in dem Sie sich unter anderem ein Recht an der

Nutzung der Beiträge sowie der Instagram-Namen der Teilnehmer einräumen. Erklären Sie an dieser Stelle ganz genau, wozu Sie die Inhalte verwenden wollen. Etwa für Ihren Instagram Account, eine Galerie auf Ihrer Website oder Facebook oder für Ihren Shop.

Grundsätzlich empfiehlt sich für die Formulierung der Teilnahmebedingungen, mit einem Rechtsanwalt zusammenzuarbeiten.

11.3.2 Richtlinien für Promotions seitens Instagram

Instagram sichert sich über die »Richtlinien für Promotions« noch einmal dahingehend ab, dass es weder für die Ausgestaltung noch die Organisation sowie die rechtlichen Rahmenbedingungen Ihres Gewinnspiels oder Ihres Wettbewerbs verantwortlich ist.

Vielmehr wird über diese Richtlinien vorausgesetzt, dass Sie alle offiziellen Regelungen, inklusive zur Promotion Ihres Gewinns, berücksichtigen.

Besonders wichtig ist zudem, dass Sie bei der Beschreibung Ihres Wettbewerbs oder Gewinnspiels darauf hinweisen, dass Instagram damit in keiner Verbindung steht und Ihr Wettbewerb in keiner Weise gesponsert, unterstützt oder organisiert wird und Instagram von den Teilnehmern freigestellt wird.

Darüber hinaus soll sichergestellt werden, dass die Instagram-Funktionalitäten, wie beispielsweise das Markieren von Nutzern, nicht zweckentfremdet als Mechanik für Ihr Gewinnspiel dienen.

Die vollständigen Richtlinien für Promotions finden Sie im Instagram-Hilfezentrum in deutscher Sprache unter folgendem Link: *https://help.instagram.com/393313264071311/*.

11.4 Umgang mit Urheberrechten

Nachdem der Umgang mit Urheberrechten in den vorangegangenen Abschnitten sowie im Kapitel 10 schon ausführlich erläutert wurde, sei in diesem Abschnitt nur noch einmal ergänzt, dass Sie bei der Verwendung von Inhalten, deren Nutzungsrechte Sie sich durch eine ausdrückliche Zustimmung seitens des Urhebers eingeräumt haben, dafür Sorge tragen, dass dieser auch als Urheber des betreffenden Inhalts in Ihrem Instagram Account und darüber hinaus erscheint.

Eine schon genannte Variante ist das Markieren des Nutzers über die NUTZER MARKIEREN-Funktion sowie der Nennung des @nutzernamens in der Bildunterschrift. Darüber hinaus oder alternativ bietet sich die Verwendung des @nutzernamens in Form eines Wasserzeichens auf dem betreffenden Inhalt an. Dieses können Sie mit Hilfe der App Add Watermark (Android) oder Marksta (iOS) generieren. (Siehe dazu auch Kapitel 10, Abschnitt 10.3.5 »Ihre Foto- und Videobeiträge«)

Verwenden Sie Inhalte ohne Zustimmung des Nutzers, begehen Sie trotz dessen Namensnennung in der vorangehend beschriebenen Art und Weise, eine Urheberechtsverletzung.

Kapitel 12

Erfolgsmessung

Ein Erfolgsfaktor für Ihre Aktivitäten auf Instagram ist das Monitoring der Interaktionen Ihrer Follower und Besucher mit Ihren Beiträgen und deren kontinuierliche Optimierung.

Da Instagram bisher weniger auf den Marketing-Aspekt denn auf den Ausbau der Funktionalitäten der App fokussiert ist, gibt es für die Erfolgsmessung seitens der Unternehmen lediglich Drittanbieter-Tools. Es sei denn, Sie nutzen das Instagram API, um sich selbst oder mit Hilfe eines Webmasters ein eigenes Monitoring Tool zu erstellen.

Im Folgenden finden Sie einige Tools, mit denen Sie bereits einen Großteil Ihrer Fragen in Bezug auf den Erfolg Ihrer Präsenz auf Instagram beantworten können.

Es handelt sich dabei zum einen um Iconosquare sowie Totems, die beispielhaft für eine Reihe von Tools stehen, mit denen Sie die Performance Ihrer Aktivitäten auf Instagram analysieren können und zum anderen um Google Analytics und Bitly, die stellvertretend für Dienste genannt sind, mit denen Sie den Traffic von Instagram auf Ihre Website untersuchen können.

12.1 Iconosquare

Über das schon mehrfach erwähnte Iconosquare, vormals Statigram, können Sie verschiedene Kennzahlen, wie zum Beispiel Ihren Follower- und Engagementzuwachs einfach und kostenlos messen. Um das Tool nutzen zu können, melden Sie sich auf *http://iconosquare.com* mit Ihren Instagram-Zugangsdaten an und klicken anschließend auf den Menüpunkt STATISTICS.

Sie gelangen zunächst in eine Gesamt-Übersicht zu Ihrem Instagram-Account, der folgende Daten enthält:

- die Gesamtzahl Ihrer Foto- und Videobeiträge (Media) seit Start Ihres Accounts
- die Gesamtzahl der »Gefällt mir«-Angaben und Kommentare
- die Gesamtzahl der Abonnenten Ihres Accounts sowie Ihrer Abonnements
- neue und verlorene Follower Ihres Accounts in den letzten sieben Tagen
- eine »Love Rate«, die das Verhältnis der Anzahl der »Gefällt mir«-Angaben Ihres letzten Beitrages zur Gesamtzahl Ihrer Follower anzeigt, inklusive einem Durchschnittswert der letzten 15 Beiträge

- eine »Talk Rate«, die das Verhältnis der Anzahl der Kommentare zu Ihrem letzten Beitrag zur Gesamtzahl Ihrer Follower anzeigt, inklusive einem Durchschnittswert der letzten 15 Beiträge
- eine »Spread Rate«, die anzeigt, wie hoch der Anteil der »Gefällt mir«-Angaben Ihres letzten Beitrages bzw. Ihrer letzten 15 Beiträge von Instagrammern war, die Ihnen nicht folgen

Diese Werte können Ihnen dabei helfen, neben der Gesamtentwicklung Ihres Accounts auch den Erfolg von Wettbewerben oder Aktionen, die Sie über Ihren Account durchführen, besser einzuschätzen.

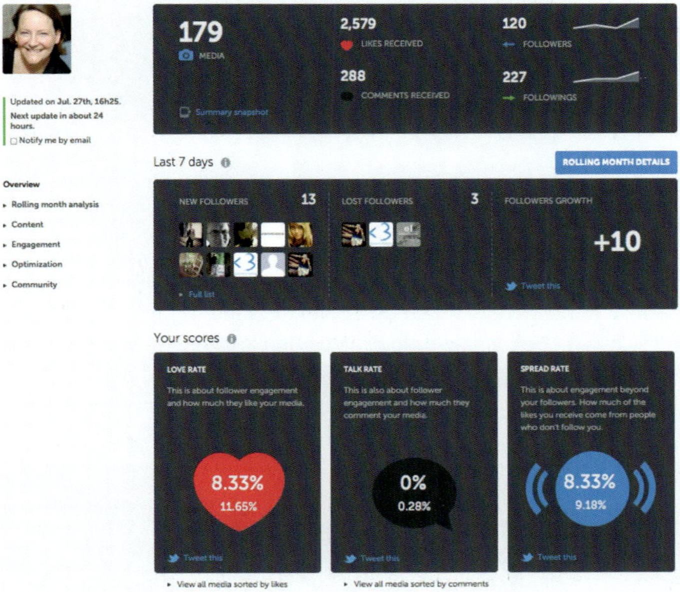

***Abb. 12.1:** Ansicht »Overview« im Bereich »Statistics«*

Unter dem Menüpunkt Rolling Month Analysis finden Sie neben weiteren Kennzahlen Ihre beliebtesten Beiträge hinsichtlich »Gefällt mir«-Angaben und Kommentaren sowie eine Top-10-Liste Ihrer engagiertesten Follower.

Sofern Sie feststellen, dass Sie diesen noch nicht zurückfolgen, können Sie dies hier an Ort und Stelle nachholen.

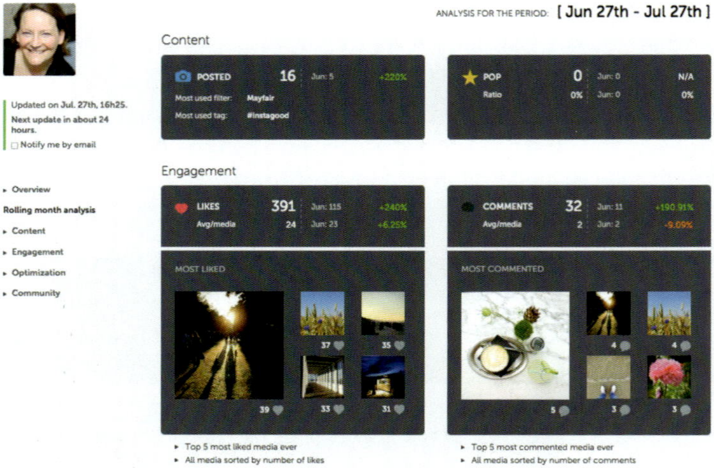

Abb. 12.2: *Auszug aus der »Rolling Month Analysis« im Bereich »Statistics«*

Der Bereich Content zeigt Ihnen unter anderem Ihre Posting-Gewohnheiten hinsichtlich Wochentag und Uhrzeit Ihrer Posts, verwendeter Instagram-Filter, Ihren meist genutzten Hashtags und weitere an.

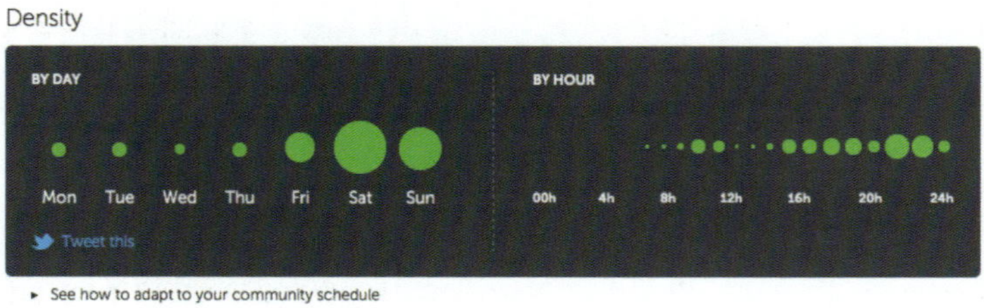

Abb. 12.3: *Verteilung der Posts auf Wochentage und Uhrzeiten (Auszug aus der Ansicht »Content«)*

Unter dem Menüpunkt ENGAGEMENT sehen Sie die Entwicklung Ihrer durchschnittlichen Likes und Kommentare im Verhältnis zur Anzahl Ihrer Beiträge im Zeitverlauf.

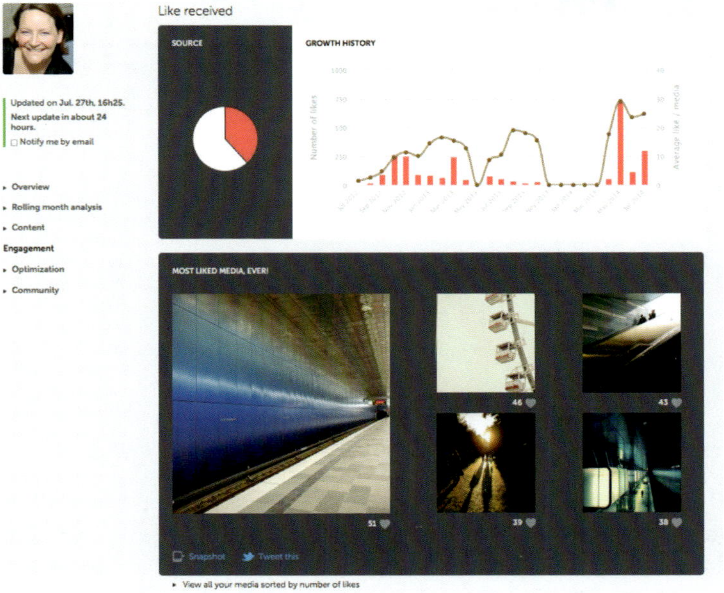

Abb. 12.4: *Ansicht »Engagement« im Bereich »Statistics«*

Im Bereich OPTIMIZATION können Sie in der Ansicht »Your current posting habits« anhand der grau hinterlegten Punkte feststellen, welcher Wochentag und welche Uhrzeit sich im Hinblick auf Likes und Kommentare am besten eignet, um Ihren Beitrag zu posten. Die größten grau hinterlegten Punkte repräsentieren dabei die besten Zeitpunkte.

Weiterhin sehen Sie hier, welche Filter, die Sie für Ihre Beiträge genutzt haben, den größten Effekt auf das Engagement mit Ihren Fotos und Videos haben. Der Bereich »Your tags« zeigt Ihnen, welche Ihrer bisher verwendeten Tags zu den Top Hashtags auf Instagram zählen. Allerdings sollten Sie nicht ausschließlich auf diese Tags setzen, sondern trotzdem auch Hashtags aus Ihrem Bereich bzw. Ihrer Nische benutzen. (Siehe dazu auch Kapitel 8)

Abb. 12.5: *Ansicht »Best time to post« im Bereich »Optimization«*

Die Ansicht COMMUNITY zeigt Ihnen einige Kennzahlen und Graphen zu Ihren Abonnenten und Abonnements an. Besonders hilfreich zum Management Ihrer Abonnements ist im Bereich »Typologie« die Ansicht »Followings who don't follow you back«. Wie in Abschnitt 7.4 »Follower generieren« beschrieben, können Sie hier entscheiden, welchen Profilen Sie wieder entfolgen, um Ihre Follow-Follower-Bilanz zu verbessern. Wenn Sie auf das daneben stehende Lupen-Symbol klicken, gelangen Sie in die Detail-Ansicht »People who don't follow me back« und können durch einen Klick auf das Kreuz unter den hier angezeigten Profilbildern, Instagrammern, die Ihren Account nicht abonniert haben, wieder entfolgen.

Die Statistik von Iconosquare wird alle 24 Stunden aktualisiert.

Eine fast identische Statistik liefert darüber hinaus das webbasierte Tool »Ink361« unter *http://ink361.com/offers*.

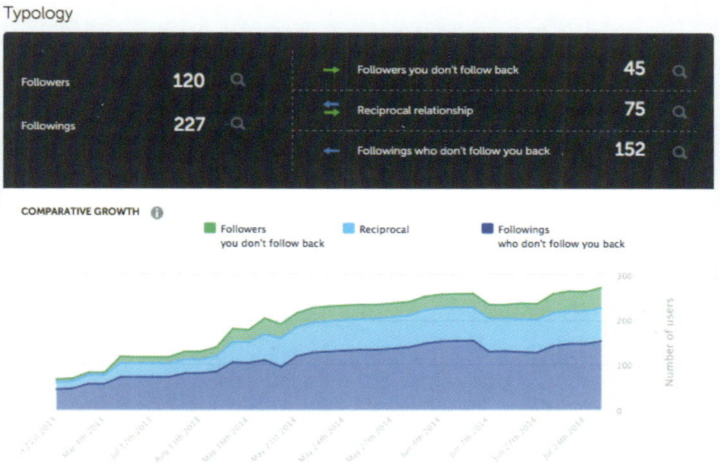

Abb. 12.6: *Ihre Follow-Follower Bilanz in der Ansicht »Typologie« im Bereich »Community«*

12.2 Totems

Das Tool Totems (ehemals Nitrogram) hat sich vor allem auf die Bedürfnisse großer Marken spezialisiert und seine kostenpflichtigen Services darauf ausgerichtet. Neben einer umfangreichen Analyseplattform, bietet Totems, wie in Abschnitt 10.6 erwähnt, einen Marktplatz zur Vermittlung von Instagram-Influencern an.

Im Analysebereich haben Sie unter *http://analytics.totems.co* nach Abschluss einer Monatspauschale die Möglichkeit, sowohl Ihren Instagram Account als auch einen bestimmten Hashtag für einen täglichen oder beliebigen Zeitabschnitt zu analysieren.

Die Kernbereiche bei der Analyse Ihres Accounts werden im Folgenden kurz vorgestellt.

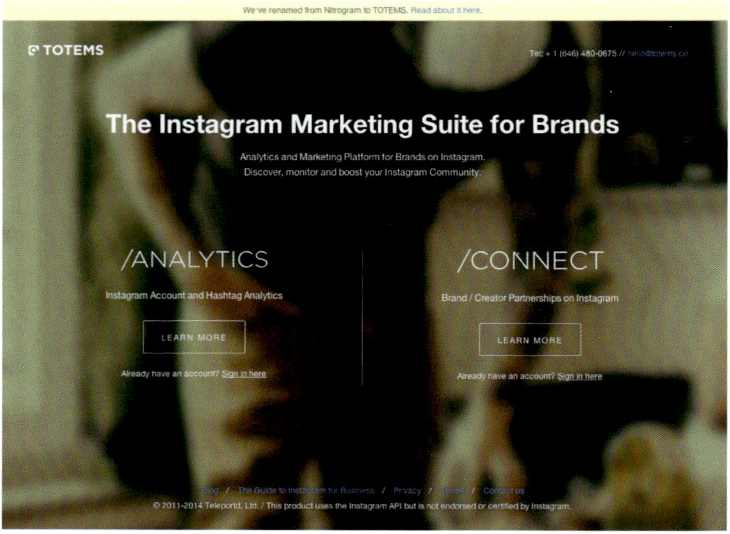

Abb. 12.7: *Website von Totems.com*

Im Bereich AUDIENCE sehen Sie die Anzahl Ihrer Follower im Zeitverlauf sowie Ihre hinzugewonnenen und verlorenen Abonnenten. Darüber hinaus können Sie nachvollziehen, aus welchen Ländern Ihre Follower stammen und wie hoch deren weiblicher und männlicher Anteil ist. Weiterhin zeigt Ihnen die Ansicht die Top 10 Ihrer gewonnenen oder verlorenen Follower auf Basis der Anzahl Ihrer Abonnenten an. Dabei werden auch die Profil-Informationen der betreffenden Follower angezeigt. Auf diese Weise sehen Sie auf einen Blick, welche Influencer sich unter Ihren Followern befinden und aus welchen Bereichen diese stammen. Sind darunter beispielsweise sogar Stars, Schauspieler oder Blogger? Und wenn ja, bietet es sich gegebenenfalls an, mit ihnen zusammenzuarbeiten? (Siehe dazu auch Abschnitt 10.6 »Influencer Targeting«)

Der Bereich ENGAGEMENT zeigt unter anderem die fünf Posts im gewählten Zeitraum, die das größte Engagement seitens Ihrer Follower hinsichtlich »Gefällt mir«-Angaben oder Kommentaren erzielt haben. Sie können hier auch Posts mit der höchsten Engagement-Rate hinsichtlich Likes und Kommentaren anzeigen lassen. Dabei wird die Anzahl der Likes und Kommentare ins Verhältnis zur Anzahl Ihrer Follower gesetzt.

Unter POSTING HABITS finden Sie neben weiteren Informationen eine Ansicht der von Ihnen eingesetzten Hashtags, die das größte Engagement mit Ihren Posts in der Community erzielt haben.

In der Hashtag-Analyse stehen Ihnen folgende Bereiche zur Verfügung:

In der Ansicht CONTRIBUTORS sehen Sie, welche Instagrammer einen wesentlichen Beitrag dazu leisten, Ihren Hashtag zu verbreiten. Dabei können Sie sowohl Ihre Top-10-Follower identifizieren, die die meisten Abonnenten haben und Ihren Hashtag zur Markierung ihrer Beiträge nutzen, als auch die Top 10 einzelner Posts, die besonders viele Likes oder Kommentare erhalten haben und die mit Ihrem Hashtag markiert wurden.

Im Bereich CONTENT wird Ihnen im Zeitverlauf die Gesamtanzahl aller Beiträge angezeigt, die mit Ihrem Hashtag markiert wurden. Daraus abgeleitet zeigt eine weitere Grafik die potentielle Reichweite Ihres Hashtags an. Basis bilden dabei die Follower des Accounts, über den ein Beitrag mit Ihrem Hashtag gepostet wurde. Darüber hinaus sehen Sie hier in welchen Ländern Ihr Hashtag am meisten eingesetzt wurde.

In der Ansicht ENGAGEMENT sehen Sie analog zur Analyse Ihres Instagram-Accounts unter anderem die Top 10 der mit Ihrem Hashtag markierten Posts, die die meisten Likes und Kommentare erhalten haben. Ebenso können Sie sich hier die Posts mit der höchsten Engagement-Rate in Bezug auf Likes und Kommentaren anzeigen lassen.

Im Bereich CONTEXT können Sie unter anderem analysieren, mit welchen Hashtags Beiträge, die mit Ihrem Hashtag versehen sind, noch markiert wurden und wie hoch die Anzahl der Tags insgesamt pro Post war. Spannend ist weiterhin auch die Information, wer die Top-Instagrammer bzw. -Influencer waren, die in einem Post, der mit Ihrem Hashtag versehen wurde, getaggt wurden.

Sowohl bei der Hashtag-Analyse als auch der Account-Analyse steht Ihnen eine Schnittstelle mit Rohdaten zum Austausch der Foto-und Videobeiträge mit anderen Zielseiten zur Verfügung, um beispielsweise eine Galerie mit einem bestimmten Hashtag oder die Beiträge Ihres Accounts einzubinden.

Weiterhin können die Analysen auch für Instagram Accounts oder Hashtags Ihrer Konkurrenz durchgeführt werden.

12.3 Google Analytics

Goolge Analytics eignet sich als Tool, um zum einen den mobilen Traffic auf Ihrer Seite im Allgemeinen und den über Instagram generierten Traffic im Besonderen zu messen.

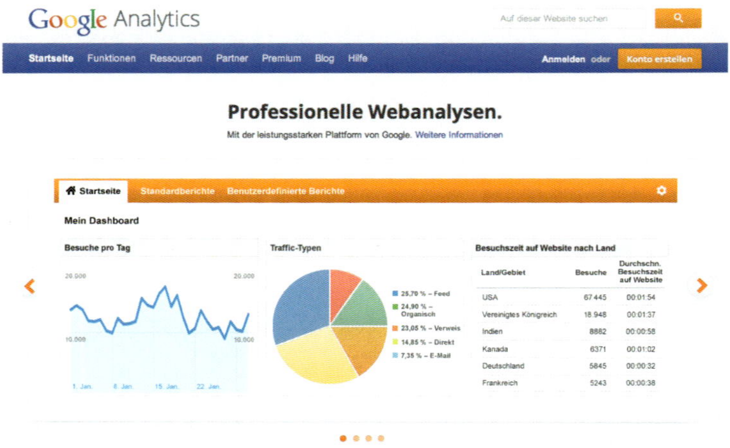

Abb. 12.8: *Google Analytics Einstiegsseite*

Um Google Analytics nutzen zu können, muss das Tool mit Ihrer Website verbunden, bzw. der zur Messung verwendete Tracking Code in Ihre Seite integriert werden. Informationen dazu finden Sie in der Google-Analytics-Hilfe im Bereich »Erste Schritte« unter *https://support.google.com/analytics/answer/1008015?hl=de&ref_topic=3544906*.

Sofern Sie Google Analytics eingerichtet haben, können Sie den über Instagram generierten Traffic wie folgt identifizieren: Klicken Sie auf den Reiter BERICHTE und anschließend auf den Menüpunkt AKQUISITION. Wählen Sie aus den sich öffnenden Unterpunkten ALLE ZUGRIFFE aus. Gehen Sie nun rechts auf die Explorer-Ansicht und suchen Sie aus den unter »Quelle/Medium« erscheinenden Traffic-Quellen Instagram aus.

Ein weiterer Weg ist es, eine spezielle Zielseite bzw. Landing Page für Ihre Instagram-Besucher auf Ihrer Website einzurichten, die entsprechende

URL in Ihrer Instagram-Biografie im Feld »Webseite« zu hinterlegen und den hierüber generierten Traffic mit Goolge Analytics zu messen.

Beachtenswert bei Ihrer Analyse des Instagram Traffic sowie auch des mobilen Traffic im Allgemeinen ist, wie sich bestimmte Kennzahlen, wie beispielsweise die durchschnittliche Sitzungsdauer der Besucher auf Ihrer Seite sowie deren Absprungrate im Vergleich zu anderen Traffic-Quellen, insbesondere Ihren Desktop-Besuchern verhalten. Eine hohe Absprungrate könnte ein Indiz dafür sein, dass Ihre Seite nicht optimal auf die mobile Nutzung ausgelegt ist.

12.4 Bitly

Eine weitere Variante, den Traffic von Instagram auf Ihrer Website zu messen, ist der Dienst Bitly. Der Dienst wird in erster Linie in der Social-Media-Kommunikation dazu genutzt, lange Links zu kürzen, in Posts zu integrieren und den darüber generierten Traffic zu messen. Instagram ist eigentlich kein typischer Anwendungsfall für Bitly. Sofern Sie Google Analytics nicht nutzen, kann Bitly hier eine Alternative sein.

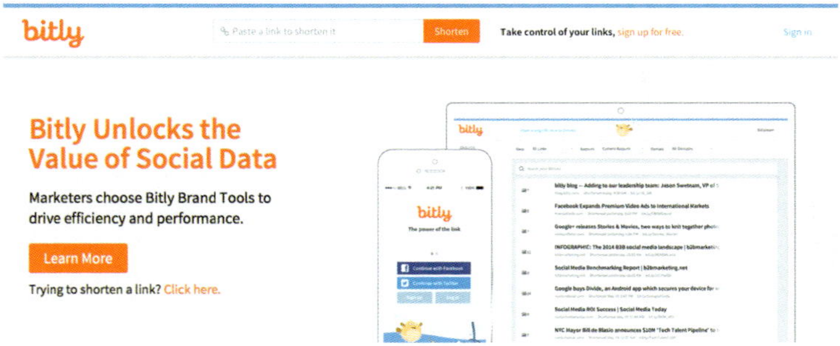

Abb. 12.9: *Homepage von bit.ly*

Registrieren Sie sich dazu zunächst bei Bitly unter *https://bitly.com*. Kürzen Sie anschließend einfach den Link Ihrer Website oder einer gewünschten Unterseite, auf die Sie die Instagrammer lenken wollen, indem Sie sie in das Feld »Paste a long URL here to shorten« am oberen Ende der Seite eingeben und ENTER drücken.

***Abb. 12.10:** Eingabe Ihrer URL auf bitly.com*

In dem sich nun öffnenden Popup können Sie im freien Feld »custom« den Namen Ihrer Marke oder Ihrer Website eingeben, der daraus generierte Link lautet anschließend bit.ly/markenname bzw. bit.ly/webseitenname.

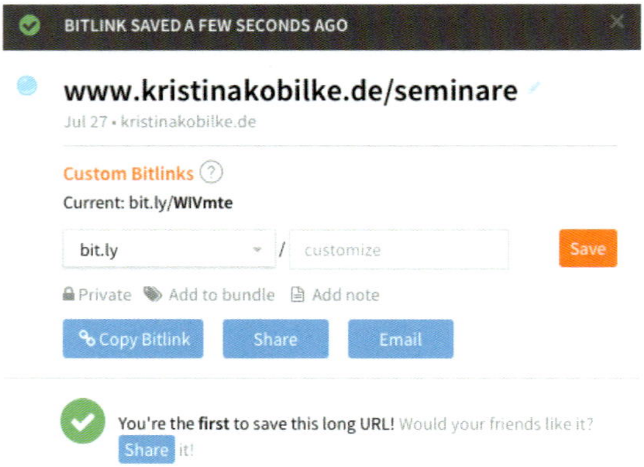

***Abb. 12.11:** Anpassung Ihres Links über das Feld »customize«*

Sie können den Link nun in Ihr Instagram-Profil integrieren und über den Bereich STATS auf Bitly den über Instagram generierten Traffic messen.

Index

Symbole

A

B

C

D

E

F

G

H

I

K

L

M

N

O

P

R

S

T

U

V

W

Z

Die kleinen Schwarzen von mitp

Anselm F. Wunderer

Available Light

Perfekte Fotos mit vorhandenem, künstlichem Licht

- **Vorhandenes Kunstlicht für Ihre Aufnahmen optimal nutzen**
- **Licht von Glühlampen, Bauscheinwerfern, Kerzen, Taschenlampen sowie Lichter der Stadt**
- **Fundamentales zum Thema Lichtgestaltung**

Mit vorhandenen Lichtquellen gute Aufnahmen zu machen, ist gar nicht so leicht. Viele Tipps und Kniffe lernen Sie dazu in diesem Buch kennen. Anselm F. Wunderer zeigt Ihnen unzählige Möglichkeiten auf, mit Taschenlampe, Laternenlicht oder einer einfachen Glühlampe die Stimmung Ihrer Fotos ganz besonders zu beeinflussen. Neben Straßenszenen, Motiven in Innenräumen oder auch Feuerwerk können Sie selbst Makromotive mit speziellen Hintergründen gekonnt in Szene setzen. Ob helles Scheinwerferlicht oder dämmrige Kerze, mit dem Grundlagenwissen zur fotografischen Lichtgestaltung finden Sie für jede Lichtsituation mit »available light« die optimalen Einstellungen für faszinierende Fotos.

Aus dem Inhalt:

- Das Licht in den eigenen vier Wänden: Glüh- und Halogenlampe, Leuchtstoffröhre und Leuchtdioden
- Bauscheinwerfer & Co.: Lichtformer, Aufheller und Hintergrund
- Kleine Helfer im Nahbereich: Lichtquellen aus dem Haushaltsfundus
- Romantisch: Kerze als Lichtquelle und Motiv
- Lichter der Stadt: Laternenlicht, Lichtwerbung, Scheinwerfer
- Showtime: Theater, Modenschau und Manege
- Malen mit Licht: kreative Inszenierung

Probekapitel und Infos erhalten Sie unter:
www.mitp.de/3161

ISBN 978-3-8266-3161-0

Piyal Michael Ranasinghe

Die Welt der iPhone Apps

Das neue iOS, iCloud und das Beste aus dem App Store

- **Ausgewählte Apps, die auf keinem iPhone fehlen sollten**
- **Übersichtlich nach Einsatzzweck geordnet**
- **Alle Möglichkeiten des iPhones nutzen**

Viele iPhone-Neulinge, aber auch langjährige Nutzer, sind ständig auf der Suche nach der perfekten App: Sie suchen den besten Kalender, das spannendste soziale Netzwerk, den effektivsten E-Mail-Client, das unterhaltsamste Spiel. Denn so großartig das iPhone und seine vielen Möglichkeiten auch sind – der App Store ist oft zu unübersichtlich, um sich darin ohne Wegweiser zurechtzufinden.

Für die ersten Schritte mit dem neuen iPhone erklärt der Autor das Ökosystem „Apple“, die iPhone-Basics, den App Store und die iCloud grundlegend und mit vielen Abbildungen. Zu den vorinstallierten Apps verrät er zusätzliche Tipps und Tricks: die versteckte Wahlwiederholung, den Zeichenzähler bei Nachrichten, automatische Geburtstagserinnerungen und vieles mehr.

Die ausgewählten Apps sind die besten aus der jeweiligen Kategorie – alle praktisch nach Einsatzzweck geordnet und mit QR-Tag versehen. Das Buch zeigt, welche Apps auf keinem iPhone fehlen dürfen und mit welchen es sich am besten arbeiten, surfen, lernen, fotografieren, einkaufen und spielen lässt. Zusätzliche „Alltagshelfer“ unterstützen Sie dabei, das Beste aus Ihrem iPhone herauszuholen.

Probekapitel und Infos erhalten Sie unter:
www.mitp.de/9469

ISBN 978-3-8266-9469-1